Das Grundrecht der Gedankenfreiheit

Europäische Hochschulschriften Recht

European University Studies in Law

Publications Universitaires Européennes de Droit

Band/Volume 6790

Franz X. Berger

Das Grundrecht der Gedankenfreiheit

Eine verfassungsrechtliche Analyse zur Genese eines Grundrechts und die Charakterisierung staatlicher Eingriffe in die Gedankenwelt

PETER LANG

Berlin - Bruxelles - Chennai - Lausanne - New York - Oxford

Bibliografische Information der Deutschen Nationalbibliothek
Die Deutsche Nationalbibliothek verzeichnet diese Publikation in der Deutschen Nationalbibliografie; detaillierte bibliografische Daten sind im Internet über http://dnb.d-nb.de abrufbar.

Zugl.: Passau, Univ., Diss., 2023

D 739
ISSN 0531-7312
ISBN 978-3-631-90859-4 (Print)
E-ISBN 978-3-631-90862-4 (E-PDF)
E-ISBN 978-3-631-90863-1 (EPUB)
DOI 10.3726/b21184

Verlegt durch:
Peter Lang GmbH, Berlin, Deutschland

info@peterlang.com http://www.peterlang.com/

Diese Publikation wurde begutachtet.

Meinen Eltern

Vorwort

Die vorliegende Arbeit wurde von der Juristischen Fakultät der Universität Passau im Juni 2023 als Dissertation angenommen. Sie befasst sich mit dem Grundrecht der Gedankenfreiheit aus der Perspektive des deutschen Verfassungsrechts.

Die Anfertigung dieser Arbeit wäre mir ohne die großartige Unterstützung zahlreicher Menschen und Wegbegleiter nicht in dieser Form möglich gewesen.

Mein besonderer Dank gilt zunächst meinem Doktorvater, Herrn Prof. Dr. Kai von Lewinski, unter dessen Betreuung die Arbeit angefertigt wurde. Er stand mit stets als Mentor mit Ratschlägen und Hinweisen zur Seite, und gab mir gleichzeitig größtmöglichen Freiraum beim Verfassen der Arbeit.

Sehr herzlich danke ich Herrn Prof. Dr. Meinhard Schröder für die zügige Erstellung des Zweitgutachtens und für seine Kritik an der Arbeit.

Herrn Prof. Dr. Brian Valerius danke ich für die Übernahme des Prüfungsausschussvorsitzes.

Herrn Prof. Dr. Christoph Herrmann danke ich für die Zeit als wissenschaftlicher Mitarbeiter an seinem Lehrstuhl. Er hat mich an die wissenschaftliche Tätigkeit herangeführt und stets gefördert.

Ebenso gilt mein Dank allen Mitgliedern des DFG-Graduiertenkollegs 1681/2 „Privatheit und Digitalisierung“. Die Zeit am Kolleg war für meine fachliche und persönliche Entwicklung sehr bereichernd.

Schließlich möchte ich meiner Familie für die Liebe, Zuwendung und Unterstützung danken, die ich stets erfahren habe. Besonderer Dank gilt meinen lieben Eltern, Herrn Franz Berger und Frau Gabriele Berger, die wesentlich zu meinem Werdegang beigetragen haben. Zuletzt danke ich meiner langjährigen Lebens- und baldigen Ehepartnerin, Frau Sabine Pfeffer, sowohl für ihren bedingungslosen Beistand als auch grenzenlos anmutende Geduld während meines Promotionsvorhabens und darüber hinaus.

Passau, im Dezember 2023
Franz X. Berger

Inhaltsverzeichnis

Abkürzungsverzeichnis

a.F.	*alte Fassung*
Abs.	*Absatz*
AEMR	*Allgemeine Erklärung der Menschenrechte*
AG	*Amtsgericht*
APR	*allgemeines Persönlichkeitsrecht*
Art.	*Artikel*
Aufl.	*Auflage*
BCI	*brain computer interface*
Bd.	*Band*
BGB	*Bürgerliches Gesetzbuch*
BGBl.	*Bundesgesetzblatt*
BGH	*Bundesgerichtshof*
BVerfG	*Bundesverfassungsgericht*
bzw.	*beziehungsweise*
d.h.	*das heißt*
DM	*Deutsche Mark*
DSGVO	*Datenschutz-Grundverordnung*
DTI	*Diffusions-Tensor-Bildgebung*
EC	*embodied cognition*
EEG	*Elektroenzephalographie*
EGMR	*Europäischer Gerichtshof für Menschenrechte*
EMG	*Elektromyographie*
EMRK	*Konvention zum Schutz der Menschenrechte und Grundfreiheiten*
etc.	*et cetera*
EU	*Europäische Union*
f.	*folgend*
ff.	*fortfolgende*
fMRT	*funktionelle Magnetresonanztomographie*
Fn.	*Fußnote*
GG	*Grundgesetz*
ggf.	*gegebenenfalls*
GRCh	*Charta der Grundrechte der Europäischen Union*

Hrsg.	*Herausgeber*
Hs.	*Halbsatz*
i.S.d.	*im Sinne des*
i.S.v.	*im Sinne von*
i.V.m.	*in Verbindung mit*
IPbpR	*Internationaler Pakt über bürgerliche und politische Rechte*
Kap.	*Kapitel*
KTG	*Komputationale Theorie des Geistes*
LG	*Landgericht*
LoT	*language of thought-Hypothese*
m.w.N.	*mit weiteren Nachweisen*
MEG	*Magnetoenzephalographie*
MRT	*Magnetresonanztomographie*
NE	*Neuro-Enhancement*
Nr.	*Nummer*
PC	*Personal Computer*
PET	*Positronen-Emissions-Tomographie*
Pkw	*Personenkraftwagen*
Rn.	*Randnummer*
RTG	*Repräsentationale Theorie des Geistes*
S.	*Satz/Seite*
sic	*sic erat scriptum*
sog.	*sogenannte*
StGB	*Strafgesetzbuch*
StPO	*Strafprozessordnung*
TMS	*transkarnielle Magnetstimulation*
u.a.	*unter anderem*
UN	*Vereinte Nationen*
US	*United States*
USA	*United States of America*
UWG	*Gesetz gegen den unlauteren Wettbewerb*
vgl.	*vergleiche*
WRV	*Weimarer Reichsverfassung*
z.B.	*zum Beispiel*
ZPO	*Zivilprozessordnung*

Einleitung

A. Problemaufriss

Das unterschiedlich ausgeprägte Bedürfnis der Menschen nach Privatheit wurde im westlichen Kulturkreis schließlich durch die Aufklärung als gesellschaftliches Interesse anerkannt.[1] Und was ist privater als die Gedankenwelt des Menschen? Man entscheidet selbst, was man denkt und ob man diese Gedanken mit seiner Umwelt teilt. Das entspricht gleichzeitig unserer Vorstellung von der Freiheit, die jeden Menschen zu dem macht, was er ist. Die Gedankenfreiheit[2] ist dabei ein lange tradiertes Konzept, welches bereits in der Antike philosophisch[3] behandelt und später im römischen Recht[4] niedergeschrieben wurde. Neben der Philosophie und der Rechtswissenschaft war und ist die Gedankenfreiheit bis heute ein Element, welches auch in der Kunst immer wieder vorkommt. Im deutschsprachigen Raum etwa in *Friedrich Schillers* "Don Carlos"[5] oder dem bis heute populären und politischen Volkslied „Die Gedanken sind frei".[6] In der deutschen Rechtsgeschichte hingegen fristet die Gedankenfreiheit vor allem als verfassungsrechtlich gewährtes Grundrecht ein Schattendasein. Wurde es zwar als möglicher Gewährleistungsgehalt, etwa im Rahmen der Weimarer Nationalversammlung, diskutiert,[7] fand es jedoch nie Einzug in eine deutsche Verfassung. So ist es auch heute im Grundgesetz nicht ausdrücklich normiert.

Wieso sollte man sich mit diesem Thema also rechtswissenschaftlich vertiefter auseinandersetzen? Auf internationaler Ebene findet sich die Gedankenfreiheit

1 Vgl. *Habermas* 2015, S. 94 ff.

2 Zum Begriffsverständnis der Gedankenfreiheit, vgl. Kap. 3; B.II.

3 *Cicero*, pro Milone, XXIX, 79: „Liberae sunt (...) nostrae cogitationes".

4 Digesten XLVIII, 19, 18: „Cogitationis poenam nemo patitur".

5 Vgl. *Kloepfer* NJW 2006, 560 (563 f.); man beachte, dass, Karlos dabei mit „C" geschrieben wird; Kloepfer merkt dazu in Fn. 1 an: „Das Werk ist erstmalig 1787 bei Göschen unter dem Titel ‚Dom Karlos. Infant von Spanien'" veröffentlicht worden (s. Abdruck des originalen Titelblatts in Pörnbacher, Friedrich Schiller, Don Karlos-Erläuterungen und Dokumente, Stuttgart, 2002, S. 157). Damit knüpft Schiller an die historische (portugiesische) Schreibweise an. Später bevorzugt er (insb. in seinen „Briefen über Don Carlos") die Schreibweise „Don Carlos". Inzwischen scheint die Germanistik teilweise wieder zu „Don Karlos" umzuschwenken.

6 Siehe den Liedtext in *Steinitz* 1979, Bd. 2, S. 164.

7 *Heilfron* 1919, Bd. 6, S. 4002.

als Menschenrecht, etwa in Art. 18 der UN-Menschenrechtserklärung, normiert. Auch in der deutschen Rechtsprechung spielte die Gedankenfreiheit nur in wenigen Fällen, zum Beispiel in der Tagebuchentscheidung des Bundesverfassungsgerichts[8] und der Selbstgesprächsentscheidung des Bundesgerichtshofes,[9] eine tragende Rolle. Ansonsten ist die Gedankenfreiheit eine Grundrechtsvoraussetzung, welche in der Rechtswissenschaft keine großartige Beachtung findet.[10] Dabei bietet sie großes Potential auch neue Herausforderungen zu bewältigen, die sich der Gesellschaft etwa durch die Digitalisierung stellen.

Betrachtet man die Gründe, die etwa die Mütter und Väter des Grundgesetzes dazu bewegt haben, die Gedankenfreiheit, die in einer Entwurfsfassung enthalten war, aus dem Verfassungstext herauszunehmen, stellt das zentrale Argument die Verschlossenheit der menschlichen Gedankenwelt dar, die auf Grund eben dieser fehlenden Eingriffsmöglichkeit nicht weiter geschützt werden müsse.[11] Durch die Rechtsprechung selbst wurde diese Argumentation später teilweise konterkariert, etwa durch die Feststellung, dass ein Selbstgespräch nichts anderes sei als die unfreiwillige Äußerung eines inneren menschlichen Dialogs bzw. konkret ausgedrückt „laute(s) Denken“, was an der Gedankenfreiheit teilnimmt.[12] Der Staat hat also durch das Abhören eines Selbstgesprächs einen Einblick in die Gedankenwelt des Betroffenen erhalten. Diese Möglichkeit wurde etwa in der Diskussion um die Nichtaufnahme der Gedankenfreiheit in den Gesetzestext zum Grundgesetz nicht in Betracht gezogen. Zu bedenken gilt, dass man dazu ein Selbstgespräch führen und in genau diesem Moment auch noch staatlichen Abhörmaßnahmen unterworfen sein müsse, um in seiner Gedankenfreiheit derart beeinträchtigt zu werden. Dennoch zeigt allein dieses Beispiel, dass die Unzugänglichkeit der menschlichen Gedankenwelt kein derart unumstößliches Paradigma ist wie angenommen. Hinzu kommt durch die heutige Technisierung des Alltags die Möglichkeit durch smarte Helfer, wie Amazons sprachgesteuerter Assistent Alexa, der mit Mikrofon und Speichermöglichkeit ausgestattet, Einzug in viele Haushalte genommen hat und so die potentielle Aufnahme auch von Selbstgesprächen in den eigenen vier Wänden deutlich erhöht.[13] Zudem bieten

8 BVerfGE 80, S. 367.

9 BGHSt 57, S. 71.

10 Vgl. *Bublitz/Merkel* CLP 2014, 51 (64).

11 *Wernicke/Booms* 1993, Bd. 5, S. 621 f.

12 BGHSt 57, S. 71.

13 Alexa zeichnet auch unaufgefordert Gespräche auf, vgl. *Kerkmann/Matthes/Rickens*, Handelsblatt Wochenendausgabe, 3./4./5. Mai 2019.

Smartphones und Wearables mit ähnlichen Funktionen die Möglichkeit, ortsunabhängig wie zum Beispiel im Auto oder im Hotelzimmer Gespräche unbemerkt aufzuzeichnen. Der Staat muss sich also nur diese neuen Instrumente erschließen und hat bereits damit deutlich umfassendere Optionen der Überwachung, die zumindest bei der Aufzeichnung von Selbstgesprächen auch zum Eingriff in die Gedankenwelt führen können.

Ähnlich verhält es sich mit Tagebucheinträgen, die nach Auffassung des Bundesverfassungsgerichts schriftlich niedergelegte Gedanken darstellen.[14] Wertet der Staat diese aus, stellt es ebenfalls eine Zugriffsmöglichkeit in die menschliche, verkörperte Gedankenwelt dar. Auch hier eröffnen sich neue Wege durch die Digitalisierung, etwa indem das klassische Tagebuch aus Papier durchaus durch ein digitales Pendant[15] ersetzt werden kann und damit die Zugriffsmöglichkeit des Staates erhöht ist. Anhand dieses Beispiels zeigt sich, dass die ursprüngliche Begründung für einen fehlenden ausdrücklichen Schutz der Gedankenfreiheit im Grundgesetz womöglich überholt ist.

Besonders interessant ist der Umstand, dass die Rechtsprechung bei den eben genannten Fällen divergiert. Die Betroffenen werden vor Aufzeichnungen und Auswertungen von Selbstgesprächen durch den Staat geschützt. Tagebucheinträge hingegen dürfen gegebenenfalls ausgewertet werden. Ungeklärt sind Fälle, die von den genannten Beispielen abweichen und eine Art Zwischenstellung einnehmen können. Wie ist jemand zu behandeln, der sich eines Sprachassistenten bedient, um seine Gedanken für sich digital festzuhalten? Weitere Zugriffsmöglichkeiten auf die Gedanken des Menschen bieten sich etwa womöglich durch den Einsatz eines Lügendetektors[16] oder verschiedener Substanzen, die als Wahrheitsseren[17] begrifflich zusammengefasst werden können. Zudem wird an neuen technischen Verfahren geforscht, besonders in der Medizin,[18] die einen Zugriff auf die Gedankenwelt ermöglichen sollen.

---

14 BVerfGE 80, S. 367.

15 Z.B. als Word-Dokument. Hinzu kommt die Möglichkeit einer Cloud-Speicherung dieser Dateien oder eines privaten Blogs, auf den nur der Verfasser Zugriff hat.

16 Der „klassische" Lügendetektor (Polygraph) ist in seiner Funktion auf das mittelbare Auswerten einer Aussage auf deren Wahrheitsgehalt hin beschränkt und in seiner Funktionsweise umstritten, vgl. dazu Kap. 4: B.I.1.

17 *Schuhr*, in: MüKo StPO 2014, § 136a, Rn. 33; *Starck*, in: von Mangoldt/Klein/Starck, GG, Art. 1, Rn. 59.

18 Es wird an neuen Technologien geforscht, die die Beurteilung der Gedanken durch die Messung der Hirnaktivität selbst möglich machen sollen (z.B. fMRT-Verfahren), *Spranger* JZ 2009, 1033 (1035); vgl. dazu insgesamt *Schneider* 2010.

Dabei bietet sich nicht nur die Möglichkeit des Zugriffs auf die Gedanken als möglichen Eingriff in die Gedankenfreiheit, sondern auch die Beeinflussung der Gedanken durch externe Einflüsse. Die Manipulation des menschlichen Denkens ist dabei eine in der Rechtswissenschaft nahezu nicht behandelte Gefahr für die Gedankenfreiheit. Sowohl die klassische Werbung als auch neue Phänomene in sozialen Netzwerken, etwa durch sogenannte *Fake News*[19] oder *Microtargeting*,[20] sollen das Denken der Menschen beeinflussen. Dabei stellt die Manipulation des Denkens eine große Gefährdung für die Gedankenfreiheit dar.

Festzuhalten ist, dass die Gedankenfreiheit einen Wert darstellt, den es zu erhalten gilt. Die Rechtswissenschaft nimmt jedoch selten ausdrücklich und wenig umfassend dazu Stellung. Eine einheitliche Darstellung und allgemeingültige Kriterien, die insbesondere auch neue technische Möglichkeiten berücksichtigen, gibt es diesbezüglich nicht. Das mag an den Gründen des Verfassungsgebers vor über 70 Jahren,[21] insbesondere der Doktrin der Unangreifbarkeit der menschlichen Gedanken, liegen, die Gedankenfreiheit nicht ausdrücklich zu normieren. Die genannten Beispiele zeigen jedoch, dass diese damalige Begründung einer genauen Betrachtung nicht durchweg standzuhalten vermag und womöglich zu Schutzlücken führt, insbesondere auf Grund der fortschreitenden Digitalisierung. Jedenfalls bietet die Gedankenfreiheit als Konzept Möglichkeiten, die insbesondere durch den technischen Fortschritt entstehenden Herausforderungen zu bewältigen, einen umfassenden, zukunftssicheren rechtlichen Schutz und eine einheitliche rechtliche Bewertung in diesem Bereich sicherzustellen.

B. Gang der Untersuchung

Die Gedankenfreiheit wird als Konzept ausführlich untersucht und deren mögliche Anwendungsbereiche insbesondere hinsichtlich der sich auf Grund des technischen Fortschritts ergebenden Gefährdungen erörtert.

Dazu wird sich zunächst in einem ersten Kapitel der Funktionsweise des menschlichen Denkens und die physiologischen Voraussetzungen anhand

---

19 Fake News sind kein rechtlich definierter Begriff; Falschnachrichten haben jedoch insbesondere einen Einfluss auf den demokratischen Willensbildungsprozess, vgl. *Drexl* ZUM 2017, 529 (530).

20 Zu Microtargeting, aber auch anderen Gefahren für die demokratische Willensbildung, wie der Einsatz von Bots, Fake News, etc. *Künast* ZRP 2019, 62; zur Beeinflussung von Kunden durch sog. Behavioral Microtargeting *Ebers* MMR 2018, 423.

21 Zur Nichtnormierung durch den Verfassungsgeber, vgl. Kap. 2: B.III.4. und 5.

eines Abrisses außerhalb der Rechtswissenschaft liegender wissenschaftlicher Disziplinen genähert. Die daraus gewonnenen Erkenntnisse dienen als Verständnisgrundlage für die weitere rechtswissenschaftliche Bewertung der Gedankenfreiheit. Dazu werden am Ende diese Kapitels Thesen präsentiert, die eine Bezugsgrundlage für rechtliche Wertungen bilden.

Im zweiten Kapitel wird auf den verfassungsrechtlichen Schutz der Gedankenfreiheit de lege lata eingegangen. Nach einer einführenden Begriffsklärung soll die Genese des Konzepts der Gedankenfreiheit dargestellt und gezeigt werden, welche Rolle diese in der deutschen Verfassungsgeschichte eingenommen hat, insbesondere wieso die Gedankenfreiheit nicht ausdrücklich im Grundgesetz normiert ist.

Anhand der daraus gewonnenen Erkenntnisse wird im dritten Kapitel das Grundgesetz auf Gewährleistungsgehalte hin untersucht, die zum Schutz der Gedankenfreiheit beitragen. Dazu werden die einzelnen Grundrechte auf relevante Aspekte hin analysiert, um schließlich einen Überblick über die, dem Schutz der Gedankenfreiheit dienenden, grundrechtlichen Gewährleistungsgehalte zu geben. Ebenso wird die rechtswissenschaftliche Literatur, die sich mit der Gedankenfreiheit befasst hat, dargestellt und ausgewertet.

Im vierten Kapitel werden staatliche Handlungen beurteilt, die sich als Eingriff in die Gedankenfreiheit qualifizieren lassen und anhand der bis dahin herausgearbeiteten Schutzbereiche gemessen. Dabei werden zwei unterschiedliche Kategorien von denkbaren Eingriffsszenarien herausgearbeitet. Anschließend werden unter dem Gesichtspunkt der Kategorie Gedankenlesen staatliche Eingriffe thematisiert, die bereits Grundlage von gerichtlichen Entscheidungen waren. Dabei werden Entscheidungen zum Lügendetektor und zu Selbstgesprächen und Tagebüchern genauer betrachtet. Danach werden mögliche staatliche Eingriffe in Form der Gedankenmanipulation dargestellt und am bisherigen Erkenntnisstand gemessen und die relevanten Unterschiede zur Kategorie des Gedankenlesens herausgearbeitet.

Kapitel 1: Interdisziplinärer Abriss

Die Gedankenfreiheit fristet ein Schattendasein im juristischen Kontext. Dieses zu beenden und einen Zugriff auf diese Materie zu ermöglichen, macht es notwendig, einen Blick über den Tellerrand der Rechtswissenschaften hinaus zu werfen. Gedankenfreiheit als Wortkonstruktion setzt sich, ganz vereinfacht ausgedrückt, aus dem Begriff der Freiheit und dem der Gedanken zusammen. Für den Freiheitsbegriff besteht bereits ein juristisch ausgeprägtes Verständnis, auf das zurückgegriffen werden kann und wird. Anders ist es jedoch für die Frage, was Gedanken sind. Dafür gibt es keine vergleichbare umfassende rechtswissenschaftliche Basis. Deshalb soll zunächst der Forschungsstand anderer Wissenschaftsdisziplinen, die sich mit dem Begriff der Gedanken bzw. dem menschlichen Denken auseinandersetzen, dargestellt werden. Die so gewonnenen Erkenntnisse dienen dann als Grundlage zur Entwicklung eigenständiger juristischer Ansätze für diesen Bereich. Damit soll ein besseres Verständnis über das, was Gedanken sind und die Freiheit von Gedanken aus rechtswissenschaftlicher Perspektive geschaffen und sodann fruchtbar gemacht werden.

Zunächst bedarf es einer Auswahl von Wissenschaftsbereichen, die eine Aussage darüber treffen, was Gedanken bzw. menschliches Denken darstellen. Neben einer Annäherung des Begriffs über den allgemeinen Sprachgebrauch bieten sich die Bereiche der Philosophie, Psychologie, Neurowissenschaften und Medizin als Fundus an. Schließlich soll die Darstellung aus Sicht der Kognitionswissenschaften diesen Rundumblick durch das Kaleidoskop der Wissenschaftsdisziplinen vervollständigen.

Vor der Darstellung im Einzelnen sollen vorweg noch zwei Punkte klargestellt werden. Die Auswahl der beleuchteten Wissenschaftsdisziplinen entspringt schlicht der logischen Erwägung, dass von diesen eine Aussage über Gedanken getroffen wird, die der Verständnisbildung darüber zuträglich ist. Es wird jedoch weder ein Anspruch auf eine Vollständigkeit der Darstellung aller sich mit Gedanken befassenden Wissenschaften erhoben, noch gewahrt. Beispielsweise trifft auch die Theologie Aussagen über das Denken bzw. Gedanken. Auf deren Darstellung wurde aber verzichtet, da der Erkenntnisgewinn durch die Beleuchtung dieser Textwissenschaft für die rechtswissenschaftliche Behandlung als weniger bedeutend erachtet wird.

Zudem erschöpft sich die Darstellung der fachfremden Texte in der bloßen Wiedergabe von überblicksartigen Darstellungen des Forschungsstandes der jeweiligen Disziplinen. Es soll und kann vom Autor diesbezüglich keine, da fachfremde Wertung erfolgen. Stattdessen wird der Erkenntnisstand, so wie dargestellt, als gegeben angenommen und ggf. zusammengefasst.

A. Allgemeiner Sprachgebrauch

Versucht man als Jurist die Frage, was ein Gedanke ist, zu klären, stößt man schnell auf eine derartige Flut unterschiedlicher Ansichten, dass man sich an die Aufgabe, die Menschenwürde zu definieren, erinnert fühlt. Obwohl bei dieser die Theorie der Nichtdefinition[22] vertreten wird, soll sich hinsichtlich der Gedanken nicht entsprechend begnügt werden.

Am naheliegendsten ist es, sich mit dem Begriff aus Sicht des allgemeinen Sprachgebrauchs zu nähern. Ein Gedanke ist „etwas, was gedacht wird, (oder) gedacht worden ist",[23] also sowohl Teil des Denkvorgangs als auch das Produkt des Denkens, aber umgangssprachlich „auch eine These, eine Idee, ein Bestandteil eines Gedankenganges".[24] Wir alle denken täglich und ständig. Befasst man sich mit der Frage, was ein Gedanke ist, tut man es auch. Man denkt. Der Duden beschreibt Denken als die Anwendung der „menschliche[n] Fähigkeit des Erkennens und Urteilens".[25] Unter Denken versteht man also landläufig die innere geistige Wahrnehmung, Verarbeitung und Einordnung der äußeren Begebenheiten. Gleichzeitig wird es als eine dem Menschen exklusive Fähigkeit angesehen.

B. Philosophie

Nach dem Wörterbuch der philosophischen Begriffe ist ein Gedanke

> der Vorgang des Denkens (Denkakt)[26] [und] Denken [...] im weitesten Sinn jedes aktive kognitive Verhalten des Menschen (im Unterschied zum Empfinden, Hingegebensein an Eindrücke), Vermuten (Dünken), Sicherinnern [sic!], Glauben. Im engeren, philosophischen Sinn [...] die von allem Anschauen und Vorstellen, Meinen und Nachdenken unterschiedene, selbstständige und selbstgesetzliche Tätigkeit des Geistes.[27]

---

22 Zur Theorie der Nichtdefinitionstheorie im Rahmen der Menschenwürde, vgl. Kap. 3: B.V.1.

23 Duden, online: www.duden.de/rechtschreibung/Gedanke#bedeutungen (Abruf am 22.11.2023).

24 *Regenbogen/Meyer* 2013, „Gedanke", S. 239.

25 Duden, online: www.duden.de/rechtschreibung/denken#bedeutungen (Abruf am 22.11.2023).

26 *Regenbogen/Meyer* 2013, „Gedanke", S. 238 f.

27 Ebenda, „Denken", S. 140.

Auch danach ist Denken eine dem Menschen vorbehaltene Fähigkeit und wird dadurch präzisiert, dass es ein aktiver Vorgang ist, der sich eben nicht bloß in der eigenen Wahrnehmung erschöpft, sondern ein geistiges Tätigwerden verlangt.

Doch die Philosophie befasst sich mit weiteren Begrifflichkeiten, wie der Handlungs-, Willens- und auch der Gedankenfreiheit, wobei die Unterscheidung von der jeweiligen Definition der einzelnen Begriffe abhängig ist. „Das rein mentale, also interne Operieren mit Gedanken ist eine geistige Tätigkeit und damit – im weiteren Sinne – schon ein (strukturiertes) Handeln."[28] Würde man diese Definition strikt zugrundelegen, wäre eine klare Unterscheidung zwischen der Gedankenfreiheit einerseits und Handlungsfreiheit andererseits nicht möglich. Letztere wäre stets auch immer mit der Gedankenfreiheit gegeben.[29] Deshalb begreift Sauter, auf dessen zusammenfassende Beschreibungen sich im Folgenden gestützt wird, „das Denken als inneren, geistigen, mentalen Akt und die ‚Handlung' als ‚äußeren' Akt."[30]

Aus philosophischer Sicht, zitiert nach Sauter, ist damit

> Gedankenfreiheit, also „die Freiheit […], zu urteilen und zu denken wie er [EGS:[31] der Denkende] will" [im Originaltext hier Fn. 65: „Unter Volition will ich den einzelnen Willensentschluss (Willensakt) verstehen".], ist wohl die allgemeinste der hier zitierten Freiheiten. Gibt es keine Gedankenfreiheit, dann gibt es auch keine Willensfreiheit, da Volitionen spezielle Gedanken sind. Besäße der Mensch dagegen eine durchgängige Gedankenfreiheit, dann besäße er auch Willensfreiheit. Ohne Denken gibt es kein Wollen, aber es gibt Denken, was kein Wollen ist.
>
> Alles Gewollte ist auch ein Gedachtes. Gilt die Gedankenfreiheit aber nicht durchgängig, sondern nur für gewisse Arten von Gedanken, dann lässt sich an dieser Stelle nichts über die Willensfreiheit aussagen. Schon in der Überschrift zum 20. Kapitel seines Theologisch-Politischen Traktats sagt Spinoza „Es wird gezeigt, dass es in einem freien Staate jedem erlaubt ist, zu denken, was er will, und zu sagen, was er denkt" Und weiter sagt er hier: Es wäre für die Regierung sehr unglücklich, wenn sie „einem jeden die Freiheit, zu sagen und zu lehren, was er denkt, verweigert". „Gesetzt aber, diese Freiheit [EGS: des Urteils] könnte unterdrückt und die Menschen könnten so in Schranken gehalten werden, dass sie nicht zu mucken wagten ohne Erlaubnis der höchsten Gewalten, so wird es doch sicherlich niemals dahin kommen, dass sie auch bloß so denken, wie die höchsten Gewalten es wollen. Die notwendige Folge wäre also, dass die

---

28 *Sauter* 2011, S. 6.

29 Ebenda.

30 Ebenda.

31 EGS steht für Elmar G. Sauter und kennzeichnet Einfügungen in direkten Zitaten durch den Autor, vgl. *Sauter* 2011, S. 4.

> Menschen tagaus, tagein anders redeten, als sie dächten". Die Gedankenfreiheit kann von äußeren und inneren Hindernissen bedroht sein. Man kann sich gut vorstellen, dass Gedankenfreiheit nicht immer gegeben ist: In einem indoktrinierenden und repressiven System (oder bei einer „Gehirnwäsche") kann es sehr wohl sein, dass gewisse Gedanken durch Gesetze und Vorschriften verboten sind. Es lässt sich aber trotzdem nicht verhindern, dass verbotene Gedanken auftauchen, die dann aber, wenn einem ihr verbotener Charakter bewusst geworden ist, sofort unterdrückt werden müssen.
>
> Beim Denken wird sozusagen mit Gedanken operiert; Gedanken sind auch das Ergebnis oder das Produkt von Denkakten. Nach Kant sind Gedanken ohne Inhalt leer. Denken geschieht schweigend – im Unterschied zum Sprechen – und verändert äußerlich unmittelbar nichts. Nietzsche sagte: „Denken ist ein Interpretieren nach einem Schema, das wir nicht abwerfen können". Und Descartes meinte: „Unter dem Namen Denken befasse ich Alles, was so in uns ist, dass wir dessen uns unmittelbar bewusst sind. Deshalb ist jedes Wollen, Einsehen, bildliches Vorstellen und sinnliche Wahrnehmen ein Denken". Diese unmittelbare Bewusstheit würden wir heute nicht mehr für alle Denkakte verlangen. Wie aber ein Gedanke auf den andern folgt, das ist uns jedenfalls nicht bewusst. Gedanken, Vorstellungen oder Wünsche treten auf einmal auf, als Ergebnis des unbewussten Arbeitens des Gehirns nach dem Motto: „da fällt mir doch plötzlich ein". Und hier setzt die Frage nach der Gedankenfreiheit ein. Genauer gesagt dreht es sich dabei nicht um das Haben von Gedanken, sondern um die Bildung und das Auftauchen von Gedanken.
>
> Nur selten vollzieht sich die Aufeinanderfolge von Gedanken, von Assoziationen, bewusst, weil diese Aufeinanderfolge meistens routinemäßig abläuft. Der Grund ist: Denken beruht i.a. auf einer unbewussten Gehirnaktivität; und die Verknüpfungen zwischen verschiedenen Gedanken werden auch durch gelernte, eingespielte, aber unbewusste Verknüpfungen der Gehirnaktivitäten miteinander hergestellt. Wir haben also keine bewusste Kontrollmöglichkeit über unsere Gedanken. Diese unbewusste Gehirnaktivität zeigt sich auch im Traum. Der Traum kann i.a. von mir nicht bewusst gesteuert werden. Bei einem strikten Determinismus wären die Gedanken und auch alle Abfolgen von Gedanken schon völlig festgelegt; dann gäbe es auch keine Gedankenfreiheit – und keine Willensfreiheit. Dies würden wir aber gar nicht bemerken, da wir immer mit der Illusion leben könnten, unsere Gedanken seien frei.[32]

Denken wird dabei zwar immer noch als ein aktiver Prozess verstanden, er findet jedoch oft un- bzw. unterbewusst statt und entzieht sich so dem Einfluss und der Steuerungsmöglichkeit des Denkenden. Die fehlende eigene Steuerungsmöglichkeit ist aber von einer potentiellen Fremdsteuerung von Gedankengängen zu differenzieren. Nur weil sich die Gedanken des Denkenden seiner bewussten Kontrolle entziehen, sind es jedoch seine eigenen Gedanken. Dies wäre anders,

32 Ebenda, S. 47–49.

wenn er durch fremde Einflüsse zu einem Gedanken geleitet würde. Nur das Bemerken dieser Fremdbestimmtheit ist natürlich für den Denkenden unter dieser Maßgabe schwer bzw. gar nicht möglich.

Die fehlende Selbstbestimmtheit kann einerseits im Determinismus liegen. Dieser muss deshalb entweder als nicht existent erachtet oder es muss zumindest für die weitere rechtswissenschaftliche Auseinandersetzung die Fiktion einer individuellen Freiheit zu Grunde gelegt werden. Denn wo kein Raum für Selbstbestimmtheit ist, ist auch keine Freiheit. Die fehlende Selbstbestimmtheit kann aber auch durch Einflüsse anderer Menschen oder Institutionen geschehen und zeigt sich dann als Fremdbestimmtheit. In dieser Form schränkt sie dann die Gedankenfreiheit des Denkenden ein. Bei dieser Variante kann die Gedankenfreiheit ihren Schutz entfalten.

Willensfreiheit ist hingegen die

> Möglichkeit, [...] das zu wollen, was man will (besser: „zu entscheiden, was man aus einer Menge von Möglichkeiten für die Wahl nehmen will"). Es handelt sich also um die Freiheit des Wollens, nicht um eine Freiheit des Willens. Redet man von der Freiheit des Willens, so besteht die Gefahr einer Verdinglichung des Willens. Denn: wer oder was ist der Wille? Entscheidet der Wille oder entscheide „ich"? Auf diese Fragen wird in dieser Arbeit nicht eingegangen, und der Begriff „Wille" wird hier nicht benötigt. [Mit dem] [...] Begriff „Willensfreiheit" [...] ist damit genauer [...] die Freiheit in der Ausführung von Willensakten, die „Freiheit des Wollens", also von speziellen Denkakten gemeint.[33]

Wohingegen Handlungsfreiheit die

> Freiheit zur Ausführung der Handlung [...des] „frei Handelnden" [... ist]. In diesem Sinne ist unter Handlungsfreiheit die Möglichkeit zu verstehen, das zu tun, was man auch tun will („so zu handeln, wie man handeln will"). Handlungsfreiheit ist man also ungehindert in der Ausführung der Handlung.[34]

Die Handlungsfreiheit ist also die Freiheit, Handlungen vorzunehmen, Willensfreiheit dagegen (im Sinne einer Wollensfreiheit) „die Freiheit der Wahl zwischen zwei oder mehr Möglichkeiten, von denen grundsätzlich jede gewollt werden kann",[35] und Gedankenfreiheit die Freiheit aktiv, gleich ob unbewusst oder bewusst, frei von Fremdbestimmung, zu denken, also Gedanken zu bilden und zu haben.

---

33 Ebenda, S. 23.

34 Ebenda, S. 22 f.

35 *Regenbogen/Meyer* 2013, „Willensfreiheit", S. 734.

C. Psychologie

Die Psychologie befasst sich mit dem Denken und dem, was Gedanken sind, ebenfalls so umfassend, dass nur ein zusammenfassender Ausschnitt beleuchtet werden kann. Denken wird in der Psychologie als „hypothetisches Konstrukt“[36] aufgefasst, da es sich selbst nicht beobachten lässt. Durch die Betrachtung verschiedener äußerlich erfassbarer Ereignisse lassen sich aber Rückschlüsse auf vielschichtige mentale Prozesse ziehen, die in Form verschiedener Kategorien des Denkens beschrieben werden.[37]

Bedeutungshaltiges Denken ermöglicht dem Menschen, eine Vorstellung von bzw. über bestimmte Objekte und Ereignisse zu bilden.[38] Dabei wird auf Konzepte in Form von abstrakten Repräsentationen von Wissen zurückgegriffen.[39] Diese wiederum können sowohl auf konkreten Exemplaren bzw. Erfahrungen basieren, aber auch aus sich heraus entstehen.[40] Erst diese Abstraktionsleistung ermöglicht ein allgemeines Nachdenken, das Erfassen von Konzepten wie Freiheit oder die Kommunikation mit anderen Menschen.[41]

Die Einordnung von Ereignissen in das konzeptionierte Wissen basiert dabei je nach vertretenem Ansatz entweder auf einem Ähnlichkeitsvergleich mit Erfahrungswerten über abstrahierte Prototypen bzw. abgespeicherte Einzelexemplare oder rein theoretisch erlernten bzw. vermittelten Merkmalen.[42] Dabei wird diese Einteilung in Kategorien oder Klassen für sämtliche menschlichen Erfahrungen vorgenommen, wobei auch übliche Handlungsabläufe, wie z.B. Busfahren oder ein Restaurantbesuch, in Skripten bzw. Schemata abgespeichert werden.[43] Dies ermöglicht die Verarbeitung großer Informationsmengen ohne aktive Denkleistung, da die abgespeicherten Erwartungen im konkreten Fall einfach abgerufen und umgesetzt werden können.[44]

Das Denken selbst geschieht dabei abstrakt propositional, etwa in Wörtern, aber auch in Bildern (vor dem inneren Auge)[45] oder in Bewegungsabläufen

---

36 *Bak* 2020, S. 136.
37 Vgl. ebenda.
38 Vgl. ebenda, S. 145.
39 Vgl. ebenda, S. 138.
40 Vgl. ebenda.
41 Vgl. ebenda, S. 138 f.
42 Vgl. ebenda, S. 139–143.
43 Vgl. ebenda, S. 143.
44 Vgl. ebenda, S. 143 f.
45 Vgl. ebenda, S. 144.

(motorisches Denken).[46] Und es kann linear, indem ein striktes Ergebnis verfolgt wird (konvergentes Denken), oder unsystematisch, mit offenem Ausgang auf ein kreatives Ergebnis gerichtet (divergentes/produktives Denken), erfolgen.[47]

Das Ergebnis eines Denkprozesses kann neben der Vorstellung von Dingen auch in einer Schlussfolgerung liegen. Die (Denk-)Psychologie befasst sich damit unter dem Begriff des logischen Denkens. Dabei wird untersucht, inwieweit das „Denken den Gesetzen der Logik folgt."[48]

> Grundsätzlich wird hierbei zwischen dem deduktiven und dem induktiven Denken unterschieden. Unter deduktivem Denken versteht man den Prozess, bei dem wir ausgehend von allgemeinen Prämissen Schlussfolgerungen für einen konkreten Fall ableiten. Wir schließen also vom Allgemeinen auf das Besondere. Mit induktivem Denken wird dagegen derjenige Prozess beschrieben, bei dem wir ausgehend von einem konkreten Einzelfall einen verallgemeinernden Schluss ziehen, also vom Besonderen auf das Allgemeine schließen.[49]

Darauf aufbauend haben sich zahlreiche psychologische Disziplinen, wie z.B. die Verhaltensökonomie (*behavioral economics*), herausgebildet, bei denen untersucht wird, wie Menschen auf bestimmte Situationen reagieren.[50] Daraus abgeleitet kann auch geschlussfolgert werden, wie Menschen wahrscheinlich auf bestimmte Situationen reagieren werden und wie eine potentielle Reaktionsmöglichkeit forciert werden kann (beispielsweise durch „Framing" oder „Priming").[51] An den Stellen, an denen eine strikt logische Denkweise mangels einer begrenzten Anwendungsmöglichkeit nicht möglich ist, bedienen sich Menschen verschiedenen Heuristiken („Daumenregeln"),[52] die einen komplexen Denkprozess schnell und effektiv zu einem Ergebnis kommen lassen, wobei dies natürlich oft zu Lasten der Logik geht.[53]

Daneben gibt es zahlreiche Theorien des Denkens im Bereich der Psychoanalyse, die sich mit dem Ablauf und dem Funktionieren sowie die Ziele des

---

46 Vgl. ebenda, S. 137 f.

47 Vgl. ebenda, S. 138.

48 Ebenda, S. 145.

49 Ebenda, S. 145 f.

50 Vgl. ebenda, S. 148.

51 Vgl. ebenda; zum Framing umfassend siehe auch *Matthes* 2022; umfassend zu Priming, siehe *Scheufele* 2022.

52 So im Wirtschaftslexikon Gabler bezeichnet, online: wirtschaftslexikon.gabler.de/definition/heuristik-34474 (Abruf am 22.11.2023).

53 Vgl. *Bak* 2020, S. 150–153.

Denkens, zahlreichen Denkmustern, deren Abweichungen vom Normalzustand etc. befassen, auf die in diesem Rahmen aber nicht eingegangen wird.[54]

I. Exkurs: Libet-Experiment

Es soll aber in diesem Kontext das als wegweisend geltende Libet-Experiment[55] vorgestellt werden, das zum Verständnis über das Bewusstsein von Aktivitäten des Geistes beiträgt. *Benjamin Libet* veröffentlichte im Jahr 1985 erstmals die Erkenntnisse aus seiner Experimentenreihe zur freien Willensbildung. Der Aufbau des Experiments gestaltete sich vereinfacht dargestellt wie folgt:

Die Versuchspersonen sollten frei entscheiden, wann sie ihren Finger heben und dann anhand eines währenddessen vor ihnen auf einem Ziffernblatt rotierenden Lichtpunktes[56] durch spätere Angabe dessen Position den Zeitpunkt bestimmen, in dem sie die Absicht die Bewegung auszuführen bewusst getroffen haben. Gleichzeitig wurde deren elektrische Muskelaktivität mittels EMG[57] und deren Bereitschaftspotential[58] des Gehirns mittels EEG[59] gemessen. Die Muskelaktivität kennzeichnet den Bewegungsbeginn und das Bereitschaftspotential die Signalgebung des Gehirns zur Muskelbewegung.

Das Ergebnis war, dass die Versuchspersonen sich durchschnittlich 200 Millisekunden vor der Ausführung der Bewegung bewusst für diese entschieden haben, das Bereitschaftspotential aber bereits durchschnittlich 550 Millisekunden

---

54 Vgl. als Überblick zu den bestehenden psychoanalytischen Theorien des Denkens das gleichnamige Werk von *Feurer* 2010.

55 Die folgende Darstellung beruht auf *Libet* BBS 1985, 529 (529 ff.).

56 Sog. Wundtsche Komplikationsuhr, benannt nach Wilhelm Wundt (1832–1920): eine in der experimentellen Psychologie bekannte Zeit-Messmethode; in mehreren Abhandlungen zum Libet-Experiment bezeichnet, aber stets ohne genaue Quellenangabe, vgl. *Mankowski* AcP 2011, 153 (161); *Detlefsen* 2006, S. 278; *Bromm*, in: Bromm/Wolf 2017, S. 130.

57 Elektromyographie: misst die von den Muskeln erzeugten elektrischen Ströme, vgl. e. Medpedia von Springer Medizin, online: www.springermedizin.de/emedpedia/klinische-neurologie/elektromyografie-emg?epediaDoi=10.1007%2F978-3-662-44768-0_11 (Abruf am 22.11.2023).

58 Bereitschaftspotential: messbarer Anstieg der Gehirnaktivität vor einem Bewegungsbeginn, *Kornhuber/Deecke* Pflügers Archiv 1965, 1 (1 ff.).

59 Elektroenzephalographie: misst die elektrische Aktivität des Gehirns, vgl. e.Medpedia von Springer Medizin, online: www.springermedizin.de/emedpedia/klinische-neurologie/elektroenzephalografie-eeg?epediaDoi=10.1007%2F978-3-662-44768-0_9 (Abruf am 22.11.2023).

vor der Bewegung gemessen wurde.[60] Das bedeutet, dass die Bewegung durch das Gehirn bereits initiiert wurde, bevor der Entschluss zur Bewegung bewusst gefasst wurde.

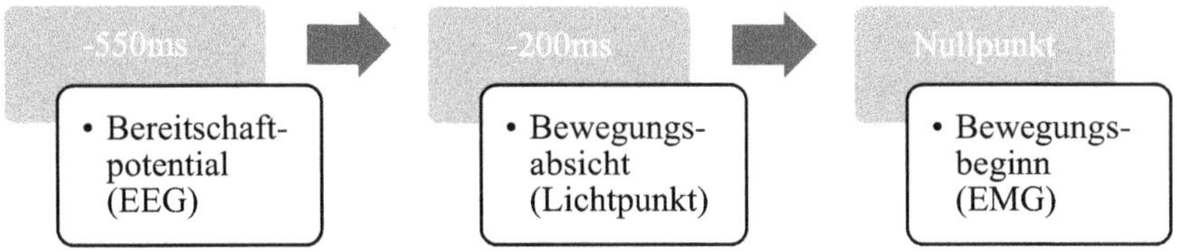

Quelle: Erstellung der Grafik durch den Autor

Das Libet-Experiment wurde sodann dahingehend interpretiert, dass durch das Vorausgehen unbewusster Gehirnprozesse eine anschließende bewusste Willensentscheidung determiniert sei und damit eine Willensfreiheit nicht angenommen werden könne.[61] Dies wiederum wurde durch Folgeexperimente zu widerlegen versucht bzw. relativiert.[62] Insbesondere kann das unbewusst gebildete Bereitschaftspotential aktiv beeinflusst werden, und es muss ihm nicht stets gefolgt werden.[63] Damit ist im Ergebnis nicht bewiesen, dass dem Menschen kein freier Wille zur Verfügung steht. Es ist jedoch festzustellen, dass Entscheidungen im Gehirn bereits getroffen bzw. vorbereitet werden, bevor bzw. ohne dass sie dem Menschen selbst bewusst sind.

II. Zusammenfassung

Es bleibt festzuhalten, dass Gedanken das Produkt und Inhalt eines Denkprozesses sind und Denken aus Sicht der Psychologie ein konzeptueller Vorgang ist, der auf sog. abstrakte mentale Repräsentationen und bestimmte Muster zurückgreift. Das macht den Denkvorgang einerseits effizient und universell, andererseits aber auch in gewisser Weise berechenbar, in dem typische Denkmuster analysiert werden. Zugleich entziehen sich die Denkprozesse im Gehirn

---

60 *Libet* BBS 1985, 529, (536).

61 Siehe dazu *Pauen*, in: Duttge 2009, S. 75, 86.

62 Teils von Libet selbst, als auch durch Andere, vgl. etwa zusammenfassend *Sauter* 2011, S. 59 ff.

63 Vgl. *Schmidt/Jo/Wittmann/Hinterberger* Neuroscience & Biobehavioral Reviews 2016, 639.

teil- bzw. zeitweise dem menschlichen Bewusstsein und können dennoch Auslöser für Willensentscheidungen und Handlungen sein; dabei sind die unterbewussten Prozesse aber nicht letztgültig, sondern können bewusst abgeändert oder abgelehnt werden.

D. Neurowissenschaft und Medizin

Die im Libet-Experiment angewandten Messmethoden leiten die Betrachtung des wissenschaftlichen Verständnisses des menschlichen Denkens schließlich über in die Disziplin der Medizin und Neurowissenschaft. Dabei fungiert das Gehirn als „Hardware des Denkens“[64] und steht im Zentrum dieser wissenschaftlichen Erforschung.[65] Das Gehirn ist medizinisch gesehen schlicht der in der „Schädelhöhle gelegene[] Teil des Zentralnervensystems.“[66] Eine genauere Darstellung des Aufbaus des Gehirns würde den Rahmen dieser Darstellung natürlich sprengen, weshalb darauf verzichtet wird.[67]

I. Die Funktionsweise des Gehirns

Zum Verständnis ist eine stark simplifizierte Kenntnis über den Aufbau und die Funktionsweise des Gehirns ausreichend, die im Folgenden dargestellt wird. Das Gehirn besteht aus zwei Hälften, die die Informationen der jeweils gegenüberliegenden Körperseite verarbeiten und von der Großhirnrinde (Cortex cerebri) überzogen sind.[68] Nach der zum Ende der 80er, Anfang der 90er Jahre des vorletzten Jahrhunderts entwickelten Neuronenlehre[69] besteht es aus einer großen Zahl (80–120 Milliarden)[70] von Nervenzellen, sog. Neuronen, die über Synapsen („Kontaktstellen zwischen Neuronen“[71])

64 *Rauch*, Was ist ein Gedanke?, wissenschaft.de, 05.02.2007, online: www.wissenschaft.de/gesundheit-medizin/1-was-ist-ein-gedanke/ (Abruf am 22.11.2023).

65 Zur Vorstellung über das Gehirn in verschiedenen Epochen, vgl. *Bear/Connors/Paradiso* 2018, S. 4 ff.

66 *Waldeyer/Mayet* 2019, S. 253.

67 Eine ausführliche medizinische Darstellung findet sich in *Waldeyer/Mayet* 2019, S. 253–383.

68 Vgl. *Costandi* 2015, S. 5 f.

69 Bzw. Neuronendoktrin, vgl. *Bear/Connors/Paradiso* 2018, S. 28 f.

70 Vgl. *Costandi* 2015, S. 8; doch die Anzahl schwankt je nach Quelle, so nennen *Bear/Connors/Paradiso* 2018, S. 49, 85 Mrd., die Max-Planck-Gesellschaft gibt ca. 100 Mrd. an, vgl. online: www.mpg.de/gehirn (Abruf am 22.11.2023).

71 *Costandi* 2015, S. 14.

miteinander verbunden und in verschiedenen Gruppen (Clustern) angesammelt sind.[72]

Die Kommunikation im Gehirn findet mittels elektrischer Signale statt, die, in chemische Signale umgewandelt, zwischen Neuronen übertragen werden.[73] Das funktioniert innerhalb eines Neurons nach einem Input-Output-Prinzip. Jedes Neuron besteht im Grunde aus einer Empfangseinheit, sog. Dendriten,[74] die Signale von anderen Neuronen empfangen und an den Zellkörper (Soma)[75] weiterleiten. Dieser verarbeitet das Eingangssignal in ein Ausgangssignal, welches über die Sendeeinheit (Axon)[76] wiederum an andere Neuronen weitergeleitet wird. Die Neuronen sind dabei mit einer Vielzahl anderer Neuronen verknüpft und agieren unter- und miteinander in Form eines Netzwerks.[77] Innerhalb eines Neurons basiert die Signalerzeugung und -verbreitung auf elektrischen Strömen.[78] Ein solcher elektrischer Impuls wird als Aktionspotential oder Spike bezeichnet (das Neuron „feuert").[79]

Zwischen Neuronen hingegen besteht keine unmittelbar leitende Verbindung, sodass die elektrischen Signale nicht direkt übertragen werden können.[80] Der Bereich zwischen einem Axon und einem Dendriten zweier Neuronen wird als Synapse bezeichnet.[81] Sie besteht damit aus „der *präsynaptischen Endigung* der Zelle, die das Signal sendet, und der *postsynaptischen Region* der Zelle, die das Signal empfängt."[82] Dazwischen ist ein sog. synaptischer Spalt, der keine elektrische Impulsübertragung zulässt, sodass dazu in synaptischen Bläschen (Vesikeln) gespeicherte chemische Botenstoffe (Neurotransmitter) freigesetzt werden, die an der empfangenden Zelle andocken und dort wiederum in der Empfängerzelle einen elektrischen Impuls auslösen (Neurotransmission).[83] Neben den in einem Cluster angeordneten Neuronen gibt es auch elektrische Synapsen, die eine rein elektrische Signalweiterleitung zwischen Neuronen

---

72 Vgl. ebenda, S. 8 ff.
73 Vgl. *Bear/Connors/Paradiso* 2018, S. 44; *Costandi* 2015, S. 8, 16 ff., 20.
74 Vgl. *Bear/Connors/Paradiso* 2018, S. 47 ff.
75 Vgl. ebenda, S. 29 ff.
76 Vgl. ebenda, S. 42 f.
77 Vgl. ebenda, S. 28 f.
78 Vgl. *Costandi* 2015, S. 9 f.
79 Vgl. *Bear/Connors/Paradiso* 2018, S. 86 ff.; *Costandi* 2015, S. 16, 21.
80 Vgl. *Costandi* 2015, S. 20.
81 Zur synaptischen Übertragung ausführlich *Bear/Connors/Paradiso* 2018, S. 159 ff.
82 *Costandi* 2015, S. 20 (Herv. im Orig.).
83 Vgl. ebenda, S. 20 f.

ermöglichen.[84] Zudem gibt es eine noch größere Zahl von sog. Gliazellen, die die Neuronen umgeben und ebenfalls untereinander und mit den Neuronen, jedoch ausschließlich über chemische Signale kommunizieren.[85]

Dabei sind einzelne Hirnareale auf verschiedene Funktionen des menschlichen Körpers spezialisiert[86] und deren Aktivität bietet Rückschlüsse z.B. auf die sensorische Wahrnehmung,[87] Bewegung,[88] Sprache[89] oder Erinnerungen[90].[91]

II. Methoden zur Messung der Gehirnfunktionen

Durch spezielle Verfahren, die überbegrifflich als Hirnscans bzw. Brain Imaging bezeichnet werden, können die Aktivitäten des Gehirns sichtbar gemacht und aufgezeichnet werden.[92] Dabei beruhen diese sowohl auf der Messung der elektrischen als auch biologischen Aktivität des Gehirns. Im Wesentlichen existieren folgende Verfahren:[93]

1. Elektroenzephalographie (EEG)

Bei der Elektroenzephalographie (EEG) wird die elektrische Aktivität einer großen Population von Neuronen nahe der Oberfläche des cerebralen Cortexes mithilfe von Kopfhautelektroden abgeleitet.

2. Magnetoenzephalographie (MEG)

Die Magnetoenzephalographie (MEG) ähnelt der EEG, registriert aber das Magnetfeld, das von der elektrischen Aktivität des Gehirns produziert wird. Die Methode ist empfindlicher als die EEG, aber auch kostspieliger.

---

84 Vgl. ebenda, S. 21; *Bear/Connors/Paradiso* 2018, S. 119 ff.

85 Vgl. *Costandi* 2015, S. 12 ff.; *Bear/Connors/Paradiso* 2018, S. 50 ff.

86 Vgl. *Costandi* 2015, S. 36 ff.

87 Vgl. ebenda, S. 24 ff.

88 Vgl. ebenda, S. 28 ff.

89 Vgl. ebenda, S. 112 ff.

90 Vgl. ebenda, S. 94 f.

91 Zu den einzelnen sensorischen und motorischen Systemen des Gehirns ausführlich, *Bear/Connors/Paradiso* 2018, Kap. 8–14, sowie zu den Spracharealen, S. 750 ff.

92 Vgl. *Costandi* 2015, S. 184.

93 Die hier wörtlich zitierte Beschreibung der Verfahren findet sich so in *Costandi* 2015, S. 185 f. (Herv. im Orig.); Vgl. auch *Hecht/Desnizza* 2012, S. 163 ff., wobei auch noch die Röntgenkontrastuntersuchung und Computertomografie (CT) beschrieben werden.

3. *Positronen-Emissions-Tomographie (PET)*

Die Positronen-Emissions-Tomographie (PET) ist eine Technik, die die Bewegungen von in den Körper injizierten radioaktiven Substanzen verfolgt. Mithilfe dieser Indikatoren kann man Blutfluss, Energieverbrauch sowie die Konzentration von Rezeptorproteinen und anderen wichtigen Molekülen messen.

4. *Magnetresonanztomographie (MRT)*

Auch mithilfe der Magnetresonanztomographie (auch: Kernspintomographie; MRT) lassen sich Hirnstrukturen abbilden. Mit dieser Methode lassen sich unter anderem die strukturellen Veränderungen entdecken, die bei Leiden wie der Alzheimer-Krankheit auftreten. Sie hat das Röntgenverfahren weitgehend ersetzt, weil sie sicherer ist und detailliertere Bilder ergibt.

5. *Diffusions-Tensor-Bildgebung (DTI)*

Die Diffusions-Tensor-Bildgebung (DTI) ist eine Variante der MRT; sie misst Signale, die von der Bewegung von Wassermolekülen im Gehirn erzeugt werden. Auf diese Weise lassen sich die Bahnen mit dicken Bündeln myelinisierter Axone sichtbar machen, die entfernte Hirnregionen miteinander verbinden.

6. *Funktionelle Magnetresonanztomographie (fMRT)*

Die funktionelle Magnetresonanztomographie (fMRT) nutzt Veränderungen im Sauerstoffgehalt des Blutes, um die Gehirnaktivität zu messen. Ihr Vorteil gegenüber EEG und PET ist, dass sich mit dieser Methode Aktivitäten auch in den tiefsten Teilen des Gehirns registrieren lassen, sie aber dennoch nicht invasiv ist, weil keine radioaktiv markierten Substanzen injiziert werden müssen.

Gerade die Methode des fMRT wird bereits heute dazu benutzt, einen Einblick in die menschlichen Gedanken zu erhalten, der ohne technische Verfahren der Außenwelt verschlossen bleiben würde.[94]

---

94 Zum Gedankenlesen siehe Kap. 4: A.II.1 und B.

III. Aktuelle Forschungsbereiche der Neurowissenschaft

Die fundamentale Frage, wie das menschliche Denken funktioniert, ist aber noch nicht final beantwortet.[95] Ging man bisweilen davon aus, dass das Gehirn die „oberste Kontrollinstanz“[96] des menschlichen Denkens darstellt, ist die heutige Ansicht, dass „dynamische[] Wechselbeziehung[en] zwischen Gehirn, Körper und Umwelt“[97] unser Denken beeinflussen (embodied cognition).[98] Man kann einen Gedanken damit knapp ausgedrückt als „eine neuronale Repräsentation im Gehirn, das sich als Aktivitätsmuster zeigt“ beschreiben, wobei diese Repräsentation keinen bestimmten Zustand, sondern einen ausgedehnten Prozess darstellt, „dessen Gehalt über das Gehirn hinausgeht“.[99]

> Die Bedeutung eines Gedankens und damit der Gedanke selbst entsteht also vereinfacht gesagt aus der aktiven Interaktion von Gehirn mit seinem Körper und der Umwelt des Organismus, dem sie angehören.[100]

Nach der These der verkörperten Kognition lassen sich also geistige Zustände durch körperliche Zustände, aber auch durch die Außenwelt sowohl beeinflussen als auch hervorrufen.[101] Aber, wie gezeigt, lässt sich auch die reine Gehirnaktivität selbst durch magnetische bzw. elektrische Stimulation beeinflussen (Hirnstimulation).[102] Zudem kann die geistige Leistungsfähigkeit, u.a. durch die Einnahme von bestimmten Medikamenten, verbessert werden (Cognitive Enhancement),[103] aber auch Erinnerungen „gelöscht“ bzw. die Erinnerungsfähigkeit abgeschwächt werden.[104] Schließlich lässt sich das Gehirn mittlerweile

---

95 Vgl. Max-Planck-Gesellschaft, Grundprinzipien des Denkens: Wie wir unsere Gedanken navigieren, 08.11.2018, online: www.mpg.de/12475991/grundprinzip-denken-gehirn-navigation (Abruf am 22.11.2023).

96 *Costandi* 2015, S. 52.

97 Ebenda.

98 Vgl. ebenda; dazu auch sogleich die Darstellung der embodied cognition in Kap. 1: E. VII.

99 *Walter*, Wie entsteht ein Gedanke, 05.12.2015, online: www.dasgehirn.info/aktuell/frage-an-das-gehirn/wie-entsteht-ein-gedanke (Abruf am 22.11.2023).

100 Ebenda.

101 Vgl. Costandi 2015, S. 54.; z.B. steigt die Verhandlungsbereitschaft, wenn man auf einem weichen, anstatt auf einem harten, Stuhl sitzt, so eines von mehreren Experimenten der Studie von *Ackerman/Nocera/Bargh* Science 2010, 1712.

102 Vgl. Costandi 2015, S. 176, 180.

103 Vgl. ebenda, S. 180 ff.

104 Vgl. ebenda, S. 102 f.

durch sog. Hirn-Computer-Schnittstellen (brain computer interface, BCI) elektronisch auslesen und die so gewonnenen Signale verwenden, um so Maschinen, etwa in Form von Prothesen, zu steuern.[105]

E. Kognitionswissenschaft

Die bisherige Einführung in die Befassung der verschiedenen Wissenschaftsbereiche mit dem menschlichen Denken hat gezeigt, dass ein derart komplexer Vorgang sich nicht vollständig im Spektrum einer Disziplin abhandeln lässt. Deshalb hat sich die Kognitionswissenschaft formiert und zum Ziel gesetzt, die „geistigen Leistungen des Menschen, die ihnen zugrundeliegenden Vorgänge und Voraussetzungen zu untersuchen."[106]

I. Darstellung des Forschungsfeldes

Die zentrale Steuereinheit des Menschen, das Gehirn, dient auch hier als Ausgangspunkt. Mit der wissenschaftlichen Erforschung der entsprechenden Abläufe im Gehirn und dessen Zusammenspiel mit dem restlichen Körper befasst sich die Kognitionswissenschaft. Kognition, abgleitet vom lateinischen cognoscere (= Wissen), ist die „Fähigkeit, Information durch Wahrnehmung zu verarbeiten",[107] und damit eine der zentralen Aufgaben des Gehirns. Noch prägnanter wird der Inhalt dieses Wissenschaftsfeldes durch die englische Bezeichnung, science of the mind, ausgedrückt. Es handelt sich dabei um ein interdisziplinäres Forschungsfeld, wobei insbesondere die Fachgebiete Neurologie, Psychologie, Anthropologie, Philosophie und Informationswissenschaften eine Rolle spielen.[108] Das Erkenntnisinteresse aller Disziplinen richtet sich dabei auf die „Funktionsweise der (kognitiven) Verarbeitung, den Inhalt der Gedanken und den Aufbau des Geistes".[109] Zur Vermittlung eines Grundverständnisses

---

105 Vgl. ebenda, S. 192 ff.; z.B. Elon Musks sich derzeit im Prototypenstadium befindliche Neuralink, vgl. PNP, 31.08.2020, S. 18; mit beginnenden Testungen am Menschen, SPON, 24.01.2022, online: www.spiegel.de/wissenschaft/mensch/elon-musks-unternehmen-neuralink-kuendigt-tests-mit-menschen-an-a-1fa13731-90c4-4697-bb60-596f26713834 (Abruf am 22.11.2023).

106 Website des *Center for Cognitive Science*, Albert-Ludwigs-Universität Freiburg, online: www.cognition.uni-freiburg.de (Abruf am 22.11.2023).

107 So eine Definition von Kognition, online: www.cognifit.com/de/kognition (Abruf am 22.11.2023).

108 Ebenda.

109 *Weber* 2017, S. 17.

der „kognitiven Architektur des Menschen“[110] dient die folgende Darstellung der komputationalen Theorie, der repräsentationalen, sowie der modularen Theorie des Geistes.[111] Diese Theorien entstammen einer Phase, die von *Weber* als klassische Kognitionswissenschaft bezeichneten wird, und können vorrangig der Psychologie zugeordnet werden.[112] Zudem folgt eine kurze Darstellung der Gegenposition des Konnektionismus und der neueren Theorie der embodied cognition.

II. Die Komputationale Theorie des Geistes (KTG)

Der bis zur Mitte der 1970er Jahre in der Psychologie vorherrschende Behaviorismus reduzierte die Ergründung der geistigen Vorgänge des Menschen darauf, dass dazu die Beobachtung des äußeren Verhaltens, welches wiederum im Wesentlichen auf Konditionierungen beruhe, ausreiche.[113] Dieser wurde durch die „kognitiven Wende“ abgelöst und der Geist wiederum in den Mittelpunkt der wissenschaftlichen Betrachtung gerückt. Die heute als klassische Kognitionswissenschaft bezeichneten Theorien basieren auf der Annahme, dass der Geist Informationen durch sog. Repräsentationen abbildet und diese Inhalte gleich einem Computer verarbeitet (Komputation).[114] Die computergleiche Funktionsweise des Geistes beschreibt die Komputationale Theorie des Geistes (KTG):

> Seit den 1980er Jahren gilt die KTG als die populärste Theorie in der Kognitionswissenschaft und findet in allen Disziplinen vielfach Verwendung. Ganz allgemein formuliert liegt dieser Theorie die Idee zugrunde, dass der Geist in seiner Funktionsweise einem digitalen Computer ähnelt: Es gibt einen Input, eine Verarbeitung und einen Output. Analog dazu erhalten wir als Menschen demnach sensorische Informationen, denken darüber nach und verhalten uns entsprechend. Währenddessen laufe die kognitive Verarbeitung wie eine Software auf einer physischen Hardware ab, wobei das Gehirn die Hardware dafür bietet. Durch die Entwicklung des Computers war bereits der konzeptionelle und technologische Hintergrund für die Formulierung einer derartigen Theorie des menschlichen Geistes vorgelegt. Zugleich konnten mit der komputationalen

110 Ebenda.

111 Alle drei Theorien entstammen im Wesentlichen den Arbeiten des US-amerikanischen Philosophen und Kognitionswissenschaftler Jerry Fodor, wobei im Weiteren auf die Darstellungen dazu in *Weber* 2017 zurückgegriffen wird.

112 So *Weber* 2017, S. 17; einen Überblick über die Disziplinen der Kognitionswissenschaften und deren Bedeutung zu dieser Zeit bietet auch die Grafik in *Gardener* 1985, S. 49.

113 *Weber* 2017, S. 27; ausführlich *Hecht/Desnizza* 2012, S. 125 ff.

114 Vgl. *Weber* 2017, S. 17.

Theorie große Fortschritte bei der sich zu dieser Zeit schnell entwickelnden Forschung zur künstlichen Intelligenz gemacht werden. Wenn diese Theorie dazu dient, kognitive Fähigkeiten künstlich umzusetzen, schien ein Transfer zur Erklärung kognitiver Fähigkeiten bei biologischen Organismen naheliegend. So wurden schließlich die Erfolge in der KI zur Stützung der komputationalistischen Theorie angeführt und ihre Übertragbarkeit auf den menschlichen Geist angenommen.[115]

III. Repräsentationale Theorie des Geistes (RTG)

Die computergleiche Funktionsweise findet dabei durch Verarbeitung von Bausteinen statt, die die Repräsentationale Theorie des Geistes (RTG) beschreibt:

> Die KTG basiert also auf der Annahme, dass der Geist einem digitalen Computer ähnelt und die kognitive Informationsverarbeitung entsprechend in Form einer Komputation abläuft. Diese Annahme steht aber nicht für sich allein, sondern wird von einer repräsentationalistischen Theorie, der RTG, begleitet. Es gäbe „no computation without representation", wie Fodor (1975: 34)[116] pointierend zusammenfasst. Repräsentationen seien die Elemente, die komputational verarbeitet werden, und zugleich die Voraussetzung dafür, dass überhaupt eine Komputation stattfinden kann. Um an dieser Stelle zunächst eine allgemeine Interpretation des Begriffs von Repräsentation vorzulegen, wird der Ausdruck „Repräsentation" […] für die Kennzeichnung eines Zustandes verwendet, der für einen anderen Zustand einsteht. […] Nach dem klassischen Verständnis sind die Repräsentationen zudem symbolisch strukturiert […].[117]

IV. Language of thought-Hypothese (LoT)

Dabei sind die Symbole als Verarbeitungselemente nach der Language of thought-Hypothese als eine innere Sprache zu verstehen, die Gedanken semantische Eigenschaften verleihen.[118] Diese sprachähnliche Strukturierung des Denkens ist jedoch nicht mit einer natürlichen, gesprochenen Sprache gleichzusetzen, die erst erlernt werden muss, sondern eine Art angeborene Formatierung, wie die geistigen Repräsentationen verarbeitet werden.[119] Dennoch ließe sich so einem Gedanken durch seine geistige Repräsentation einem Symbol bzw. einer Symbolkette zuordnen.[120] Die Bedeutung dieser Symbole bzw. Symbolketten wiederum

115 Ebenda, S. 17 f.

116 Verweis so im zitierten Text enthalten und im Literaturverzeichnis des zitierten Werkes die vollständige Quelle: Fodor, Jerry (1975), The Language of Thought, Thomas Crowell: New York. angegeben.

117 *Weber* 2017, S. 20.

118 Ebenda, S. 26 f.

119 Ebenda, S. 27.

120 Ebenda.

lasse sich nicht ohne weiteres daraus ergründen, und die genaue Zuordnung ist nicht geklärt.[121]

V. These über die Modularität des Geistes

Zudem gibt die These über die Modularität des Geistes eine spezielle Architektur des Geistes vor, welcher in getrennten Abläufen arbeitet:

> Die Grundidee bei der Annahme einer Modularität des Geistes ist, dass verschiedene kognitive Prozesse getrennt und voneinander isoliert ablaufen. Die einzelnen Prozesse werden relativ unabhängigen Subsystemen, Domänen oder eben Modulen zugeordnet, die von nichts anderem beeinflusst werden, als das, was ihnen als spezifischer Input gegeben ist.[122]

Es findet also

> eine Dreiteilung hinsichtlich []einer funktionalen Trennung zwischen Transduktoren, Input-Systemen und zentralen Verarbeitungsinstanzen. Die modular geprägten, voneinander unabhängig arbeitenden Input-Systeme sind jeweils für verschiedene kognitive Aufgaben zuständig und nutzen dabei auch unterschiedliche Repräsentationen, die schließlich auf der höchsten Ebene die Intentionalität eines kognitiven Systems mit einem breiten begrifflichen Spektrum gewährleisten. Diese Intentionalität ist währenddessen nicht mehr ausschließlich durch die verschiedenen Sinnesmodalitäten bestimmt, sondern nach unterschiedlichen kognitiven Fähigkeiten differenziert, sodass beispielsweise auf der Basis von visuellen Stimuli unterschiedliche diskriminatorische Fähigkeiten, wie Objekt- oder Gesichtserkennung, möglich werden und von auditorischen Stimuli ausgehend Sprachverstehen oder die Unterscheidung von Geräuschen und Musik.[123]

VI. Konnektionismus

Die Kritik an der klassischen Kognitionswissenschaft stützt sich genau auf das fehlende Element, dass nicht erklärt werden kann, wie der Sinngehalt der Symbole definiert wird, sowie die starre Trennung der geistigen Abläufe in verschiedenen Modulen. Daran knüpfen der Konnektionismus und auch neuere Theorien, wie die der embodied cognition, an.

Die Verarbeitung findet nach dem Konnektionismus nicht durch Symbole, sondern durch neuronale Netzwerke statt:

---

121 Ebenda, S. 50 ff.
122 Ebenda, S. 36.
123 Ebenda, S. 44.

> Der Unterschied gegenüber der klassischen Auffassung besteht im Wesentlichen zunächst darin, dass nicht davon ausgegangen wird, dass die kognitive Verarbeitung seriell von einem Input zu einem Output verläuft, sondern über vielfältige Verflechtungen und Aktivierungen in einem neuronalen Netzwerk.[124]
> Wenn Repräsentationen in Mustern und nicht in individuellen Einheiten wie symbolischen Repräsentationen kodiert sind, ist die Beziehung zwischen den Repräsentationen in den Ähnlichkeiten und Unterschieden zwischen den Mustern kodiert und nicht über die syntaktischen (und semantischen) Eigenschaften der Repräsentationen. Damit ist der Konnektionismus eine neue Sicht gegenüber einer klassischen Auffassung, dass einzelne Neuronen (oder vielleicht auch Bündel von Neuronen) für bestimmte Informationsverarbeitungen [sic] zuständig sind.[125]

Diese Annahme stellt damit den unterschiedlichen Aufbau des menschlichen Gehirns und Computer-Hardware heraus.[126] Sie vereint die oben dargestellten Erkenntnisse der Neurowissenschaft mit denen der Kognitionswissenschaft. Neben dem reinen Konnektionismus gibt es noch zahlreiche vermittelnde Ansichten, die eine Koexistenz von neuronalen Aktivierungsmustern und symbolischen Repräsentationen annehmen.[127]

VII. Theorie der verkörperten Kognition (embodied cognition)

Unter dem Begriff embodied cognition (EC) werden Theorien zusammengefasst, die von der Vorstellung, das Denken finde ausschließlich im Gehirn statt, abweichen und im Wesentlichen in drei Punkten eine Modifikation vornehmen:

1. Kein streng modularer Aufbau des Geistes:

> Erstens wird gegenüber dem klassischen Bild einer modularen Architektur des Geistes angeführt, dass sich verschiedene kognitive Fähigkeiten und die ihnen zugrundeliegenden Prozesse in einer besonderen Abhängigkeit zueinander befinden und nicht getrennt voneinander zu verstehen sind. [...] Die klassische Sicht, dass grundsätzlich zwischen drei verschiedenen Domänen, nämlich Perzeption, Motorik und Kognition, begrifflich wie funktional zu unterscheiden sei, da die jeweilige Informationsverarbeitung bereichsspezifisch in verschiedenen Modulen ablaufe, ist nicht mit dem EC-Bild einer mentalen Architektur vereinbar.[128]

124 Ebenda, S. 45.
125 Ebenda, S. 48.
126 Ebenda, S. 45.
127 Vgl. ebenda, S. 50.
128 Ebenda, S. 110.

2. *Keine symbolische Repräsentation des Geistes:*

> Zweitens gibt es Uneinigkeit hinsichtlich der Frage, ob oder inwiefern Repräsentationen bei kognitiven Prozessen beteiligt sind.[129]
> Die symbolischen, sprachähnlichen und kombinatorischen Eigenschaften der Repräsentationen und ihrer Verarbeitung, die im klassischen Sinne dem Denken und den Gedanken zugeschrieben wurden, wurden also als getrennt von der Sensomotorik und damit als amodal verstanden, d.h., dass sie unabhängig von den Prozessen der sensorischen und motorischen Modalitäten sind. Damit wurde zudem der semantische Gehalt der Repräsentationen als unabhängig von den sensomotorischen Funktionen gesehen.[130]
> [In verschiedenen EC-Theorien werden stattdessen] [e]ntweder [...] flexible sensomotorische Muster anstatt symbolisch strukturierter Repräsentationen angenommen oder es wird gänzlich von der Annahme repräsentationaler Verarbeitungselemente abgesehen.[131]

3. *Keine strikte Trennung von Körper und Geist:*

> Drittens werden bei EC-Erklärungen neben dem Nervensystem als internes Medium von Kognition weitere externe Faktoren wie der Körper und die Umgebung betont, die zusammen mit dem Nervensystem ein umfassendes System bilden würden.[132]
> Alle EC-Vertreter positionieren sich ablehnend gegenüber der Annahme einer rein internen Verarbeitung der Informationen und der alleinigen Abhängigkeit des mentalen Gehaltes von Bedingungen des Nervensystems.[133]

VIII. Modifizierte Theorien der verkörperten Cognition

1. *Grounded cognition*

Neben den reinen EC-Theorien gibt es vermittelnde Theorien, die einzelne Annahmen modifizieren. Der als „grounded cognition" bezeichnete Ansatz unterscheidet sich darin,

> dass Kognition unabhängig von den unmittelbaren Interaktionen auf Simulationen dieser Zustände und Prozesse zurückgehe. Diese könnten später, sobald sie im sensomotorischen System des Gehirns gespeichert sind, im Zuge der Simulation reaktiviert werden und würden in Form von modalspezifischen Repräsentationen die grundlegenden Verarbeitungselemente bei allen weiteren kognitiven Fähigkeiten darstellen.[134]

---

129 Ebenda.
130 Ebenda, S. 112.
131 Ebenda, S. 110.
132 Ebenda.
133 Ebenda, S. 117.
134 Ebenda, S. 121.

2. *Grounded action cognition*

Schließlich gibt es noch Ansätze, die sich als „grounded action cognition“ begrifflich einordnen lassen können und sich damit befassen, inwiefern Bewegungsabläufe auf die Kognition bzw. Denken und Bewegung zusammenhängen.[135]

IX. Zusammenfassung

Zusammenfassend lässt sich festhalten, dass die Kognitionswissenschaft die Funktionsweise des Denkens zu beschreiben versucht, es aber keine allgemeingültige Erklärung darüber gibt. Nach der klassischen Sichtweise arbeitet das Gehirn gleich einem Computer, indem es in einzelnen Bereichen symbolische Repräsentationen verarbeitet. Die modernen Ansichten gehen mehrheitlich davon aus, dass die Denkvorgänge durch zusammenhängende neuronale Muster im Gehirn ablaufen, die darüber hinaus durch körperliche Bereiche außerhalb des Gehirns beeinflusst werden. Als Minimalkonsens bleibt demnach lediglich über, dass dem Gehirn eine maßgebliche Rolle bei Denkvorgängen zukommt und der darin stattfindende Teil neuronal repräsentiert wird. Nimmt man die Möglichkeit, dass sich auch äußere Einflüsse auf das Denken auswirken, lässt sich die Funktionsweise des Gehirns an folgendem Schaubild darstellen:[136]

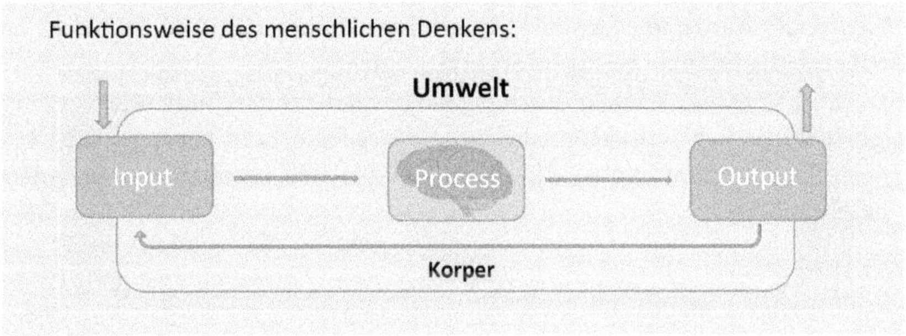

Quelle: Erstellung der Grafik durch den Autor

135 Vgl. ausführlich *Weber* 2017, S. 143 ff.

136 Diese Darstellung ist ein stark vereinfachtes Modell und beschreibt den im Wesentlichen einen Minimalkonsens der dargestellten Theorien, was für die folgende Betrachtung der Gedankenfreiheit aber ausreichend ist.

F. Fazit und Verständnisgrundlage für diese Arbeit

Der Überblick über das wissenschaftliche Verständnis aus Sicht unterschiedlicher Disziplinen hat gezeigt, dass Gedanken, das Denken und der menschliche Geist derart komplexe Strukturen aufweisen, dass dazu weder eine fachinterne, geschweige denn eine fachübergreifende Einigkeit herrscht. Dennoch lässt sich genug Einheitlichkeit herausfiltern, die die Grundlage für die weitere rechtswissenschaftliche Behandlung dieses Themas im Zuge dieser Arbeit bilden. Dies lässt sich in folgenden sechs Stickpunkten zusammenfassen, die sich aus der Darstellung dieses Kapitels ergeben und als Fundament für die weiteren, Kapitel dienen.

- Das Gehirn ist das Zentrum geistiger Vorgänge, der Prozess des Denkens sowie die Bildung von Gedanken finden darin statt und die gebildeten Gedanken existieren darin.
- Die geistigen Vorgänge stellen veränderbare und individuelle Prozesse dar, die jedoch auf gewissen Mustern aufbauen und Grundstrukturen folgen.
- Geistige Vorgänge finden sowohl bewusst als auch unbewusst statt und können initiiert werden, aber auch nicht intendiert auftreten.
- Die geistigen Vorgänge im Gehirn basieren stets auf neuronalen Aktivitäten, die sich mittels neuromedizinischer Verfahren messen und darstellen lassen.
- Neuronale Aktivitäten lassen es in gewissen Rahmen zu, Rückschlüsse auf dabei stattgefundene geistige Vorgänge zu ziehen.
- Geistige Vorgänge können durch eigene körperliche Zustände und Vorgänge sowie körperlich wahrnehmbare äußere Begebenheiten hervorgerufen und beeinflusst werden, wobei dies nicht auf zeitliche unmittelbare Ereignisse beschränkt ist.

Kapitel 2: Über die verfassungsrechtliche Nichtnormierung der Gedankenfreiheit

A. Untersuchungsgegenstand: Die menschlichen Gedanken als Kernbereich der Privatheit

Privatheit hat als Forschungsgegenstand im Laufe der Zeit viele Deutungen erfahren. Die bekannteste Definition stellt wohl das „right to be let alone",[137] also das Recht, alleine gelassen zu werden, dar. In einer engen Auslegung wird Privatheit auch als Geheimnis, entsprechend eines inneren Wissens, welches der Außenwelt unzugänglich ist, verstanden.[138] Privatheit als ein Gegenpol zur Öffentlichkeit[139] fand zudem seine Bestimmung in zahlreichen Abgrenzungen durch den Begriff der Öffentlichkeit, als etwas der Öffentlichkeit Entzogene.[140] So verschieden die einzelnen Theorien zur Privatheit auch im Detail sein mögen, sie alle lassen sich wohl in einem Punkt vereinen: Die Gedanken, oder besser die Gedankenwelt, jedes Menschen ist privat; sie formt sozusagen den innersten Kern der Privatheit.[141] Dabei bilden die Gedanken den Ausgangspunkt jedes rechtlich relevanten Handelns.[142] Das Denken als Quelle des menschlichen Agierens, das

---

137 *Warren/Brandeis* HLR 1890, 193.

138 Vgl. *Heller* 2011, S. 26; anders *Rössler* 2001, S. 17, die den Begriff Geheimnis zwar zur semantischen Abgrenzung zwischen privat und öffentlich verwendet, jedoch z.B. im Staatsgeheimnis ein Geheimnis benennt, welches der öffentlichen Sphäre zugeordnet ist.

139 Entsprechend des lateinischen Wortstamms: privare (berauben), stellt die Privatheit das der Öffentlichkeit Entzogene dar (vgl. *Heller* 2011, S. 27).

140 Vgl. *Klaus*, in: Herrmann/Lünenborg 2001, S. 21 ff.; auch *Gavison* YLR 1980, 421 (428), die die perfekte Privatheit durch vollständige Unzugänglichkeit definiert; ebenso *Allen* 1988, S. 15 f., die grundsätzlich „inaccessibility" als Definitionsmerkmal von Privatheit benennt.

141 Konkret spricht *Allen* von einer „inaccessibility of mental states" als Zustand von Privatheit, a.a.O., S. 15; somit sind Gedanken, jedenfalls sofern diese nicht der Außenwelt preisgegeben werden, also innere Gedanken, stets als privat anzusehen.

142 Ausgehend von dem Erfordernis einer willentlichen Betätigung, die bewusst, also auf Grund eines Denkvorgangs stattfinden muss, vgl. etwa die verschiedenen Handlungslehren im Strafrecht, die neben unterschiedlichen weiteren Voraussetzungen jedenfalls eine Willensbetätigung als Ursächlichkeit einer strafrechtlich relevanten Handlung fordern, *Eisele*, in: Schönke/Schröder, StGB, Vorbemerkung zu den §§ 13 ff., Rn. 23 ff.; wobei der Denkvorgang für eine willentliche Betätigung vorhanden sein

sowohl durch dessen Umsetzung in die Außenwelt zu treten vermag, aber auch als reines Produkt eines inneren Vorgangs im Menschen verweilen kann, ohne je von anderen wahrgenommen zu werden, stellt den Kern dieses Abschnitts dar. Es wird untersucht, inwieweit den Gedanken auf Ebene des Grundgesetzes rechtlicher Schutz in Form der Gedankenfreiheit zukommt und wieso die Gedankenfreiheit nicht ausdrücklich im Grundgesetz normiert ist. Dabei soll den Ausführungen stets die Autonomie des Menschen zu Grunde gelegt werden. Auch wenn die Selbstbestimmung in Debatten über Willensfreiheit und Determinismus in Frage gezogen wird,[143] ist die menschliche Autonomie für das Grundgesetz ein unumstößliches Leitbild, das in der bedingungslosen Anerkennung der menschlichen Würde fußt und so auf die Freiheitsrechte ausstrahlt:

> Dem Schutz der Menschenwürde in Art. 1 Abs. 1 GG liegt die Vorstellung vom Menschen als einem geistig-sittlichen Wesen zugrunde, das darauf angelegt ist, sich in Freiheit selbst zu bestimmen und zu entfalten.[144]

Deshalb ist die Vorstellung eines selbstbestimmten, indeterminierten und willensfreien Menschen jedenfalls als normativ konstruiertes Fundament anzuerkennen, dessen Sicherung und Erhalt der Auftrag der Grundrechte ist.[145]

B. Geschichte des Konzepts der Gedankenfreiheit

I. Allgemeine geschichtliche Relevanz der Gedankenfreiheit

Zunächst soll ein kurzer Überblick über die Geschichte, die Idee von Gedankenfreiheit, gegeben werden. Gedankenfreiheit ist ein fundamentales Konzept in der Menschheitsgeschichte mit langer Tradition in Kunst, Philosophie und Recht. „Liberae sunt […] nostrae cogitationes"[146] wurde von *Cicero* bereits in der Antike postuliert. *Martin Luther* gibt es als: „Die Gedanken sind zollfrei."

---

muss, wohingegen dessen Inhalt rechtlich für das Vorliegen einer Handlung nicht relevant ist, vgl. *Bublitz*, in: Kühler/Rüther 2016, S. 388; im Privatrecht, für das die Willenserklärung den Ausgangspunkt eines Rechtsgeschäfts bildet, ist ebenso jedenfalls ein Handlungswille als Mindestvoraussetzung anzusehen; *Armbrüster*, in: MüKo BGB 7. Auflage 2015, BGB, vor § 116, Rn. 3 ff., insb. Rn. 22.

143 *Wolff* JZ 2006, 925; *Spranger* JZ 2009, 1033.

144 BVerfGE 140, 317 (343), m.w.N.

145 Vgl. *Wolff* JZ 2006, 925 (930); *Spranger* JZ 2009, 1033 (1040).

146 „Frei sind unsere Gedanken", Cicero, in: Pro Milone, 52 v. Chr., zitiert nach *Büchmann*, Geflügelte Worte, S. 379.

wieder.[147] Auch das römische Recht formulierte diesbezüglich bereits einen Rechtsgrundsatz.[148] „Die Gedanken sind frei […]" beginnt ein bis heute bekanntes deutsches Volkslied, dessen Ursprung sich bis auf die Zeit des Vormärz zurückführen lässt.[149] Dieser prägnante Satz alleine symbolisiert die Popularität dieses Themas hierzulande bis in die Gegenwart.[150] Auch in *Friedrich Schillers* „Don Carlos"[151] fordert der Marquis den regierenden König Philipp von Spanien auf, Gedankenfreiheit zu geben, die er im Naturrecht verankert sieht.[152] Was hier in Deutschland so deutlich vor allem durch die Kunst zum Ausdruck gebracht wird, findet sich in der philosophischen Strömung der Naturrechtslehrer in Europa zu dieser Zeit durch *John Milton*[153] und *Baruch de Spinoza*[154] als Menschenrecht formulierte Denkfreiheit.[155] In Deutschland fand ein philosophisch äquivalenter Diskurs ebenfalls statt, jedoch in deutlich kontroverserer Weise.[156]

---

147 *Luther*, Von weltlicher Obrigkeit, wie man ihr Gehorsam schuldig sei, 1523, in der dieser Ausspruch als Sprichwort bezeichnet wird, zitiert nach *Büchmann*, Geflügelte Worte, S. 362.

148 Digesten XLVIII, 19,18 des Corpus Juris Civilis: Cogitationis poenam nemo patitur („Für seine Gedanken wird niemand bestraft").

149 Erstmals soll der Text des Liedes bereits um 1780 auf Flugblättern gedruckt worden sein; erste Nachweise lassen sich auf 1800 datieren, vgl. *Steinitz* 1979, Bd. 2, S. 164; politische Bedeutung erhielt es dann in der Zeit des Vormärz; vgl. ebenfalls mit Bezug auf die Relevanz im Vormärz *Hoffmann-Dennhart* NJW 2006, 545 (546); *Jahn/Geck* JZ 2012, 561.

150 Beispielsweise betrieb der E-Mail-Anbieter GMX zum 10. und 20. Firmenbestehen Werbekampagnen mit Neuinterpretationen dieses Volksliedes, vgl. *Schobelt*, W&V 2017, online: www.wuv.de/marketing/gmx_wird_20_und_feiert_die_gedanken_sind_frei (Abruf am 22.11.2023).

151 Zur zeitlichen Einordnung: verfasst zwischen 1783 und 1787.

152 *Kloepfer* NJW 2006, 560 (563 f.).

153 Vgl. sein Werk Areopagitica: A Speech of Mr. John Milton for the liberty of unlicensed printing to the Parliament of England, 1644.

154 Er forderte in seinem Werk Tractatus Theologico-Politicus (1670) die *libertas philosophandi*, die als Philosophiefreiheit oder Gedankenfreiheit bezeichnet werden kann, so *Höffe* 2013, S. 13.

155 *Stern*, in: Merten/Papier, Bd. I, § 1, C., Rn. 17.

156 Generell hinsichtlich der Menschenrechte, vgl. *Stern*, in: Merten/Papier Bd. I, § 1, C., Rn. 22; umfassend über die Debatte zur Denkfreiheit in Deutschland vom 16. Jahrhundert bis zur Aufklärung, *Zenker* 2013.

Von der ersten Formulierung eines Menschenrechts[157] auf Denk- bzw. Gedanken- oder Geistesfreiheit[158] in der Philosophie bis hin zu einer Debatte um die Anerkennung derselben als Grundrecht[159] war es ein wechselhafter Prozess.

II. Kodifizierungen eines Rechts auf Gedankenfreiheit

Zur Untersuchung der Relevanz der Gedankenfreiheit in der Rechtswissenschaft bietet sich zunächst ein Blick auf die Gedankenfreiheit als ausdrücklich normiertes Recht an. Auf internationaler Ebene wird man dabei gleich mehrfach fündig. Art. 18 Hs. 1 AEMR[160] lautet:

> *„Jeder Mensch hat das Recht auf Gedanken-, Gewissens- und Religionsfreiheit."*

Ebenso findet sich dieser Text wortlautgleich sowohl in Art. 18 IPbpR,[161] Art. 9 Abs. 1 Hs. 1 EMRK,[162] als auch in Art. 10 Abs. 1 S. 1 GRCh.[163] Blickt man äquivalent in das Grundgesetz, findet man keine derartige Passage, die die Gedankenfreiheit ausdrücklich nennt. Geht man in der deutschen Verfassungsgeschichte weiter zurück, wird man von der Suche nach einer normierten Gedankenfreiheit ebenfalls enttäuscht. Enthielt die Verfassung des Königreichs

157 Ursprünglich wurde die Denkfreiheit von den Naturrechtslehrern als Menschenrecht bezeichnet. Eine Unterscheidung zwischen Menschenrechten und Grundrechten im heutigen Sinne wurde jedoch zu dieser Zeit nicht vorgenommen, vgl. *Stern*, in: Merten/Papier, Bd. I, § 1, E., Rn. 46 ff.

158 Denkfreiheit, Gedankenfreiheit und auch Geistesfreiheit wurden im Wesentlichen synonym verwendet; zur genauen Begriffsbestimmung in dieser Arbeit, vgl. zur Begriffsklärung Kap. 3: B.II.

159 Ab der Paulskirchenverfassung hat sich der Begriff der Grundrechte nach dem heutigen Verständnis durchgesetzt, vgl. *Stern*, in: Merten/Papier, Bd. I, § 1, E., Rn. 46.

160 AEMR als Abkürzung für die Allgemeine Erklärung der Menschenrechte; deutschsprachiger Volltext z.B. abrufbar unter: www.ohchr.org/EN/UDHR/Pages/Language.aspx?LangID=ger(Abruf am 02.06.2022).

161 IPbpR als Abkürzung für den Internationaler Pakt über bürgerliche und politische Rechte; deutschsprachiger Volltext z.B. abrufbar unter: www.institut-fuer-menschenrechte.de/fileadmin/Redaktion/PDF/DB_Menschenrechtsschutz/ICCPR/ICCPR_Pakt.pdf(Abruf am 22.11.2023).

162 EMRK als Abkürzung für die Konvention zum Schutz der Menschenrechte und Grundfreiheiten von 1950; deutschsprachiger Volltext z.B. abrufbar unter: dejure.org/gesetze/MRK(Abruf am 22.11.2023).

163 GRCh als Abkürzung für die Charta der Grundrechte der Europäischen Union; deutschsprachiger Volltext z.B. abrufbar unter: eur-lex.europa.eu/legal-content/DE/TXT/HTML/?uri=CELEX:12012P/TXT&from=DE (Abruf am 22.11.2023).

Württemberg vom 25. September 1819[164] in ihrem § 24 zwar bereits eine Regelung über die Denkfreiheit, fehlt der erstmals als gesamtdeutsche Verfassung geplanten Paulskirchenverfassung,[165] die einen umfangreichen Grundrechtsteil aufwies, jedoch ein ausdrücklich kodifiziertes Grundrecht auf Denk- bzw. Gedankenfreiheit. An der entsprechend relevanten Stelle wurde in § 144 lediglich die Glaubens- und Gewissensfreiheit in den Text aufgenommen.

Ebenso fehlt eine Normierung im Text der Reichsverfassung von 1871[166] und auch der Weimarer Reichsverfassung.[167] Damit stellt sich die Frage, wieso allen deutschen Verfassungen, insbesondere dem Grundgesetz, eine ausdrückliche Normierung der Gedankenfreiheit fehlt. Deshalb soll im Weiteren der jeweilige Grund beleuchtet werden, wieso in keiner deutschen Verfassung ein Grundrecht auf Gedankenfreiheit ausdrücklich normiert wurde. Dabei werden die jeweiligen Protokolle zur Verfassungsgebung ausgewertet. „Die historische Auslegung knüpft insofern an den Willen des Volkes als Souverän bei der Verfassungsgebung an."[168] Dabei kann dieser Wille durch die Debatten der Beteiligten an der Verfassungsgebung besonders durch die konkrete Begründung, Auslegung oder Zustimmung zu einer Verfassungsbestimmung zum Ausdruck kommen.[169] Eine Analyse der entsprechenden zeitgenössischen Literatur dem Grundgesetz vorangegangenen Verfassungen findet hingegen nicht statt, denn trotz „aller Verwurzelung in der Geschichte müssen die geltenden Verfassungsnormen aus den gegenwärtigen Zeitumständen heraus ausgelegt werden."[170] Deshalb ist die historische Literatur für die spätere Herleitung eines Grundrechts auf Gedankenfreiheit, anders als die im konkreten Fall besonders tradierte Intention

164 Volltext abrufbar unter: www.documentarchiv.de/nzjh/verfwberg.html (Abruf am 22.11.2023).

165 Verfassung des Deutschen Reichs vom 28. März 1849, oft auch als Frankfurter Reichsverfassung oder eben Paulskirchenverfassung auf Grund der Beratung in der Frankfurter Paulskirche bezeichnet; Verfassungstext z.B. abrufbar unter: www.documentarchiv.de/nzjh/verfdr1848.htm (Abruf am 22.11.2023).

166 Volltext z.B. abrufbar unter: www.documentarchiv.de/ksr/verfksr.html (Abruf am 22.11.2023).

167 Volltext z.B. abrufbar unter: www.documentarchiv.de/wr/wrv.html (Abruf am 22.11.2023).

168 *Würtenberger*, in: FS Hollerbach 2001, S. 226.

169 Ebenda, S. 226 f.

170 Ebenda, S. 227.

des Verfassungsgebers und die jüngere Literatur, nicht von entscheidender Relevanz.[171]

III. Das Fehlen der Gedankenfreiheit in der deutschen Verfassungsgeschichte

1. Die Paulskirchenverfassung

In der Paulskirchenverfassung war, wie beschrieben, bereits ein Grundrechtekatalog vorhanden. Dieser enthielt die Glaubens- und Gewissensfreiheit, jedoch kein Grundrecht der Gedankenfreiheit. Ein solches findet sich auch in keinem Entwurf dazu. Ebenfalls ist keinerlei Debatte um eine ausdrückliche Normierung der Gedankenfreiheit in den Protokollen zur Frankfurter Nationalversammlung 1848/1849 schriftlich festgehalten.[172]

Lediglich an wenigen Stellen wird dem Schutz der menschlichen Gedanken Rechnung getragen. Im vierten Sondergutachten zu § 14 wurde bezüglich möglicher Beschränkungen der Gewährleistung des Briefgeheimnisses erwogen, dass die Gedanken, die in einem Brief verfasst sind, anders als die in Rede oder (öffentlicher) Schrift geäußerten, dahingehend schützenswerter seien, dass nur der gewählte Adressat davon Kenntnis erlangen dürfe, weil sie als geistiges Eigentum vertraulich behandelt werden müssten und das Briefgeheimnis deshalb als unverletzlich kodifiziert werden solle.[173]

In der Debatte über das Zensurverbot schlägt der Abgeordnete *Behr* folgende Formulierung vor:

> *Das Recht, seine Gedanken mündlich oder schriftlich zu äußern, ist ein unveräußerliches Menschenrecht, dessen freier Gebrauch weder durch Censur, noch durch irgend eine andere directe oder indirecte Präventivmaßregel beschränkt werden darf.*[174]

---

171 Eine Darstellung der aktuellen, unter Geltung des Grundgesetzes verfassten Literatur findet sich in Kap. 3: B.VI.

172 vgl. *Wigard* 1848; ebenso *Droysen* 1849; und *Kühne* 1998; die drei Werke enthalten jeweils eine Sammlung der Protokolle der Frankfurter Nationalversammlung, wobei im Folgenden für die Fundstellen auf *Wigards* Werk Bezug genommen wird.

173 *Wigard* 1848, Bd. 1, S. 695, sowie die diesbezügliche Debatte *Wigard*, 1848, Bd. 3, S. 1598 ff.

174 *Wigard* 1848, Bd. 3. S. 1612; *Behr*, der mit diesem Formulierungsvorschlag einem kodifizierten Schutz der Gedankenfreiheit, zumindest nach einem zeitgemäßen Verständnis, am nächsten kommt; jedoch nicht angenommen wird *Wigard* 1848, Bd. 3, S. 1615.

Beide Fälle beschränken sich jedoch auf den Schutz der menschlichen Gedanken nach deren Äußerung. Eine ausdrückliche Normierung der Gedankenfreiheit wurde hingegen von niemanden erwogen. *Freudentheil* bezeichnete sie als, aus Sicht des Verfassungsgebers, bloße „philosophische Freiheit des Geistes" und sprach ihr damit die rechtliche Normierungsbedürftigkeit gänzlich ab.[175]

Eine herausragende Debatte hinsichtlich innerer geistiger Vorgänge fand jedoch in Bezug auf die vorgeschlagene Normierung der Gewissensfreiheit statt.

Der Abgeordnete *Zittel* störte sich in der 64. Sitzung in der Paulskirche an der geplanten Normierung der Gewissensfreiheit mit einem Argument, welches sowohl in der Nationalversammlung von 1919 als auch im parlamentarischen Rat an vergleichbarer Stelle jedoch bezüglich einer ausdrücklichen Normierung der Gedankenfreiheit wieder zu finden ist:

> Ich halte diesen Satz („Jeder Deutsche hat volle Gewissensfreiheit"), wie er dasteht, für eine bloße Verzierung des Artikels. Er gibt etwas, was die Menschen von jeher gehabt haben und kein Mensch ihnen nehmen kann, Glaubens- und Gewissensfreiheit, diese können Sie niemandem geben, das hat Jedermann.[176]

Dem entspricht auch der Abgeordnete *Sepp* in der drauffolgenden Sitzung, der die Normierung einer Glaubens- und Gewissensfreiheit die Notwendigkeit absprach, ebenso wie einer Normierung einer Denk- bzw. Gedankenfreiheit.[177]

Der Argumentation *Zittels* entgegnete etwa der Abgeordnete *von Bederaths*:

> In einem Grundgesetze aber, welches alle Volksfreiheiten verbürgen soll, darf die Bestimmung nicht fehlen, welche auch das Gebiet als unverletzlich hinstellt, das dem Menschen theurer ist als die Wohnung; denn es ist ihm die Heimath seines inneren Lebens, der einzige Besitz, von dem er sagen kann, daß er dauernd und unvergänglich ist.[178]

Dabei kommt eine Wertschätzung des Schutzes des menschlichen forum internum zum Ausdruck, welcher diesem Diskurs insgesamt jedoch nicht innewohnte. Eine wiederkehrende Auffassung in der Frankfurter Nationalversammlung tendierte hingegen dazu, innere Vorgänge, vorbehaltlich äußerer Ausdrucksmöglichkeiten, generell für rechtlich nicht relevant zu erachten.[179]

---

175 *Wigard* 1848, Bd. 3, S. 1732.

176 *Wigard* 1848, Bd. 3, S. 1665.

177 Laut *Sepp* sei eine Normierung der Glauben- und Gewissensfreiheit ebenso unnötig, als ob man die Gedanken für zollfrei erklären würde, *Wigard* 1848, Bd. 3, S. 1688.

178 *Wigard* 1848, Bd. 3, S. 1678.

179 So äußert sich etwa auch der Abgeordnete *Knoodt Wigard* 1848, Bd. 3, S. 1729.

Hinsichtlich der Glaubens- und Gewissensfreiheit wurden, wie gezeigt, mehrfach Vorbehalte geäußert, man solle sie deshalb nicht normieren. Zudem war die ganze Debatte um den ganzen späteren Artikel V. stark durch das Verhältnis von Kirche und Staat geprägt. Schließlich wurde für die Normierung einer Glaubens- und Gewissensfreiheit abgestimmt. Dieses positive Ergebnis ist vorrangig dadurch bedingt, dass die Mehrheit der Abstimmenden eine Trennung von Kirche und Staat befürworteten und diese auch umfassend herbeiführen wollten. Sämtliche Kritik an der fehlenden Normierungsbedürftigkeit der Glaubens- und Gewissensfreiheit wurden durch die Überzeugung, dass gerade die Kirche einen Zugriff auch auf die inneren Vorgänge der Menschen habe, und eben diesem starken Bedürfnis, einen Staat, der von der Kirche getrennt und damit frei ist, überwunden.[180] In diesem Kontext wurde die Gewährleistung einer „Denkfreiheit", durch den Abgeordneten *S. Jordan* darin gesehen, eine Freiheit von der Kirche zu schaffen, wodurch die Menschen ihre Denkfreiheit wiedererhielten und diese gerettet wäre, aber ohne die selbige ausdrücklich normieren zu müssen bzw. zu wollen.[181]

Entscheidend herausgestellt sei dabei, dass sich trotz massiver Vorbehalte, die Glaubens- und Gewissensfreiheit zu normieren, die Mehrheit dennoch dafür entschieden hat und das mit der Begründung, der Kirche sei ein Zugriff im Sinne einer Beeinflussungsmöglichkeit des inneren Denkens, konsequenterweise in diesem Zusammenhang im Kontext der Frage des Glaubens, möglich.

2. *Die Verfassung des Deutschen Reichs von 1871*

Weniger ertragreich ist hingegen ein Blick auf die Verfassung des Deutschen Reichs von 1871. Diese enthält schlicht keinen Grundrechtekatalog. Lediglich in Art. 3, der das gemeinsame Indigenat und den Schutz der Staatsbürger vor dem Ausland regelte, sowie in Art. 77, eine Regelung für Fälle von Justizverweigerung, waren grundrechtsäquivalente Garantien positiv normiert.[182] Das Fehlen eines Grundrechtekatalogs in der Reichsverfassung wird zum einen auf die Existenz der Grundrechte auf Ebene der Verfassungen der Einzelstaaten zurückgeführt, sowie darüber hinaus auf die generelle Redundanz mangels umfassender

---

180 Vgl. die Schlussdebatte zur Glaubens- und Gewissensfreiheit *Wigard* 1848, Bd. 3, S. 1723 ff.

181 *Wigard* 1848, Bd. 3, S. 1646 f., ebenso der Abgeordnete *Hagen*, der die Kirche als Gefahr für die Freiheit des Geistes sieht *Wigard* 1848, Bd. 3, S. 1697.

182 Vgl. dazu und zu den einfachgesetzlichen Ausgestaltungen grundrechtsäquivalenter Gewährleistungsgehalte, *Kotulla* 2006, Absatz-Nr. 463.

Kompetenzausstattung des Reiches.[183] Jedenfalls fehlt es dadurch konsequenterweise auch an einem Grundrecht auf Gedankenfreiheit oder dessen Erwähnung in der Reichsverfassung.

Die Landesverfassungen der Mitgliedsstaaten des Deutschen Reichs von 1871 enthielten jedoch Grundrechte. Darunter finden sich auch Regelungen, die die menschlichen Gedanken, etwa in Form der religiösen Ausprägung oder durch den Schutz des Gewissens, tangieren.[184] Die Gedankenfreiheit als solche findet dabei jedoch nirgends eine wortlautgetreue Erwähnung. Lediglich die Verfassungsurkunde des Königreichs Württemberg vom 25. September 1819 normiert in § 24, neben der Gewissensfreiheit, auch ausdrücklich die Denkfreiheit.[185] Argumente der Landesverfassungsgeber spielen bei dieser Untersuchung jedoch keine tragende Rolle. Daher wird von einer weitergehenden Analyse der Landesverfassungen der Mitglieder des deutschen Reichs von 1871 abgesehen.

3. *Die Weimarer Reichsverfassung*

Die Weimarer Reichsverfassung, als im geschichtlichen Verlauf nächste gesamtdeutsche Verfassung, enthielt wieder einen umfangreichen Grundrechteteil mit einem Grundrechtekatalog, der sowohl die Meinungsfreiheit als auch die Glaubens- und Gewissensfreiheit normierte. Verhandelt wurde die Weimarer Reichsverfassung im Rahmen der Deutschen Nationalversammlung von 1919 im deutschen Nationaltheater in Weimar. Die dortigen Debatten wurden ebenfalls schriftlich protokolliert.[186] Dabei bietet sich erstmals ein ausdrücklicher Anknüpfungspunkt für ein Fehlen der Gedankenfreiheit. Ein Entwurf des Art. 132 WRV, dem späteren Art. 135, lautete:

> *„Alle Bewohner des Reichs genießen volle Glaubens-, Gewissens- und Gedankenfreiheit.“*[187]

183 *Wittreck*, in: Merten/Papier, Bd. I, § 231, Rn. 48.

184 Vgl. etwa § 9 der Verfassung des Königreichs Bayern von 26. Mai 1881.

185 Vgl. *Scholler* 1958, S. 68.

186 Protokolle der Deutschen Nationalversammlung von 1919, vgl. das mehrbändige Werk von *Heilfron* 1919; sowie die online abrufbare Sammlung der Reichstagsprotokolle, Verhandlungen der verfassungsgebenden Deutschen Nationalversammlung, Bd. 326–343, online: www.reichstagsprotokolle.de/rtbiiiaufauf_wv.html (Abruf am 22.11.2023).

187 *Heilfron* 1919, Bd. 6, S. 4002; vgl. auch Reichstagsprotokolle, Bd. 328, 1919/20, S. 1644, online: daten.digitale-sammlungen.de/bsb00000012/image_192 (Abruf am 22.11.2023).

Damit wird für Deutschland zum ersten Mal die Normierung der Gedankenfreiheit auf Verfassungsebene ernsthaft in Erwägung gezogen. Die finale Fassung des Art. 135 WRV lautete dagegen jedoch bekanntermaßen:

„Alle Bewohner des Reichs genießen volle Glaubens- und Gewissensfreiheit."

Die zumindest entwurfsmäßig enthaltene Gedankenfreiheit wurde schlicht aus dem finalen Text entfernt. Die Umstände dieser Textänderung sind dabei von entscheidendem Interesse.

Die Streichung als Ergebnis einer Debatte über eine mögliche Normierung der Gedankenfreiheit fand in der 59. Sitzung der deutschen Nationalversammlung am 17 Juli 1919 statt. Der Abgeordnete *Kahl* störte sich an dem die Gedankenfreiheit enthaltenden Vorschlag wie folgt:

> Die Gedanken sind Gott sei Dank durch die Hülle des Körpers gedeckt und jedem menschlichen Zugriff entzogen, können daher nicht beeinträchtigt werden.[188]

Deshalb solle sie nach *Kahl* schlicht gestrichen werden.[189] Damit wird das Argument gegen eine Normierung der Gedankenfreiheit vorgebracht, welches bereits durch den Abgeordneten *Zittel* in der Frankfurter Nationalversammlung von 1848/1849 bei der Debatte um die Normierung der Gewissensfreiheit ausgeführt wurde.[190]

Wurden diesmal bei der Debatte um die Gewissensfreiheit diese Bedenken nicht mehr angesprochen, richtet sich das strukturell gleiche Argument jedoch nun gegen den Vorschlag zur Normierung der Gedankenfreiheit. Diese braucht nicht niedergeschrieben zu werden, weil ein Zugriff darauf schlicht nicht möglich ist.

Kahl führt weiter aus, dass die Gedankenfreiheit als Recht, seine Gedanken äußern zu dürfen, bereits ausreichend durch die normierte Meinungsfreiheit geschützt sei und eine Gewährleistung der Glaubens- und Gewissensfreiheit ausreiche, um die Freiheit der eigenen religiösen Überzeugung kundtun zu können.[191]

---

188 *Heilfron* 1919, Bd. 6, S. 4009; sowie Reichstagsprotokolle, Verhandlungen des deutschen Reichstages, Bd. 328, 1919/20, S. 1646, online: daten.digitale-sammlungen.de/bsb00000012/image_194 (Abruf am 22.11.2023).

189 Vgl. konkret zu *Kahls* Verdikt in Heilfron 1919, Bd. 6, S. 4009 f. auch *Faber* 1968, S. 48 f.; und bereits *Scholler* 1958, S. 117.

190 Vgl. Fn. 175.

191 *Heilfron* 1919, Bd. 6, S. 4010; sowie Reichstagsprotokolle, Bd. 328, S. 1646 f., online: daten.digitale-sammlungen.de/bsb00000012/image_194 (Abruf am 22.11.2023).

Auch hier zeigt sich, dass zur Gewährleistung der Gedankenfreiheit ein normiertes Recht auf Äußerungsfreiheit als ausreichend gesehen wurde, welches eben durch die Meinungsfreiheit abgedeckt ist.

Somit wurden entscheidend zwei wesentliche Gründe gegen eine Normierung der Gedankenfreiheit vorgebracht:

1. Die Normierung der Gedankenfreiheit ist nicht erforderlich, da die Gedanken ohnehin jedem menschlichen Zugriff entzogen sind, so dass eine Beeinträchtigung damit nicht möglich und somit kein gesetzlicher Schutz notwendig ist.
2. Die allenfalls beeinträchtigungsfähigen Bereiche sind, insbesondere durch die Glaubens- und Gewissensfreiheit, sowie die Meinungsfreiheit, ausreichend abgedeckt und geschützt.

Diese Argumentation überzeugte in der Nationalversammlung, wodurch, wie von *Kahl* beantragt, die Gedankenfreiheit textlich schlicht weggelassen wurde.[192] Eine weitergehende Debatte um die Gedankenfreiheit wurde jedoch durch eine breite Diskussion um das Verhältnis von Kirche und Staat überlagert.[193] Festzuhalten gilt jedoch weiter, dass sich diese Nichtnormierung nicht per se gegen einen Schutz der Gedankenfreiheit richtete. *Kahl* endete seine Ausführungen diesbezüglich mit den Worten: „(...); ich bin gegen die Gedankenlosigkeit, wohl aber für die Gedankenfreiheit in jeder Art und Form."[194] Damit drückt er aus, dass die menschlichen Gedanken grundsätzlich ein Schutzgut von Verfassungsrang darstellen, es jedoch mangels der angesprochenen Zugriffsmöglichkeit nicht normierungsbedürftig ist.

4. *Das Grundgesetz*

Ähnlich wie bei der Verhandlung zur Weimarer Reichsverfassung findet sich in den Beratungen des Parlamentarischen Rates ein Anknüpfungspunkt für die letztendliche Nichtnormierung der Gedankenfreiheit in den entsprechenden

---

192 Vgl. die Abstimmung über den Antrag des Abgeordneten *Kahl*: *Heilfron* 1919 Bd. 6, S. 4050.; Reichstagsprotokolle, Bd. 328, S. 1662, online: www.reichstagsprotokolle.de/Blatt2_wv_bsb00000012_00210.html (Abruf am 22.11.2023).

193 Vgl. insgesamt die Debatte zu Art. 132, 133 und 134 WRV, *Heilfron* 1919, S. 4001 ff.; Reichstagsprotokolle, Bd. 328, S. 1643 ff., online: daten.digitale-sammlungen.de/bsb00000012/image_191 (Abruf am 22.11.2023).

194 *Heilfron* 1919, Bd. 6, S. 4010; Reichstagsprotokolle, Bd. 328, S. 1647, online: daten.digitale-sammlungen.de/bsb00000012/image_195 (Abruf am 22.11.2023).

Protokollen. In der 24. Sitzung des Ausschusses für Grundsatzfragen, am 23. November 1948, wird vom Abgeordneten *von Mangoldt* ein Formulierungsvorschlag zu Art. 7 GG, dem späteren Art. 4, angelehnt an Art. 18 AEMR,[195] eingebracht:

> *„Die Glaubens, Gewissens-, Gedankenfreiheit wie die Freiheit ihres Bekenntnisses sind unverletzlich."*[196]

Art. 4 Abs. 1 GG in seiner finalen Fassung lautet dagegen bekanntermaßen:

> *„Die Freiheit des Glaubens, des Gewissens und die Freiheit des religiösen und weltanschaulichen Bekenntnisses sind unverletzlich."*

Der Vorschlag *von Mangoldts* war dabei zwar nicht Inhalt einer ausführlichen Debatte, bietet aber einen greifbaren Anknüpfungspunkt. Die Gedankenfreiheit ist als Begriff nur an wenigen Stellen zu finden. Die grundsätzliche Diskussion wurde allerdings anhand einer Stellungnahme *Thomas* zum ursprünglichen, schriftlich ausgearbeiteten Formulierungsvorschlag, der neben der Glaubens- und Gewissensfreiheit, anstelle der Gedankenfreiheit, die Freiheit der Überzeugung beinhaltete, geführt. Er merkte an, dass diese nicht geschützt werden brauche, denn: „Wer sollte die antasten können?"[197]

Hinsichtlich der Grundrechte war die Weimarer Reichsverfassung das Vorbild für das Grundgesetz.[198] In diesem konkreten Kontext scheint sich die Debatte der Nationalversammlung von vor knapp zwanzig Jahren zu wiederholen, jedoch ohne dass darauf explizit Bezug genommen wird.[199] Es manifestiert sich erneut, die in der Geschichte des deutschen Verfassungsgebers tradierte Ansicht, dass die rein inneren Vorgänge, nenne man sie Gedanken oder Überzeugungen, nicht ausdrücklich in einem Grundrecht normiert werden müssen. Mangels Beeinträchtigungsmöglichkeit der rein inneren menschlichen Vorgänge mangelt es eben an einer rechtlichen Schutzbedürftigkeit. Ab dem Moment, ab dem die im Inneren begründeten Vorgänge das forum internum jedoch verlassen und nach außen treten, greift bereits der Schutz anderer Grundrechte.

---

195 Vgl. *Wernicke/Booms* 1993, Bd. 5, S. 621.

196 *Pikart/Werner* 1993, Bd. 5, S. 622.

197 *Thoma* Doc. Nr. 18, in: *Pikart/Werner* 1993, Bd. 5, S. 622.; dazu auch *v. Doemming/Füsslein/Matz*, JöR 1951, 1 (73 f.); *Faber* 1968, S. 47 f.; *Scholler* 1958, S. 117 f.; *Kloepfer* 1970, S. 70; *Ingold* 2011, S. 43.

198 *Waldhoff* JuS 2019, 737.

199 So auch *Faber* 1968, S. 49, der dies eine „eigenartige historische Parallele" nennt.

In der konkreten Debatte wird erneut auf den dafür ausreichenden Schutz der allgemeinen Gedankenfreiheit durch den jetzigen Artikel 5 verwiesen.[200]

Dabei wird deutlich, dass die Gedankenfreiheit wieder unter der Prämisse der tatsächlichen Unangreifbarkeit nicht normiert wurde. Der Verfassungsgeber belässt es bei dieser Feststellung, drückt jedoch nicht aus, dass die menschliche Gedankenwelt nicht grundsätzlich schutzwürdig sei.

5. *Zusammenfassung der Argumentation des Verfassungsgebers*

Somit lässt sich, vor allem die konkrete Argumentation der Nationalversammlung und des Parlamentarischen Rates, die jeweils zu einer Nichtnormierung der Gedankenfreiheit geführt hat, im Wesentlichen einheitlich wie folgt zusammenfassen:

Das prominenteste Argument ist, dass ein Schutz der Gedankenfreiheit mangels Zugriffsmöglichkeit nicht notwendig ist. Dabei ist jedoch zu beachten, dass stets davon ausgegangen wurde, dass tatsächlich kein Zugriff auf die Gedanken möglich ist. Dieses Argument stellt damit keine generelle Ablehnung der Gedankenfreiheit dar, sondern reduziert bloß deren ausdrückliche Regelungsbedürftigkeit unter dem Axiom der Unangreifbarkeit. Misst man dies zudem an der Debatte in der Frankfurter Nationalversammlung um die Normierung der Glaubensfreiheit, lässt sich das vorgebrachte Argument gegen eine Normierung der Gedankenfreiheit auch anders formulieren. Die Gedankenfreiheit soll derart gewährleistet werden, soweit eine Zugriffsmöglichkeit auf die Gedanken besteht. Demnach liegt eine vom Verfassungsgeber grundsätzlich befürwortete Schutzbedürftigkeit im Rahmen einer Zugriffsmöglichkeit auf die inneren Gedanken vor.

Ein weiteres Argument, welches stets angebracht wurde, ist, dass die Gedankenfreiheit bereits durch die normierten Grundrechte ausreichend geschützt sei. Vor allem wurden dabei immer die Meinungsfreiheit sowie die Glaubens- und Gewissensfreiheit genannt. Nach dem damaligen Verständnis ist dies auch nachvollziehbar. Vor allem durch den in der Zwischenzeit erreichten technischen Fortschritt bedarf es dazu jedoch einer neuen Überprüfung, ob derzeit tatsächlich ein ausreichender Schutz der Gedanken bereits durch die normierten Grundrechte besteht.[201]

Dadurch ergeben sich folgende zentrale Fragestellungen:

---

200 So ausdrücklich der Abgeordnete *Süsterhenn Pikart/Werner* 1993, Bd. 5, S. 622.

201 Vgl. *Metzinger* GuG 2006, 37 (41); *Brukamp*, in Beck 2013, S. 405 ff.; *Bublitz*, in Hildt/Franke 2013, S. 236 f. und S. 240.

1. Trifft es nach heutigen Maßstäben und Gesichtspunkten noch zu, dass die rein inneren Gedanken jedem Zugriff entzogen sind?
2. Ist der Schutz der Gedankenfreiheit durch die normierten Grundrechte ausreichend gewährleistet oder ergeben sich grundrechtliche Schutzlücken?
3. Falls die ersten beiden Fragen bejaht werden, stellt sich die Folgefrage: Wie ist mit der fehlenden Normierung der Gedankenfreiheit trotz deren Antastbarkeit rechtlich umzugehen?

Die Auswertung der Debatten des Verfassungsgebers hat schließlich gezeigt, dass sich das Verständnis der Gedankenfreiheit als ein Recht auf Äußerung der Gedanken, wie es ursprünglich verstanden wurde, hin zu einem umfassenden Anspruch auf einen grundsätzlich geschützten Bereich der Gedanken gewandelt hat.[202] Lediglich die konkrete Normierungsbedürftigkeit eines Schutzes der inneren Gedanken wurde mangels Zugriffsmöglichkeit auf dieses Innere in Abrede gestellt. Das fordert auf, die damals relevanten Punkte nach heutigen Gesichtspunkten genau zu beleuchten.

202 Vgl. *Faber* 1968, S. 48 f.

Kapitel 3: Von der Zugriffsmöglichkeit auf die menschlichen Gedanken über den Schutzgehalt der normierten Grundrechte hin zu einem Fragmentgrundrecht Gedankenfreiheit

A. Generelle Frage nach einer Zugriffsmöglichkeit auf die menschlichen Gedanken

Der zentrale Punkt in der Argumentation des Verfassungsgebers ist die fehlende Zugriffsmöglichkeit auf die Gedanken mit der Konsequenz einer dadurch entfallenden Schutz- und damit Regelungsbedürftigkeit. Die Frage nach einer grundsätzlichen Zugriffsmöglichkeit lässt sich vorgezogen behandeln, ohne dass dabei auf sämtliche Möglichkeiten abschließend einzugehen ist.[203] Entscheidend für eine tiefere rechtliche Untersuchung ist, dass ein Zugriff auf die Gedanken nicht völlig ausgeschlossen sein darf.[204] *Faber* führte in dieser Frage bereits im Jahr 1968 die Hypnose sowie unterschwellig wirkende Werbung als Beispiele für eine Antastbarkeit der inneren Gedanken an, die zumindest prinzipiell für ein Umdenken ausreichen soll.[205] Seitdem hat sich allerdings vor allem auf dem Gebiet der Neurowissenschaften derartiger Fortschritt ergeben, dass explizit darauf eingegangen werden soll.[206]

I. Umfang tatsächlicher Eingriffsmöglichkeiten

Nach aktuellem Stand der Hirnforschung lassen sich, etwa durch bildgebende Verfahren wie die funktionelle Magnetresonanztomographie (fMRT),[207] Rückschlüsse auf das vom Untersuchten Gedachte ziehen. Derzeit zwar noch mit der

---

203 Das Argument des historischen Verfassungsgebers, dass ein Zugriff auf die inneren Gedanken nicht möglich sei, ist bereits dann entkräftet, wenn eine Zugriffsmöglichkeit besteht.

204 Dazu sogleich unter II.

205 *Faber* 1968, S. 48.

206 Siehe dazu Kap. 1.

207 Zu den verschiedenen Typen des Gedankenlesens insb. mittels fMRT, siehe *Brukamp*, in: Beck 2013, S. 407 ff. und zu den weiteren bildgebenden Verfahren, vgl. dazu auch Kap. 1: D.II.

Einschränkung auf einfachere Geistesvorgänge bzw. Fragestellungen, aber mit einer Richtigkeitsquote von teilweise deutlich über 80 %.[208] Die Funktionsfähigkeit der eingesetzten Verfahren zur Entschlüsselung der Gedanken wird dabei stetig verbessert. Neben dem Einsatz klassischer bildgebender Verfahren kommen auch rein software-basierte Möglichkeiten zum Einsatz. So wurde durch die Nutzung künstlicher Intelligenz ein Programm zur Befragung bei der Einreise an der EU-Außengrenze namens „iBorderCtrl" geschaffen und verwendet, das den Wahrheitsgehalt der Antworten mit einer Genauigkeit von 85 % bestimmen kann.[209] Wie weit die Zugriffsmöglichkeit tatsächlich geht und wie rasant sie sich durch technische Weiterentwicklung steigert, ist nicht absehbar.

II. Rechtlicher Umgang mit der Beurteilung der Zugriffsmöglichkeit auf die inneren Gedanken

Für die rechtliche Bewertung ist die Frage entscheidend, wie man mit solchen Zweifeln umgehen soll. Zur Auflösung dieser Unklarheit bietet sich eine Art „doppelte Folgenabwägung" entsprechend derer von Gerichten bei vorläufigen Verfahren an.[210] Entscheidend sind dabei zwei denkbare Szenarien gegeneinander abzuwägen.[211] Einerseits besteht die Möglichkeit, dass der Zugriff auf die Gedanken, zumindest irgendwann, umfassend gelingt und die Rechtswissenschaft sich nicht mit diesem Themenkomplex beschäftigt hat. Andererseits kann sich die Rechtswissenschaft mit dieser Thematik beschäftigt haben und es kommt nie zu dem Punkt, dass ein Zugriff auf die Gedanken möglich ist bzw. es kann sogar irgendwann mit Sicherheit ausgeschlossen werden, dass ein solcher Zugriff auch künftig nicht möglich sein wird. Stellt man diese beiden Szenarien gegenüber, überzeugt es, sich bei einer bestehenden Zweifelslage dennoch rechtswissenschaftlich mit der Gedankenfreiheit zu befassen. Zum einen ist es möglicherweise nur eine Frage der Zeit, bis der Zugriff auf die Gedanken der Menschen praktikabel ist. Zum anderen schadet es nicht, rechtlich auf etwas vorbereitet zu sein, auch wenn es später gar nicht in gleicher Weise zum Tragen kommt. Im Ergebnis ist es damit sinnvoll sich mit dem Schutz der

---

208 Vgl. *Schleim* 2007, S. 114 ff.

209 *Kolb*, SZ, 05.11.2018, online: www.sueddeutsche.de/digital/grenze-kuenstliche-intelligenz-software-iborderctrl-1.4196243 (Abruf am 22.11.2023); zitiert nach *Gerhold*, ZIS 2020, 432 (433, Fn. 30) m.w.N.

210 Vgl. etwa das Verfahren nach § 32 BVerfGG.

211 Im Sinne einer Doppelhypothese.

Gedankenfreiheit rechtswissenschaftlich zu befassen. Diese Betrachtungsweise ist damit in jedem Fall zukunftssicher.[212]

B. Gewährleistung eines ausreichenden Schutzes durch die normierten Grundrechte

Die zweite, sowohl durch die Argumentation der Verfasser der Weimarer Reichsverfassung als auch der des Grundgesetzes aufgeworfene Frage besteht darin, ob die Gedankenfreiheit ausreichend durch die normierten Grundrechte gewährleistet ist. Bevor man die bestehenden Grundrechte auf ihren Schutzgehalt hinsichtlich der Gedankenfreiheit untersuchen kann, ist zunächst zu klären, was überhaupt durch die Gedankenfreiheit geschützt ist. Deshalb soll zunächst der Schutzgehalt der Gedankenfreiheit erarbeitet werden. Anschließend wird der Grundrechtekatalog des Grundgesetzes auf diesen Schutzgehalt hin untersucht.

I. Schutzgut der Gedankenfreiheit

Zunächst stellt sich das Problem der generellen Fassbarkeit des Schutzguts der Gedankenfreiheit. Der Mensch ist ein bewusstes Wesen, welches ständig sein ganzes Handeln auch geistig reflektiert. Deshalb würde eigentlich alles in gewisser Weise mit inneren geistigen Vorgängen zusammenhängen und der rechtliche Schutz derart ausufern, dass eine Umgrenzung ebenfalls so konturenlos wäre, dass ein rechtlicher Schutz nicht mehr zweckmäßig sei. Allerdings trifft man bei der Menschenwürde eine vergleichbare Schwierigkeit hinsichtlich derer rechtlicher Fassbarkeit, welche durch den rechtswissenschaftlichen Diskurs überwunden wurde.[213] Zudem hängt die Möglichkeit der rechtlichen Fassbarkeit auch von der Findung einer den Schutzbereich prägnant umgrenzenden Definition ab und darf nicht per se zum Ausschluss dieses Prozesses führen.

II. Begriffsklärung: Denk-, Gedanken- oder Geistesfreiheit

Bisher wurde vorrangig von Gedankenfreiheit gesprochen. Es finden sich in diesem Kontext jedoch ebenso zum einen die Denkfreiheit, zum anderen die Geistesfreiheit als gebräuchlich verwendete Termini wieder. Daher gilt zu klären, wieso bisher in dieser Arbeit grundsätzlich stets von der Gedankenfreiheit gesprochen wurde und gerade nicht von Denk- oder Geistesfreiheit. Alle drei

---

212 So im Ergebnis auch *Spranger* JZ 2009, 1033 (1033, 1040).

213 Vgl. die verschiedenen Definitionsansätze zu Art. 1 Abs. 1 GG, siehe dazu Kap. 3: B.V.1.

Begriffe lassen sich im Wesentlichen synonym verwenden.[214] Dennoch rangieren im Detail unterschiedliche Auffassungen hinsichtlich der präferierten Verwendung eines der drei Begriffe. Wurde durch die Philosophen häufig von Denkfreiheit gesprochen, ist wohl unstrittig, dass die Gedankenfreiheit und die Denkfreiheit identisches meinen. Historisch gesehen ist beiden Begrifflichkeiten gemein, dass darunter stets die Freiheit der Äußerung von Gedanken gemeint war, mit dem wiederkehrenden Argument der Unzugänglichkeit bloßer innerer Vorgänge. Seltener verwendet wird der Begriff der Geistesfreiheit. Daher schlägt *Faber* zur Beschreibung des Schutzes der rein innenliegenden menschlichen Gedankenwelt die Verwendung des Begriffs innere Geistesfreiheit vor.[215] Damit soll das historisch geprägte Verständnis von Denk- bzw. Gedankenfreiheit, das auf die Freiheit seine Gedanken zu äußern beschränkt sei, vermieden werden. Das Motiv *Fabers* für die Einführung des Begriffs der inneren Geistesfreiheit, als umfassendes Recht, gerade hinsichtlich des Schutzes der inneren Vorgänge, ist nachvollziehbar. Die Geistesfreiheit wird von *Faber* begrifflich bevorzugt, da sie eben nicht in der Häufigkeit Verwendung fand, dass ihr kein Makel der Reduktion auf einen äußeren Teil, anhaftet. Gerade dieser Umstand verdeutlicht jedoch die Prägnanz des Begriffs der Gedankenfreiheit innerhalb des rechtswissenschaftlichen Diskurses. Daher ist es sinnvoller, an eben dieser Begrifflichkeit der Gedankenfreiheit festzuhalten und auf der rechtswissenschaftlich gewachsenen Begrifflichkeit aufzubauen, die sich sowohl in der Normierung auf internationaler Ebene sowie in den Debatten des Verfassungsgebers um die Nichtnormierung der Gedankenfreiheit wiederfindet.[216]

III. Überblick der normierten Schutzbereichseingrenzungen auf internationaler Ebene

In Frage steht damit, was durch die Gedankenfreiheit geschützt wird. Zur Erörterung des Schutzgehalts bietet sich ein Blick auf die wenigen Erläuterungen zu den internationalen Regelwerken an, die die Gedankenfreiheit ausdrücklich normieren, also die AEMR mit IPbpR, EMRK und der EU-GRCh.

Zur allgemeinen Erklärung der Menschenrechte selbst gibt es keinen eigenständigen Kommentar und man findet auch insgesamt wenig Literatur speziell zu den darin normierten Menschenrechten, insbesondere zur Gedankenfreiheit.

---

214 Vgl. etwa *Langer* 1992, S. 44.
215 *Faber* 1968, S. 60 f.
216 Dazu sogleich.

Beispielsweise verweist *M. Nettesheim* im Kapitel zur „Allgemeinen Erklärung der Menschenrechte" der Vereinten Nationen des Handbuchs der Grundrechte in Deutschland und Europa hinsichtlich Art. 18 schlicht auf die Ausführungen *Blankes* zu Art. 9 EMRK im ersten Teilband des sechsten Bandes desselben Gesamtwerks und lässt dabei die Gedankenfreiheit gänzlich unbenannt, indem er bei seiner Aufzählung der „Fundamentalgarantien" Art. 18 AEMR auf die Glaubens- und Gewissensfreiheit reduziert.[217]

Bei der Recherche im Internett findet man auf Informationsseiten zu der UN-Menschenrechtserklärung allerdings Beschreibungen des Gewährleistungsgehaltes des Art. 18 AEMR, die sich auch auf die Gedankenfreiheit beziehen. Direkt zu Art. 18 AEMR findet sich beispielsweise folgende interessante Passagen:

Auf der Webseite zur UN-Menschenrechtscharta des *Praetor Verlags* findet man dies:

> Mit der Gewissens- und Gedankenfreiheit wird jedermann garantiert, dass er seine Gedanken und sein Gewissen bilden darf, ohne hierbei staatlichem Zwang ausgesetzt zu sein. Artikel 18 verbietet nicht die Prägung des Gewissens durch Erziehung und Sozialisation. Aber er verbietet Zwang und unbewusst wirkende Einflussnahmen und Manipulationen.[218]

Auf humanrights.ch lässt sich diese Erklärung lesen:

> Das Recht auf Gedankens- und Gewissensfreiheit ist das Recht eines jeden, sich seine Gedanken und sein Gewissen ohne unzulässige Einflüsse von außen autonom zu bilden. Jeder Eingriff, wie etwa Hirnwäsche oder Beeinflussung durch Medikamente zwecks Manipulation des Bewusstseins oder des Unterbewussten, ist verboten.[219]

Art. 18 AEMR schützt demnach die uneingeschränkte Bildung von Gedanken. Jede Form der staatlichen Beeinflussung und Manipulation ist dabei verboten.

Zu Art. 9 Abs. 1 EMRK finden sich folgende relevante Passagen.

Schubert schreibt:

> Die Gedankenfreiheit i.S.v. Art. 9 I ist der Gewissensfreiheit noch vorgelagert und entspricht einem Verbot staatlicher Indoktrination, z.B. in Form von verpflichtendem Unterricht.[220]

---

217 *Nettesheim*, in: Merten/Papier, Bd. VI/2, § 173, M., Rn. 59.

218 www.menschenrechtserklaerung.de/gedankenfreiheit-gewissensfreiheit-und-religionsfreiheit-3643/ (Abruf am 22.11.2023).

219 www.humanrights.ch/de/internationale-menschenrechte/aemr/text/artikel-18-aemr-gedanken-gewissens-religionsfreiheit (Abruf am 22.11.2023).

220 *Schubert*, in: Franzen/Gallner/Oetker 2022, EMRK Art. 9, Rn. 7.

Meyer-Ladewig und *Schuster* führen aus:

> Der EGMR definiert die in Art. 9 Abs. 1 genannten Freiheiten nicht und grenzt sie auch nicht begrifflich voneinander ab. So hat die Gedankenfreiheit in der Rechtsprechung des EGMR keine eigenständige Bedeutung gewonnen, sie geht in der häufig benutzen umfassenderen Formulierung Religion und Weltanschauung auf.[221]

Dabei lässt sich der Schutzbereich ergänzen um einen geschützten Bereich des *forum internum* und die Erkenntnis, dass durch die Normierung der Gedankenfreiheit zusammen mit der Glaubens- und Gewissensfreiheit diese in der Rechtsprechung nicht eigenständig behandelt wird.[222]

Schließlich können zu Art. 10 Abs. 1 GRCh noch folgende Passagen herangezogen werden:

Jarass führt aus:

> Die Gedankenfreiheit beschränkt sich auf das „forum internum", schützt somit nur das Haben der Gedanken, nicht ihre Umsetzung in Handlungen. Die praktische Bedeutung der Freiheit ist daher gering. Immerhin bietet sie Schutz gegen eine ideologische Indoktrinierung.[223]

Bernsdorff ebenso:

> Als Schutzbereich kann der Gedankenfreiheit, die aus systematischen Gründen vor der Gewissensfreiheit und der Religionsfreiheit gewährleistet ist, das sog. forum internum zugeordnet werden. Sie schützt die Freiheit der inneren Überzeugung nicht nur in Fragen des Glaubens gegen jede Art ideologischer Einflussnahme.[224]

Ino Augsberg zieht auch das forum internum heran:

> Die Gedankenfreiheit schützt das Vorstadium der Bildung von Meinungen und festen Überzeugungen; sie umfasst somit nur das forum internum, nicht dagegen die praktische Umsetzung des Gedankens.[225]

Dabei wird die bisher gefundene Schutzbereichsumgrenzung im Wesentlichen bestätigt. Geschützt ist eine auf das forum internum beschränkte Bildung von Gedanken.

---

221 *Meyer-Ladewig/Schuster*, in: Meyer-Ladewig/Nettesheim/von Raumer 2017, EMRK Art. 9 Rn. 3.

222 *Blum* 1990, S. 166, 181.

223 *Jarass* 2021, EU-Grundrechte-Charta Art. 10 Rn. 11.

224 *Bernsdorff*, in: Meyer/Hölscheidt 2019, Charta der Grundrechte der Europäischen Union, Art. 10, Rn. 11.

225 *Ino Augsberg*, in: von der Groeben/Schwarze/Hatje 2015, GRC Art. 10 Rn. 6.

Dieser Überblick der jeweiligen Beschreibung der Gedankenfreiheit zeigt, dass grundsätzlich ein Konsens hinsichtlich einer Beschreibung des Schutzbereichs der Gedankenfreiheit besteht. Anstelle einer Definition wird jedoch darauf zurückgegriffen, die verschiedenen Eingriffe zu beschreiben, die durch die Gedankenfreiheit abgedeckt sein sollen.

Gerade auch mit Blick auf den Schutz der „Gedankenfreiheit als Menschenrecht" findet sich in diesem Kontext, anders als in der deutschen Rechtswissenschaft, bezogen auf ein Grundrecht auf Gedankenfreiheit, eine internationale, aktuelle und rege Debatte unter den Begriffen „Freedom of Thought" oder auch „Cognitive Liberty".[226] Der Diskurs ist diesbezüglich so umfangreich, dass eine Darstellung in dieser Arbeit den Rahmen sprengen würde. Bereits das zeigt, welchen Stellenwert die Gedankenfreiheit als Menschenrecht einnimmt und ist Ansporn zugleich, eine Untersuchung konkret in Bezug auf das Grundgesetz vorzunehmen.

IV. Definition des Schutzgutes der Gedankenfreiheit

Die vorgenommene Auswertung der entsprechend relevanten Kommentarliteratur lässt sich damit im Wesentlichen derart zusammenfassen: Die Gedankenfreiheit schützt menschliche Gedanken innerhalb des forum internum vor äußerer Einflussnahme, z.B. in Form von Zwang, Indoktrination und Manipulation. Die Gedankenfreiheit ist damit als Freiheitsrecht ausgestaltet dem Schutz menschlicher Gedanken zuzuschreiben. Entscheidend für die Schutzbereichsbeschreibung ist damit die Definition des Begriffs des Gedankens. Dabei stellt sich gleichsam der ebenfalls durch *Meyer-Ladewig* und *Schuster* festgestellte Umstand, dass die Gedankenfreiheit als solche durch die deutlich präsenteren Freiheiten des Gewissens und der Religion überlagert ist und sich somit nahezu keine derartige Definition findet.[227]

Eine knappe juristische Definition liefert *Knecht*:

> *„Die Gedankenfreiheit schützt die inneren Denkvorgänge. Dies sind Vorgänge, die zur Bildung von Meinungen, Vorstellungen und Überzeugungen führen."*[228]

---

226 Vgl. etwa *Bublitz*, ARSP 2014, 1; *Bublitz*, in: Clausen/Levy 2015, S. 1309 ff.; *Albers*, in Lindner 2016, S. 65 ff., 88 f., mit der Feststellung, dass kein entsprechendes Recht im Grundgesetz normiert ist und eine mögliche Lösung über das APR unterkomplex wäre; weiter auch *Sommaggio/Mazzocca/Gerola/Ferro* BioLaw Journal 2017, 27; und insgesamt auch Blitz/Bublitz 2021.

227 *Meyer-Ladewig/Schuster*, in: Meyer-Ladewig/Nettesheim/von Raumer 2017, EMRK Art. 9 Rn. 3.

228 *Knecht*, in: Schwarze/Becker/Hatje/Schoo 2019, GRC, Art. 10, Rn. 5.

Der hier definierte Schutz zielt dabei entscheidend auf die Denkvorgänge ab. Denkvorgänge umfassen dabei den Prozess der Gedankenbildung. Nicht ohne weiteres umfassen sie auch die bereits gebildeten Gedanken, also den Bestand an Gedanken bis zum Stadium ihrer Äußerung. Damit ist an dieser Definition kritisch zu sehen, dass die Gedankenfreiheit so nicht umfänglich die menschlichen Gedanken innerhalb des forum internums zu schützen vermag.

Oettel nimmt ebenfalls eine eigene Definition vor, um die Frage zu beantworten, ob Gedanken personenbezogene Daten im Sinne der Datenschutzgrundverordnung darstellen:

> *„Gedanken sind […] wahrnehmbare Gehirnaktivitäten, die als kognitive Verarbeitungsprozesse entweder subjektiv sinnlich erfahrende Eindrücke abbilden oder auch sinnesunabhängig objektive Gestalt annehmen können.“*[229]

Die Forderung einer Wahrnehmbarkeit als Gehirnaktivität ist im Kontext des von *Oettel* behandelten Themas nachvollziehbar. Ohne die Möglichkeit der Datafizierung von Gedanken braucht man sich die Frage nach einer Zuordnung zum Datenschutzrecht nicht zu stellen. Damit zieht aber auch diese Definition einen für die verfassungsrechtliche Aufarbeitung zu engen Rahmen.

Daher bietet sich die Schaffung einer weitergehenden Definition an, die sich der eben geübten Kritik entledigt:

> *„Die Gedankenfreiheit schützt die menschliche Gedankenwelt. Die Gedankenwelt stellt die Summe aller inneren Vorgänge des menschlichen Bewusstseins dar, also jeden Denkprozess (Denken oder Denkakt) und dessen Produkt (Gedanke oder Denkinhalt) bis zu dessen willentlicher Umsetzung in die Außenwelt.“*

Mangels ausreichender rechtswissenschaftlicher Quellen wurde zur Schaffung dieser Definition auf das Vokabular zurückgegriffen, welches in der Philosophie zur Beschreibung des Begriffs des Gedankens Verwendung findet. Entscheidend ist dabei eine möglichst umfangreiche Abdeckung sämtlicher Vorgänge innerhalb des forum internum in diesem Kontext durch die Einführung des Begriffs der Gedankenwelt. Diese Definition erhebt dabei nicht den Anspruch, abschließend oder letztgültig zu sein, sondern soll als Arbeitsdefinition dazu dienen, die bestehenden Grundrechte auf ihren entsprechenden der Gedankenfreiheit zuschreibenden Charakter einzuordnen.

---

229 *Oettel* DuD 2020, 368 (388).

V. Verfassungsrechtlich geschützte Bereiche der Gedankenfreiheit

Das zweite wesentliche Argument, welches den Parlamentarischen Rat dazu bewogen hat, die Gedankenfreiheit nicht ausdrücklich als Grundrecht zu kodifizieren, soll nun genauer beleuchtet und überprüft werden. Nach Ansicht des Parlamentarischen Rates ist der notwendige Schutz der Gedankenfreiheit bereits ausreichend in den normierten Grundrechten enthalten. Durch die ermittelte Arbeitsdefinition der Gedankenfreiheit ist es möglich, die Grundrechte des Grundgesetzes auf einen entsprechenden Schutzgehalt hin zu untersuchen. Tatsächlich finden sich solche Gewährleistungsgehalte, die der Gedankenfreiheit zuordenbar sind, in den Schutzbereichen der verschiedenen Grundrechte wieder. Die Frage, welche dies sind und inwiefern sie die ihnen durch den Verfassungsgeber zugesprochene Rolle in der heutigen Grundrechtsauslegung erfüllen, ist der Untersuchungsgegenstand dieses Abschnitts.

1. Die Menschenwürde

Untersucht man Art. 1 Abs. 1 GG auf einen Schutzgehalt in Bezug auf die Gedankenfreiheit hin, stößt man zunächst auf ein bekanntes Problem: Eine greifbare Definition der „Würde" gibt es (bis heute) nicht. Teilweise wurde dem Begriff die Definierbarkeit gänzlich abgeschrieben und auch für nicht notwendig gehalten,[230] oder in verschiedene zu definierende Teilbereiche seziert.[231] Jedoch hält sich der Erkenntnisgewinn bei all diesen Versuchen für die hier aufgeworfene Fragestellung in Grenzen. Damit bliebe die Möglichkeit, sich eines solchen bestehenden Definitionsversuchs anzunehmen und den damit eingeschlagenen Weg in dem hier angedachten Sinne weiterzugehen, oder sich mit der Nichtdefinierbarkeit zu begnügen, wobei keine der Alternativen einen belastbaren Mehrwert für diese Arbeit erwarten lassen.

Vielversprechender erscheint es daher mit dem Bundesverfassungsgericht, sich auf die Bewertung konkreter Fälle hinsichtlich einer Menschenwürdeverletzung zu beschränken.[232] Um dabei nicht unzählige Beispiele einer Bewertung unterziehen zu müssen, sollen nur Konstellationen dargestellt werden, in denen die Menschenwürde in Bezug auf die Gedankenfreiheit Anwendung entfalten kann und so die Rolle der Menschenwürde für die Frage des Schutzes der

230 *Kunig*, in: von Münch/Kunig 2012, Art. 1 Rn. 22.
231 Ebenda.
232 BVerfGE 30, 1 (25).

Gedankenfreiheit darstellbar gemacht werden. Die von *Faber* bei der Benennung von Menschenwürdeverletzungen im Rahmen der von ihm dargestellten Fällen festgestellte Beschränkung auf rein physische Beeinträchtigungen mag zwar sowohl zutreffend als auch nachvollziehbar sein, schließt den Schutz von inneren Vorgängen über Art. 1 Abs. 1 GG jedoch nicht aus.[233] Freilich stellen die von *Faber* im Rahmen von Menschenwürdeverletzungen als typisch diskutierte Fälle, wie Zwangsarbeit oder Massenmord, in erster Linie körperliche Eingriffe dar. Allerdings wird auch von ihm nicht verneint, dass ein körperlicher Eingriff sich ebenfalls auf den psychischen Bereich auswirken kann,[234] und es ist durch diese Aufzählung nicht ausgeschlossen, dass neben körperlichen Eingriffen auch ein rein innerer Bereich vor Eingriffen geschützt wird. *Faber* beschränkt seine Betrachtung dabei auf die von ihm untersuchten Fälle von Werbung und Propaganda. Diese ordnet er einer das Unterbewusstsein beeinflussenden Kategorie zu und verneint dafür eine Schutzwirkung der Menschenwürde. Allerdings schließt er eine solche Schutzwirkung für Fälle einer Ausforschung des Unterbewusstseins nicht aus, geht jedoch auf Grund der von ihm konkret angeführten Fallgruppen nicht näher darauf ein. Dieser enge Betrachtungsrahmen reicht für die hier vorgenommene Untersuchung nicht aus, sondern es ist das gesamte Spektrum potentiell menschenwürdeverletzender Fälle für die Auswahl konkreter Fallgestaltungen heranzuziehen.

a. Die Objektformel als Ausgangspunkt

Entscheidend kann dabei auf die Objektformel abgestellt werden.[235] Danach darf kein Mensch zum bloßen Objekt einer staatlichen Handlung gemacht werden.[236] Sie beinhaltet nicht nur den Schutz vor physischen Angriffen, sondern auch vor „Eingriffen in den Kern des Humanen".[237] Das Bundesverfassungsgericht konkretisiert diesen Kernbereich in seiner Mikrozensus-Entscheidung als einen geschützten „Innenraum" im Sinne einer geschützten persönlichen Sphäre.[238] Dies lässt sich auch direkt aus der Objektformel herleiten. Der Gegenbegriff zur Objektivität bildet die Subjektivität und zeichnet sich durch das Vorhandensein

233 *Faber* 1968, S. 38 ff.
234 Ebenda, Fn. 92.
235 Auf diese stützt sich auch *Faber* 1968, S. 38 im Ausgangspunkt.
236 *Dürig* AöR 1956, 127; siehe auch *Herdegen*, in: Dürig/Herzog/Scholz, GG, Art. 1 Abs. 1, Rn. 36.
237 So, *Graf Vitzthum* JZ 1985, 201 (202).
238 BVerfGE 27, 1 (6 ff.).

von Bewusstseinsvorgängen aus.[239] Die Menschenwürde beinhaltet das Verbot, zum Objekt degradiert zu werden. Dies lässt sich, anders formuliert, als ein Verbot, seiner eigenen Subjektivität beraubt zu werden, ausdrücken. Somit sind durch die Menschenwürde gerade auch Bewusstseinsvorgänge und damit die Geistigkeit des Menschen geschützt. Es ist das menschliche Bewusstsein im Sinne eines „inneren Bereichs", wie ihn *Faber* nennt, also die Gedankenwelt von der Menschenwürde grundsätzlich erfasst.[240]

Auf Grund der in der Objektformel angelegten Notwendigkeit einer Benennung eines konkreten Eingriffsgeschehens ist klarzustellen, dass nicht jede Beeinträchtigung der menschlichen Gedankenwelt eine Degradierung zum Objekt ist und damit stets eine Verletzung der Menschenwürde einhergeht. Vielmehr bedarf es eines finalen Eingriffs in der Form, dass die menschliche Subjektivität dadurch erheblich zurückgedrängt wird.[241] Diese Unschärfe der Objektformel kommt natürlich nicht nur in Bezug auf die Gedankenfreiheit zum Tragen. Schließlich gestattet und fordert es die Rechtsordnung teilweise, dass Menschen zum „bloßen Objekt" gemacht werden.[242]

b. Das Tabu als Begriff zur Konkretisierung der Objektformel

Letztlich dient die Objektformel als Richtungsweisung zum Erkennen von verfassungsrechtlichen Tabus.[243] Anhand des Begriffs des Tabus lässt sich die Objektformel prägnant präzisieren. So wird klar, dass nicht jede einen Menschen verobjektivierende Handlung per se gegen die Menschenwürde verstößt, sondern es darüber hinaus einer entsprechenden Qualifikation als ein ebensolches Tabu bedarf. Dieses Moment liegt beispielsweise in jeder willkürlichen Verobjektivierungshandlung, also bei der keine Rechtsgrundlage dafür besteht, oder sie jedenfalls nicht in der Verfolgung eines „guten Zwecks" gründet.[244]

---

239 Vgl. *Regenbogen/Meyer* 2013: „Subjekt", S. 637.

240 *Faber* 1968, S. 40.

241 Vgl. *Kunig/Kotzur*, in: von Münch/Kunig 2021, GG Art. 1, Rn. 35 f.

242 Exemplarisch sei hier die Möglichkeit des „finalen Rettungsschusses" genannt, vgl. weiter die Beispiele von *Herzberg*, JZ 2005, 321 (322), der sogar die Möglichkeit der Todesstrafe im Einklang mit der Menschenwürde sieht.

243 Vgl. besonders *Poscher* JZ 2004, 756 (758 ff.); auch *Kunig*, in: von Münch/Kunig 2012, GG, Art. 1, Rn. 23, der von der Markierung einer „Tabugrenze" spricht; oder als „Tabuzone" beschrieben von *Gebauer* NVwZ 2004, 1405 (1409).

244 So *Herzberg* JZ 2005, 321 (324), der in keiner der üblichen Formulierungen zur Beschreibung einer Menschenwürdeverletzung einen Erkenntniswert sieht.

(1) Tabu am Beispiel Folter

Eine der am eindeutigsten als Tabu zu bezeichnende Verobjektivierungshandlung bildet die Folter. Folter ist absolut verboten und verstößt damit stets und in jeder Form gegen die Menschenwürde.[245] Diese Auffassung eines uneingeschränkten Folterverbots fußt dabei nicht nur in den entsprechenden gesetzlichen Verboten,[246] sondern baut auch auf einer langen geschichtlichen Erfahrung um deren Missbrauchsgefahr auf.[247] Hinsichtlich einer Verletzung der Gedankenfreiheit fehlt ein solches ausdrückliches gesetzliches Verbot ebenso wie eine vergleichbar lange Tradition.[248] Ein Verstoß gegen die Menschenwürde wäre jedoch dann gegeben, wenn ein Eingriff in die Gedankenfreiheit selbst als Folter gelten würde. *Lindner* beschreibt Folter prägnant als „Verbot[] der Anwendung von Gewalt zur Herbeiführung einer Aussage".[249] Die UN-Folterkonvention vom 10. Dezember 1984[250] definiert Folter in Artikel 1 konkret als: „jede (staatliche) Handlung, durch die einer Person vorsätzlich große körperliche oder seelische Schmerzen oder Leiden zugefügt werden", um eine Aussage oder ein Geständnis zu erlangen, einzuschüchtern, zu strafen, zu nötigen oder aus anderen, vergleichbaren, auf Diskriminierung beruhenden Gründen. Sie wird vom Staat begangen und setzt sich stets aus einem Foltermittel und einem Folterzweck zusammen.[251] Anders als beim „engen" Folterbegriff, der nur Eingriffe in die körperliche Unversehrtheit als Foltermittel definiert, kann nach einem weiteren Verständnis auch die Zufügung psychischen Leids ein taugliches Foltermittel darstellen.[252]

---

245 *Häberle*, in: Isensee/Kirchhof 2004, § 22, Rn. 57.

246 Vgl. Art. 104 Abs. 1 S. 2 GG, § 136a StPO; UN-Folterkonvention v. 10.12.1984 und Art. 3 EMRK, beide mit Rang einfacher Bundesgesetze.

247 *Gebauer*, NVwZ 2004, 1405 (1408).

248 Vgl. *Gebauer* NVwZ 2004, 1405 (1408), der konkret auf moderne biotechnologische Handlungsmöglichkeiten abstellt.

249 *Lindner* DÖV 2006, 577 (578).

250 BGBl. 1990 II, 246.

251 Vgl. *Gebauer* NVwZ 2004, 1405 (1407).

252 Auf den „engen" Folterbegriff, abstellend etwa *Gebauer* NVwZ 2004, 1406 (1408), jedoch nur für eine stringentere Argumentation zur Behandlung des absoluten Folterverbots, vgl. *Gebauers* Fn. 24; generell ist diese Exklusion psychischen Leids bzw. seelischer Misshandlung nicht geboten, vgl. nur. *Kunig/Kotzur*, in: von Münch/Kunig 2021, GG, Art. 1, Rn. 53: „Folterverbot", sowie die jeweiligen Formulierungen in Art. 104 Abs. 1 S. 2 GG, Art. 1 Abs. 1 UN-Folterkonvention; auch § 136a StPO, der das Folterverbot ebenfalls konkretisiert, vgl. *Schuhr*, in: MüKo StPO 2014, § 136a,

(a) Verdeutlichung am Fall Daschner/Gäfgen

Dies lässt sich in Anlehnung an das wohl bekannteste Beispiel von Folter in der jüngeren deutschen Rechtsgeschichte, dem Fall *Daschner/Gäfgen*[253] vor Augen führen:

Im Originalfall wurde der elfjährige *Jakob von Metzler* entführt und an einem unbekannten Ort festgehalten, um von dessen Eltern Lösegeld zu erpressen. Die Polizei konnte den Entführer *Magnus Gäfgen* jedoch fassen, der die Entführung gestand. Er weigerte sich aber, den Ermittlern den Ort, an dem sich das Opfer befand, mitzuteilen. Aus Sorge um das Wohlergehen des Opfers entschied sich der Polizeivizepräsident *Wolfgang Daschner* unter Ausführung durch einen Kriminalhauptkommissar, dem Täter Gewalt anzudrohen, wenn er den Aufenthaltsort des Opfers nicht mitteilen würde. Der Täter beugte sich der Drohung und machte die geforderten Angaben, woraufhin das Opfer jedoch nur noch tot am angegebenen Ort aufgefunden wurde.

Wolfgang Daschner und der ausführende Kriminalhauptkommissar wurden daraufhin von der großen Strafkammer des Landgerichts Frankfurt wegen Verleitung eines Untergebenen zu einer Straftat und Nötigung im Amt schuldig gesprochen, jedoch mit einem geringen Strafmaß verurteilt.

(b) Falladaption: Folter durch Gedankenlesen

Es stellt sich die Frage, was ein Kommissar in vergleichbarer Lage gemacht hätte, wäre er nicht auf die Aussageerzwingung durch Gewalt angewiesen gewesen, sondern hätte ein Gerät gehabt, welches ihm den Blick in den Kopf des Täters erlaubt.[254] Wäre das, anders als im Originalfall, dann zulässig? Es kommt natürlich auf weitere Details an. Würde sich der Staat, vorbehaltlich der technischen Möglichkeit, den Zugriff auf die Gedanken eines mutmaßlichen Täters derart verschaffen, kann das Vorliegen eines Folterzwecks bejaht werden. Der Zweck von Folter besteht nach der UN-Folterkonvention für gewöhnlich darin, eine Aussage des Gefolterten zu erreichen. Die Aussageerzwingung ist dabei auf eine Informationserlangung gerichtet. Zwar bedarf es bei der Anwendung einer

---

Rn. 5, nennt neben körperlichen Eingriffen auch Täuschung und Hypnose, also rein psychisch wirkende Mittel, als Fälle unzulässiger Vernehmungsmethoden.

253 Vgl. *Brugger* APuZ 2006, 9; LG Frankfurt/Main NJW 2005, 692; BVerfG, NJW 2005, 656; EGMR, NJW 2010, 3145.

254 Selbstverständlich ist das eine hypothetische Frage und eine Entscheidung sollte stets Recht und Gesetz einhalten; dennoch sollen hier die klassische Folter und ein alternatives Gedankenlesen gegenübergestellt werden.

hypothetisch gedachten Gedankenlesemaschine keiner Aussage des „Gefolterten“ mehr im eigentlichen Sinne, da so auch ohne den Umweg über eine Mitteilung der Person selbst ein unmittelbarer Blick in den Kopf bzw. ein direktes Auslesen der ansonsten nur über eine Aussage verfügbar gemachten Informationen möglich gemacht würde. Stellt man dabei auf den hinter einer Aussageerzwingung steckenden Zweck der Folter ab, ist die Informationserlangung von dem „Gefolterten“ das zentrale Ziel einer Folter. Wenn aber schon die durch eine Aussage vermittelte Informationserlangung einen Folterzweck erfüllt, muss erst recht auch die unmittelbare Informationserlangung durch Gedankenlesen den Folterzweck erfüllen.

Der angewandte Vorgang dieser Informationserlangung müsste darüber hinaus jedoch noch als Foltermittel qualifiziert werden können. Gefordert wird, wie bereits beschrieben, die Zuführung von Leid, wobei je nach Auslegung neben körperlichem auch ein seelisches Leid ausreichen kann. Die Anwendung von Gedankenlesen könnte sodann als Folter gelten und wäre auf Grund von Art. 1 Abs. 1 GG absolut unzulässig. Bei Eingriffen in die Gedankenwelt mittels körperlicher Misshandlung ist ein Rückgriff auf die Gedankenfreiheit aber gar nicht notwendig. Würde das Gedankenlesegerät beispielsweise nur funktionieren, indem man dem Täter unter großen Schmerzen eine Nadel ins Gehirn sticht, wäre diese Prozedur für sich genommen schon ein als Foltermittel qualifizierbarer Eingriff in die körperliche Unversehrtheit. Eine solche Form des Gedankenlesens wäre schlicht und einfach Folter und damit absolut verboten.

Wie sähe es aber aus, wäre der Nadelstich etwa vom Grad der verursachenden Schmerzen nur noch vergleichbar beispielsweise mit dem einer Blutentnahme, welche zur Erlangung der Information des Blutalkoholwerts einer Person auch gegen deren Willen zulässig ist.[255] Oder es gäbe sogar ein Gerät, welches kontaktlos und völlig frei von körperlichem Schmerz und anderen körperlichen Folgen einen Blick in den Kopf einer Person zulässt. Damit fiele die Zufügung physischen Leids als Anknüpfungspunkt für Folter unmittelbar weg. Es bliebe die Verursachung von psychischem Leid bzw. einer seelischen Misshandlung als Foltermittel. Diese kennzeichnet sich durch eine besondere Erniedrigung, Entehrung oder Unmenschlichkeit.[256] Ein solcher Fall könnte darin gesehen werden, dass das Innerste eines Menschen, ohne dessen Willen, vollständig nach außen gekehrt wird, ohne dass demjenigen ein letzter innerer Rückzugsort verbleibt.

---

255 Vgl. § 81a StPO.

256 *Mehde*, in: Dürig/Herzog/Scholz, GG, Art. 104, Rn. 179.

Damit wäre jedenfalls ein Auslesen der gesamten Gedankenwelt einer Person eine Form der psychischen Folter. Würde die Möglichkeit bestehen, nur gezielt bestimmte Informationen „auszulesen", entfiele aber auch dieses Argument. Allerdings könnte die unfreiwillige Informationspreisgabe zu psychischen Langzeitfolgen des so Untersuchten führen und würde damit nachträglich zu seelischem Leid führen. Dabei fehlt es für die Einordnung zur Folter, auch wenn man seelisches Leiden dafür ausreichen lässt, wohl an der Unmittelbarkeit der Leidzuführung um der Informationsgewinnung willen, da diese ja zeitlich nicht zusammenfallen würden und eine Leidzuführung für die Informationsgewinnung gar nicht notwendig wäre, sondern ein Leiden vielmehr durch die bereits erfolgreich gewonnene Information erst entsteht.

(2) Weiteres Beispiel: Narkoanalyse[257]

Öffnet man den Blickwinkel wieder weg von dem geschilderten Gedankenlesefall, können auch andere Eingriffe in die Gedankenwelt die Tabugrenze des Art. 1 Abs. 1 GG überschreiten. Dabei lässt sich die Diskussion um den Einsatz der Narkoanalyse im Strafprozess in den frühen Jahren der Bundesrepublik anführen.[258]

Als Narkoanalyse wird die Anwendung bestimmter narkotisch wirkender Mittel bezeichnet, die auf einen Beschuldigten in einem Strafprozess durch ihre hemmungslösende Wirkung derart einwirken sollen, dass dieser zur Informationspreisgabe über die Tat gebracht werden kann und heute ausnahmslos als unzulässig angesehen wird.[259]

Das tragende Argument für die Ablehnung derselben war eine Verletzung der Menschenwürde, weil dadurch die „innere Sphäre" der „seelisch-geistigen Persönlichkeit" erschlossen würde.[260] Schon damals wurde die „sittliche Freiheit" als „Essentiale der Menschenwürde" anerkannt, die ein fremdbestimmtes Aushorchen des „Seelenlebens" absolut verbiete.[261] Die Person, gegen die die Narkoanalyse durchgeführt würde, hätte keine oder eine nur noch sehr eingeschränkte eigene Entscheidungsmacht, was sie aussagen will und was nicht. Sie verlöre die Kompetenz über das eigenste Innere und wäre hinsichtlich der

---

257 Umfassend zur Narkoanalyse, vgl. *Dalakouras* 1988, S. 188 ff.

258 Den damaligen Meinungsstand zusammenfassend, *Niese* ZStW 1951, 199 (210 ff. und 220 ff.).

259 Vgl. *Gleß*, in: Löwe/Rosenberg, StPO, § 136a, Rn. 30.

260 *Niese* ZStW 1951, 199 (224).

261 Ebenda (225 f.).

eigenen Informationsfreigabe nicht mehr frei, sondern fremdbestimmt. Eine derart gelagerte Invasion des Geistes, wodurch eine gänzliche Fremdsteuerung der Person erreicht werden würde, wäre damit jedenfalls ein Fall eines Menschenwürdeverstoßes.[262]

Jedoch ist nicht jede Einwirkung auf den Geist einer anderen Person gleich als Menschenwürdeverletzung zu sehen. Es gibt Fälle von Manipulation oder Beeinflussung, die diese Schwelle nicht überschreiten. Als banalster denkbarer Fall sei etwa die bloße Überzeugung für eine Handlung oder eine Geisteshaltung, zum Beispiel durch ein schlichtes Gespräch und den Austausch von Argumenten genannt. *Faber* nennt suggestive Werbung als Beispiel für einen Fall, der die Schwelle einer Menschenwürdeverletzung nicht überschreitet.[263]

c. Zusammenfassung der Rolle der Menschenwürde zum Schutz der Gedankenfreiheit

Es kann festgehalten werden: Die Menschenwürde schützt die menschliche Gedankenwelt und damit die Gedankenfreiheit in ihrer Funktion als Tabugrenze bezüglich besonders krasser Eingriffsszenarien. Am Beispiel von Folter als anerkanntes Tabu lassen sich gleichgelagerte Konstellationen in Bezug auf die Gedankenfreiheit herleiten, wie das vollständige Auslesen der Gedankenwelt, aber auch die komplette Fremdsteuerung durch eine umfängliche Manipulation. Eingriffe in die Gedankenwelt, die mit körperlich wirkenden Vorgehensweisen einhergehen, die also auf Grund ihrer Einwirkung für sich genommen eine Menschenwürdeverletzung darstellen, sind allerdings bereits durch diese physische Wirkung tabuisiert. Psychische Einwirkungen können ebenso tabuisiert sein, allerdings überschreitet nicht jede psychische Wirkung die für die Annahme einer Menschenwürdeverletzung notwendige Tabugrenze. Nach einer Konkretisierung in nicht bereits durch die Menschenwürde absolut tabuisierten Bereichen ist weiter bei den Freiheitsgrundrechten zu suchen.

2. Art. 2 GG

Art. 2 GG selbst beinhaltet gleich vier einzelne Grundrechte. Die allgemeine Handlungsfreiheit in Art. 2 Abs. 1 GG, sowie das Recht auf Leben und körperliche Unversehrtheit als zwei Alternativen des Art. 2 Abs. 2 S. 1 GG und

---

262 Die „Implantation von steuernden Hirnelektroden" als Beispiel einer Menschenwürdeverletzung anführend, *Graf Vitzthum*, JZ 1985, 201 (205).

263 *Faber* 1968, S. 39.

schließlich die Freiheit der Person in Art. 2 Abs. 2. S. 2 GG. Diese sollen hier in der Reihenfolge ohne Berücksichtigung ihrer Bedeutung für die Gedankenfreiheit beleuchtet werden. Das Allgemeine Persönlichkeitsrecht wird sodann in einem eigenständigen Punkt behandelt.

a. Die Freiheit der Person

Die Freiheit der Person nach Art. 2 Abs. 2 S. 2 GG schützt aus systematischen Erwägungen heraus ausschließlich die körperliche Bewegungsfreiheit.[264] Zudem steht die Norm im Spannungsverhältnis zwischen dem Grundrecht auf Freizügigkeit aus Art. 11 Abs. 1 GG einerseits und der allgemeinen Handlungsfreiheit aus Art. 2 Abs. 1 GG andererseits. Freizügigkeit setzt einen Ortswechsel voraus, der durch seinen finalen Charakter im Sinne eines „Wechsel des alltäglichen Lebenskreises" indiziert wird.[265] Die allgemeine Handlungsfreiheit hingegen schützt bereits jede menschliche Verhaltensweise.[266] Die Freiheit der Person ordnet sich bildlich gesprochen dazwischen ein. In Abgrenzung zu den beiden genannten Grundrechten sind damit nicht alle körperliche Bewegungen, sondern nur solche Bewegungen geschützt, die dazu dienen, einen Ort aufzusuchen, dort zu verweilen oder diesen wieder zu verlassen, ohne dass dieser Handlung die Tragweite einer Fortbewegungshandlung im Sinne des Art. 11 Abs. 1 GG zukommt.[267]

Jede Handlung, damit auch jede durch Art. 2 Abs. 2 S. 2 GG geschützte Bewegungshandlung, wird durch die Bildung eines inneren Handlungswillens eingeleitet.[268] Würde man z.B. die Entstehung eines Handlungswillens unterbinden, wäre dadurch auch die entsprechende Handlung selbst verhindert. Doch dient ein konkreter Handlungswille stets lediglich dazu, eine Handlung bewusst vorzunehmen. Dem inneren Willen zur Handlung kommt damit kein eigenständiger Gehalt über die äußere Ausführung der Handlung selbst zu. In jedem Fall wird eine Bewegungshandlung eingeschränkt, wovor Art. 2 Abs. 2 S. 2 GG hinsichtlich der entsprechenden Handlungen schützt. Doch da eine wie auch immer geartete innerlich ansetzende Verhinderung nie über die Unterbindung einer äußeren Handlung hinausgehen kann, kommt dem Grundrecht aus Art. 2 Abs. 2

264 *Kunig/Kämmerer*, in: von Münch/Kunig 2021, GG, Art. 2, Rn. 130.
265 Vgl. *Kunig/Graf von Kielmansegg*, in: von Münch/Kunig 2021, GG, Art. 11, Rn. 30 f., 64.
266 Vgl. *Kunig/Kämmerer*, in: von Münch/Kunig 2021, GG, Art. 2, Rn. 21.
267 Vgl. ebenda, Rn. 131.
268 Im Gegensatz zum Reflex, der gerade nicht willensgesteuert ist, vgl. *Eisele*, in: Schönke/Schröder, StGB, Vorb. §§ 13 ff., Rn. 40, m.w.N.

S. 2 GG kein eigenständiger Schutzgehalt in Bezug auf die Gedankenfreiheit selbst zu. Es bleibt stets beim Schutz vor Eingriffen in die äußere Bewegungsfreiheit, gleich ob diese durch eine äußere oder innerlich ansetzende Zwangswirkung realisiert werden sollen. Eine rein innere geistige Bewegungsfreiheit ist mit diesem Grundrecht gerade nicht eigenständig geschützt.

b. Recht auf Leben

Vergleichbar verhält es sich mit dem Recht auf Leben aus Art. 2 Abs. 2 S. 1 Alt. 1 GG. Davon wird die physische Existenz des Menschen geschützt.[269] Das Leben endet mit dem Tod. Dieser tritt nach ganz herrschender Auffassung durch den endgültigen Ausfall der Hirnströme ein.[270] Damit ist der Tod nicht nur mit der Beendigung der physischen Existenz verbunden, sondern auch mit dem irreversiblen Ausfall der für eine geistige Betätigung notwendigen körperlichen Infrastruktur.[271] Nur ein nach diesem Kriterium lebender Mensch kann überhaupt Gedanken haben, oder man könnte es salopp ausdrücken: „Tote denken nicht." Solange die physische Existenz des Menschen mit der natürlichen menschlichen Körperlichkeit, die die Voraussetzung für geistige Aktivitätsmöglichkeit bildet und damit mit der Geistigkeit untrennbar verbunden ist, kann der grundrechtliche Lebensschutz, ebenso wie der Schutz der körperlichen Bewegungsfreiheit, nie über die körperliche Existenzsicherung selbst hinausgehen. Art. 2 Abs. 2 S. 1 Alt. 1 GG kann daher keine eigenständige Schutzwirkung hinsichtlich der menschlichen Gedankenwelt entfalten.

c. Recht auf körperliche Unversehrtheit.

Diese Betrachtung lässt sich grundsätzlich für das Recht auf körperliche Unversehrtheit aus Art. 2 Abs. 2 S. 1 Alt. 2 GG fortsetzen. Im Ergebnis stellt sich jedoch dabei, anders als in den zuvor genannten Grundrechten des Art. 2 GG, ein eigenständiger Schutzcharakter heraus. Die wörtliche Bezugnahme auf die Körperlichkeit lässt zunächst nicht vermuten, dass dieses Grundrecht einen Schutzgehalt der Gedankenfreiheit enthält. Doch ist dabei nicht nur die rein physische, sondern auch die psychische Sphäre des Menschen vom Schutzbereich des

---

269 *Kunig/Kämmerer*, in: von Münch/Kunig 2021, GG Art. 2, Rn. 89.

270 Ebenda, Rn. 91 m.w.N. in Fn. 406.

271 Vgl. insgesamt Kap. 1: E. und dabei insbesondere VII. und VIII.: Nach heute vorherrschender Ansicht kann der Geist nicht ohne den Körper existieren (Neurowissenschaft: embodied cognition; Philosophie: Körper-Geist-Problem); vgl. *Restak* 2014, S. 8–18.

Grundrechts umfasst. Dies widerspricht dem ausdrücklichen Wortlaut der Norm deshalb nicht, da, wie beim Recht auf Leben zuvor bereits zum Tragen kam, das physiologische mit dem psychologischen Element der menschlichen Existenz derart eng verwoben ist, dass eine Aufspaltung aus medizinischer Sicht nicht trennscharf möglich ist.[272]

Der Schutz des geistigen Bereichs ist jedoch nicht ohne jegliche Einschränkung gewährleistet. Er bewahrt nur vor Beeinträchtigungen, die in ihrer Intensität und Wirkung einem körperlichen Eingriff zumindest grundsätzlich entsprechen und damit vergleichbar sind.[273] In der Praxis fallen damit regelmäßig nur psychopathologische Befunde darunter. Das Verursachen lediglich „schlechter Gedanken" oder Sorgen ist dabei also nicht geschützt. Der Schutzbereichsumfang ist hinsichtlich des psychisch/seelischen Bereichs somit lediglich auf diagnostizierbare psychische Leiden, wie etwa Depressionen, reduziert und umfasst nicht den gesamten Bereich der psychischen Befindlichkeiten. Beim Lebensschutz ist auf Grund der finalen Wirkung kein Eingriff in die körperliche Sphäre möglich, der nicht zugleich einen ebenso finalen Eingriff in die geistige Sphäre darstellt. Beim Recht auf körperliche Unversehrtheit hingegen ist die Existenz rein geistig wirkender Beeinträchtigungen durch die obige Unterscheidung bereits impliziert. Der Schutz beschränkt sich aber wiederum darauf, dass eine geistige Beeinträchtigung nur dann als Eingriff zu qualifizieren ist, wenn er sich über die rein geistige Sphäre hinaus auch auf die körperliche Sphäre pathologisch auswirkt. Geschützt ist also nicht nur ein Eingriff in die Körperlichkeit, der sich möglicherweise auch auf die geistige Sphäre auswirkt, sondern auch ein Eingriff in die Geistigkeit, solange er sich auch körperlich auswirkt.

d. Allgemeine Handlungsfreiheit

Das Recht auf freie Entfaltung der Persönlichkeit in Art. 2 Abs. 1 GG, welches für sich genommen als Allgemeine Handlungsfreiheit verstanden wird,[274] schließt die Betrachtung des Art. 2 GG. Sie spielt für die Gedankenfreiheit gleich aus mehreren Gesichtspunkten keine tragende Rolle. Zum einen ist die allgemeine Handlungsfreiheit gegenüber der Anwendung anderer, speziellerer Grundrechte subsidiär.[275] Damit ist, zumindest in diesen Fällen, in denen spezielle Grundrechte die Bereiche der Gedankenfreiheit abdecken, Art. 2 Abs. 1 GG schlicht

---

272 *Kunig/Kämmerer*, in: von Münch/Kunig 2021, GG, Art. 2, Rn. 117.
273 Vgl. *Kunig/Kämmerer*, in: von Münch/Kunig 2021, GG, Art. 2, Rn. 118.
274 Vgl. ebenda, Rn. 21 ff.
275 Vgl. ebenda, Rn. 12.

nicht anzuwenden. Zum anderen schützt die allgemeine Handlungsfreiheit sämtliche menschlichen Verhaltensweisen.[276] Wie bereits oben dargestellt sind zwar Handlungen durch einen entsprechenden inneren Willen getragen, und ein Eingriff in die Körperlichkeit unterbindet den Handlungswillen zumindest in dessen Verwirklichung ebenso, wie ein Eingriff in die innere Willensbildung die Handlung unterbindet. Damit geht jedoch ein Schutz des mit jeder menschlichen Handlung verbundenen Handlungswillens nicht über den Schutz der Handlung selbst hinaus. Somit kommt auch der allgemeinen Handlungsfreiheit in Bezug auf die Gedankenfreiheit keine eigenständige Bedeutung zu. Die bereits terminologisch bestehende Trennung zwischen Handeln und Denken findet zwar im Bereich des Handlungswillens eine Überschneidung, jedoch kommt der Handlungsfreiheit weder in diesem Punkt noch darüber hinaus eine selbstständige Schutzwirkung in Bezug auf die Gedankenfreiheit zu.

3. *Das allgemeine Persönlichkeitsrecht, Art. 2 Abs. 1 i.V.m. Art. 1 Abs. 1 GG*

Das allgemeine Persönlichkeitsrecht ist als eigenständiges Grundrecht etabliert und in vielfältige Gewährleistungsgehalte gegliedert, die sich in Teilen auch auf die Gedankenfreiheit erstrecken. Durch die Lesart der freien Entfaltung der Persönlichkeit in Art. 2 Abs. 1 GG als allgemeine Handlungsfreiheit wurde durch die Rechtsprechung des Bundesverfassungsgericht das allgemeine Persönlichkeitsrecht, Art. 2 Abs. 1 i.V.m. Art. 1 Abs. 1 GG, als eigenständiges Grundrecht etabliert.[277] Dabei schützt es den Einzelnen, bildlich gesprochen, vor einem staatlichen Eindringen in den inneren Bereich der Persönlichkeitsentwicklung.[278] Dieser vielzitierte geschützte „Innenraum" geht im Grunde auf die treffende Beschreibung *Wintrichs* zurück.[279] Aus juristischer Perspektive wird dieses Grundrecht auch oft mit dem Recht auf Privatheit gleichgesetzt.[280] Dabei ist das allgemeine Persönlichkeitsrecht typischerweise fallspezifisch herausgearbeitet geworden, um den Anforderungen an den grundrechtlichen Schutz durch

---

276 Vgl. ebenda, Rn. 12.

277 Vgl. *Kunig/Kämmerer*, in: von Münch/Kunig 2021, GG, Art. 2, Rn. 51.

278 Vgl. *Martini* JA 2009, 839 (839).

279 *Wintrich* 1957, S. 15 f.; vgl. auch u.a. *Di Fabio*, in: Dürig/Herzog/Scholz, GG, Art. 2 Abs. 1, Rn. 158; BVerfGE 1969, 1707; *Martini* JA 2009, 839 (839); *Britz* NVwZ 2019, 672 (676).

280 Vgl. *Johannes* ZD-Aktuell 2018, 06007.

gesellschaftliche und technische Veränderungen und Entwicklungen gerecht zu werden.[281]

Damit ist dessen Anwendung auch jeweils im konkreten zeitlichen Kontext zu sehen. Beispielsweise wurden die jüngsten anerkannten Fallgruppen, das „Recht auf informationelle Selbstbestimmung“ und das „Recht auf Vertraulichkeit und Integrität informationstechnischer Systeme“ als Antwort auf die zunehmende Digitalisierung herausgebildet.[282] Letztendlich ist klarzustellen, dass das allgemeine Persönlichkeitsrecht auf Grund der engen Auslegung von Art. 2 Abs. 1 GG als allgemeine Handlungsfreiheit für persönlichkeitsrelevante Aspekte geschaffen wurde und die einzelnen, durch das Bundesverfassungsgericht in richterlicher Rechtsfortbildung geschaffenen neuen Unterkategorien die Funktion der Schließung grundrechtlicher Schutzlücken haben.[283] Alle gebildeten Unterkategorien lassen sich grundsätzlich in drei Stoßrichtungen unterscheiden. Es wird die Selbstbewahrung, Selbstdarstellung und Selbstbestimmung des Menschen geschützt.[284]

a. Selbstbewahrung

Die Ausprägung der allgemeinen Gedankenfreiheit in Form des Rechts auf Selbstbewahrung stellt im Wesentlichen das deutsche Grundrechts-Pendant zu dem in der Privatheitsforschung bekannten und durch die angelsächsische Rechtswissenschaft entwickelten und geprägten „Right to be let alone“ oder auch „Right to privacy“, also dem Recht, alleinegelassen zu werden, dar.[285] Es schützt damit das Individuum davor, dass der Staat in dessen Privatsphäre eindringt. Was ist privater als die Gedanken einer Person? Das Recht zur Selbstbewahrung schützt also davor, dass der Staat die Gedanken erfasst, sei es durch die Auswertung der verschriftlichten Gedanken in einem Tagebuch oder vorbehaltlich der technischen Möglichkeit durch das Auswerten der Gedanken vor dessen willentlicher Entäußerung in Form des Gedankenlesens.[286] Damit wird bereits ein großer Teil dessen, was sich als Schutz der Gedankenfreiheit bezeichnen lässt, abgedeckt. Allerdings steht der Schutz der Selbstbewahrung unter der

---

281 Vgl. *Kunig/Kämmerer*, in: von Münch/Kunig 2021, Art. 2, Rn. 53.

282 Vgl. *Martini* JA 2009, 839 (840).

283 Vgl. BVerfGE 54, 148 (153); 65, 1 (41).

284 Vgl. *Martini* JA 2009, 839 (840).

285 Vgl. ebenda.

286 Zum Eingriff in Form des Gedankenlesens insbesondere der Beurteilung anhand der Tagebuchentscheidungen, vgl. Kap. 4: A.II.1. und B.III.

Einschränkung der Schrankentrias[287] des Art. 2 Abs. 1 Hs. 2 GG und damit letztlich unter dem Vorbehalt der Persönlichkeitsrelevanz des Schutzgutes.[288]

b. Selbstbestimmung und Selbstdarstellung

Die Selbstbestimmung bildet sozusagen das Spiegelbild der Selbstbewahrung und schützt letztere davor, ungewollt durch den Staat in Anspruch genommen zu werden, bewirkt die Selbstbestimmung einen Schutz davor, durch den Staat bei der Ausübung der eigenen Persönlichkeit eingeschränkt oder behindert zu werden.[289] Für die Gedankenfreiheit wird dieser Schutzgehalt relevant, wenn der Staat in die Gedankenwelt manipulativ eingreift. Einer Person muss die Hoheit über die eigenen Gedanken, deren Bildung und Sortierung selbst innehaben. Wird ihr diese Souveränität durch irgendwie geartete Methoden streitig gemacht, liegt ein Eingriff in Form der Gedankenmanipulation nahe. Vor einem solchen schützt das allgemeine Persönlichkeitsrecht in seiner Ausprägung der Selbstbestimmung. Ebenso verhält es sich mit der Ausprägung in Form der Selbstdarstellung, die an die Selbstbestimmung in dieser Form anknüpft und dem gleichen Potential an Gefährdung ausgesetzt ist. Allerdings stellen sich auch in all diesen Belangen die Abwägungslehre und damit erneut die Persönlichkeitsrelevanz als entscheidendes Moment dar.

c. Die Sphärentheorie

Gedanken können dem Schutzbereich des allgemeinen Persönlichkeitsrechts unterfallen. Allerdings ist der Schutzumfang elementar davon abhängig, auf welcher Stufe der Sphärentheorie[290] Gedanken eingeordnet werden.

---

287 Vgl. dazu *Di Fabio*, in: Dürig/Herzog/Scholz, GG, Art. 2 Abs. 1, Rn. 39 ff.

288 So z.B. BVerfG, NJW 2008, 747; durch das Merkmal der Persönlichkeitsrelevanz wird im Kern die Einordnung im Rahmen der Sphärentheorie bestimmt. Es findet vorwiegend im Kontext von Äußerungen, vgl. BVerfG ebenda, aber auch im Datenschutzrecht Verwendung, vgl. *Scholz*, in: Simitis/Hornung/Spiecker gen. Döhmann 2019, Anhang 1 zu Artikel 6, Rn. 100–106.

289 Vgl. *Martini* JA 2009, 839 (841).

290 Vgl. BVerfGE 27, 344 (351); 32, 373 (379); 33, 367 (376 f.); 34, 205 (209); 34, 238 (245); 35, 35 (39); 35, 202 (220); 38, 312 (320); 44, 353 (372 f.); 80, 367 (373 ff.); 89, 69 (82 f.); BVerfG NJW 2000, 2189; *Di Fabio*, in: Dürig/Herzog/Scholz, GG, Art. 2, Rn. 158 m.w.N. auch aus der Literatur.

(1) Die verschiedenen Sphären im Rahmen der Sphärentheorie

Mit der Sphärentheorie werden drei Bereiche unterschieden: die Intimsphäre, die Privat- bzw. Geheimsphäre und die Öffentlichkeit- bzw. Sozialsphäre.[291] Die Intimsphäre bildet den unantastbaren Kernbereich privater Lebensgestaltung ab. Der Schutz der Intimsphäre ist damit absolut, so dass ein Eingriff hierein auf Grund des engen Bezugs zur Menschenwürde stets unzulässig und auch der Disposition des Grundrechtsträgers entzogen ist.[292] Die Privatsphäre geht darüber hinaus und umfasst den engen persönlichen Lebensbereich, der bereits einen gewissen Sozialbezug, wie etwa die vertrauliche Kommunikation zwischen Familienmitgliedern, aufweisen kann.[293] Eingriffe in die Privatsphäre unterliegen besonders hohen Rechtfertigungsanforderungen, indem der Verhältnismäßigkeitsgrundsatz eine striktere Anwendung erfährt.[294] Der Öffentlichkeitsphäre hingegen unterfällt jegliche über die Privatsphäre hinausgehende Teilnahme am öffentlichen Leben des Grundrechtsträgers, wobei das Verhalten entweder schon nicht mehr dem allgemeinen Persönlichkeitsrecht unterfällt oder, falls doch, der Verhältnismäßigkeitsgrundsatz zwar Anwendung findet, eine Interessenabwägung aber regelmäßig zu Lasten des allgemeinen Persönlichkeitsrechts ausfällt.[295] Eine strikte Trennung der einzelnen Sphären ist kaum möglich, da die Übergänge fließend sind.[296] Insbesondere die Zuordnung zu entweder der Intim- oder der Privatsphäre bereitet enorme Schwierigkeiten. Letztlich sind für diese Einordnung die Umstände des konkreten Einzelfalls maßgeblich.[297] Dafür bietet sich sowohl eine thematische als auch eine räumliche Annäherung an.[298]

(2) Zuordnung von Gedanken im Rahmen der Sphärentheorie

Ordnet man Gedanken in die Sphärentheorie ein, ist eine maßgebliche Unterscheidung zwischen entäußerten und nicht entäußerten Gedanken vorzunehmen. Nicht entäußerte Gedanken unterfallen jedenfalls nicht der öffentlichen Sphäre. Die weitere Einordnung ist allerdings nicht von vornherein eindeutig.

---

291 Vgl. *Di Fabio*, in: Dürig/Herzog/Scholz, GG, Art. 2 Abs. 1, Rn. 158 ff.

292 Vgl. BVerfGE 6, 32 (41); 32, 373 (378 f.); 34, 238 (245); 65, 1 (45 f.).

293 Vgl. *Martini* JA 2009, 839 (844); *Di Fabio*, in: Dürig/Herzog/Scholz, GG, Art. 2 Abs. 1, Rn. 159.

294 Vgl. BVerfGE 27, 344 (351); 33, 367 (376 f.); 34 205 (210).

295 Vgl. *Di Fabio*, in: Dürig/Herzog/Scholz, GG, Art. 2, Rn. 160.

296 Vgl. *Martini* JA 2009, 839 (844 f.).

297 Vgl. insb. BVerfGE 61, 1 (45).

298 Vgl. *Di Fabio*, in: Dürig/Herzog/Scholz, GG, Art. 2, Rn. 149.

Aus rein räumlicher Perspektive ergäbe sich eine Zuordnung zur Intimsphäre. Schließlich befinden sich nicht entäußerte Gedanken noch im Kopf des Grundrechtsträgers. Wenn schon beispielsweise das Schlafzimmer einer Wohnung regelmäßig zur Intimsphäre gewertet wird,[299] muss der Kopf einer Person das erst recht. Von einem inhaltlichen Betrachtungspunkt aus relativiert sich die zweifelsfreie Einordnung allerdings wieder. Völlig belanglose Gedanken befinden sich zwar auch im Kopf, haben aber zumindest inhaltlich keinen Bezug zu höchstpersönlichen Angelegenheiten. Entscheidend wäre demnach, ob man allein dem Umstand der Belegenheit im Kopf das ausschlaggebende Gewicht zumisst oder eine thematische Einordnung zulässt und hinzuzieht. Letzteres überzeugt jedenfalls dann, wenn man die Einordnung mit entäußerten Gedanken vergleicht. Das Bundesverfassungsgericht hat in seiner Tagebuchentscheidung der inhaltlichen Einordnung der verwerteten Tagebucheinträge ein besonderes Gewicht zugeschrieben.[300] Dem Umstand, dass durch die Niederschrift der Gedanken in einem Tagebuch ein physischer Zugriff ermöglicht wird und somit eine Beziehung zur Außenwelt hergestellt wird, hat das Bundesverfassungsgericht hingegen keine alleinentscheidende Bedeutung zugewiesen: „Die Zuordnung eines Sachverhalts zum unantastbaren Bereich privater Lebensgestaltung […] hängt daher nicht davon ab, ob eine soziale […] Beziehung überhaupt besteht".[301] Das Fehlen eines Sozialbezuges, wie es inneren Gedanken immanent ist, reicht demnach für sich genommen noch nicht aus, um eine Zuordnung zur Intimsphäre zu erreichen. Beachtet man zudem die Möglichkeit, dass auch nicht entäußerte Gedanken dem staatlichen Zugriff in rein tatsächlicher Hinsicht potentiell offenstehen, wird der Unterschied zu schriftlich niedergelegten Gedanken in Form eines Tagebucheintrags marginal. Allerdings würde dann ausschließlich der thematischen Einordnung die Entscheidungserheblichkeit zukommen. Dem könnte bei nicht entäußerten Gedanken wiederum mittels eines strengeren Maßstabs Rechnung getragen werden.

Unter Anwendung der dargelegten Ausgestaltung des allgemeinen Persönlichkeitsrechts lassen sich Gedanken also entweder der Intim- oder der Privatsphäre zuordnen. Die nicht der Intimsphäre zugeordneten Gedanken stehen dann, obwohl sie dem Schutzbereich des allgemeinen Persönlichkeitsrechts unterfallen, einer Abwägung offen und sind im Rahmen einer strengen Verhältnismäßigkeit für den Staat zugreiflich.

---

299 Vgl. *Beulke/Swoboda* 2020, S. 332.

300 BVerfGE 80, 367 (374 ff.).

301 BVerfGE 80, 367 (374).

4. *Art. 4 GG*

Je nach Lesart lassen sich diesem Artikel bis zu fünf grundrechtliche Gewährleistungsgehalte entnehmen.[302] Art. 4 GG verbürgt die Glaubens- und Gewissensfreiheit sowie die Bekenntnisfreiheit, die Religionsausübungsfreiheit in Absatz zwei und im dritten Absatz das Recht zur Kriegsdienstverweigerung, welches ebenfalls als eigenständiges Grundrecht Anerkennung findet.[303] Das Bundesverfassungsgericht sieht in den ersten beiden Absätzen hingegen ein einheitliches Grundrecht, das in religiös-weltanschaulicher Sicht das Denken, Reden und Handeln schützt.[304] Im Lichte der Gedankenfreiheit ist der Schutz des religiösen bzw. weltanschaulichen Denkens der relevante grundrechtliche Aspekt des Art. 4 GG.

Das Bundesverfassungsgericht formuliert einen relevanten Teil dieser Ausprägung beispielsweise als „innere Freiheit, zu glauben oder nicht zu glauben".[305] Der Schutz als innere Freiheit bezieht sich damit auf das sog. forum internum in Abgrenzung zur nach außen tretenden religiös bzw. weltanschaulich motivierten Lebensführung. Neben dieser religiös-weltanschaulichen Freiheit kommt der Gewissensfreiheit als ebenso verbürgter Grundrechtsgehalt insoweit eine eigenständige Bedeutung zu. Gewissensentscheidungen und das Denken, Reden und Handeln aus Gewissensgründen und nicht aus einer religiösen Motivation heraus werden dem grundrechtlichen Schutz nach auf eine Ebene gestellt. Gedanken sind damit über Art. 4 GG zwar geschützt, allerdings nur insoweit sie in Bezug zum Glauben oder dem Gewissen der denkenden Person stehen.[306] Glauben umfasst dabei jede Überzeugung hinsichtlich einer Religion oder Weltanschauung, also eine Überzeugung zur Stellung des Menschen in der Welt sowie zum Sinn des Lebens und des Sterbens.[307] Was in Bezug zu einer Religion oder Weltanschauung steht, ist grundsätzlich inhaltlich neutral zu bewerten; es wird

---

302 Vgl. *Mager*, in: von Münch/Kunig 2021, GG, Art. 4, Rn. 15.

303 So z.B. *Morlok*, in: Dreier GG, Art. 4, Rn. 157.

304 vgl. BVerfGE 24, 236 (245 f.); 32, 98 (106); 44, 37 (49); 83, 341 (354).

305 BVerfGE 24, 236 (245) – (Aktion) Rumpelkammer und 108, 282 (297) – Kopftuch, wobei dieser Passus in den Entscheidungen 24, 236 (245), 32, 98 (106), 33, 23 (28) und 41, 29 (49) ebenfalls wortlautgleich enthalten ist, mit dem einen Unterschied, dass das „innere" eingeklammert wurde.

306 So auch einige Stimmen der Literatur, siehe dazu ausführlich die Behandlung von *Rohlf*, *von Lewinski*, *Dalakouras*, *Vogelsang* und *Herzog*, *Muckel* sowie *Weinrich* und *Jäger* in Kap. 3: B.VI.1.c.–e., g. und n.

307 Vgl. *Mager*, in: von Münch/Kunig 2021, GG, Art. 4, Rn. 22 f.

allerdings eine gewisse Anerkennung durch mehre Personen im Sinne einer diesbezüglichen Gemeinschaft gefordert.[308] Ebenso erfordert der Schutz durch die Gewissensfreiheit einen Bezug zu einer Gewissensentscheidung, die nach der Definition des Bundesverfassungsgerichts

> jede ernste sittliche, d.h. an den Kategorien von „Gut" und „Böse" orientierte Entscheidung anzusehen, die der Einzelne in einer bestimmten Lage als für sich bindend und unbedingt verpflichtend innerlich erfährt, so daß er gegen sie nicht ohne ernste Gewissensnot handeln könnte.[309]

Durch Art. 4 GG wird also das forum internum hinsichtlich des Glaubens und von Gewissensinhalten geschützt.[310] Gedankeninhalte außerhalb der Kategorien Glauben und Gewissen unterfallen diesem Schutz hingegen nicht. Somit wäre ein unautorisierter Zugriff auf bzw. manipulativer Eingriff in Gedanken, die sich auf den Glauben oder das Gewissen einer Person beziehen durch Art. 4 GG geschützt. Dieselbe eingreifende Handlung bzgl. aller anderen Gedankeninhalte wäre jedoch kein Eingriff in dieses Grundrecht.

5. Art. 5 GG

Art. 5 GG enthält die Grundrechte der Meinungs- und Informationsfreiheit sowie der Presse-, Rundfunk- und Filmfreiheit in Absatz eins und in Absatz drei die Freiheiten der Kunst, Wissenschaft, Forschung und Lehre. Eine Meinung zu haben und diese frei äußern und verbreiten zu können, bildet einen zentralen Stellenwert in unserer auf Kommunikation ausgerichteten Gesellschaft. Das Bundesverfassungsgericht bezeichnet die Meinungsfreiheit deshalb auch als „eines der vornehmsten Menschenrechte".[311] Doch die Meinungsäußerung selbst ist ein reines Handeln und damit in dieser Hinsicht nicht für die Gedankenfreiheit relevant. Sie ist zwar eindeutig darauf gerichtet, eine geistige Wirkung beim Adressaten zu erreichen.[312] Die Meinungsbildung des Senders selbst ist allerdings zumindest dem Wortlaut nach nicht umfasst. Dieser stellt nur auf das Äußern und Verbreiten der eigenen Meinung ab. Deshalb wird auch von mancher Seite in Frage gestellt, ob und falls ja, in welchem Umfang

---

308 Ebenda, Rn. 13.

309 BVerfGE 12, 45 (55).

310 Vgl. dazu *Rohlf* 1980, S. 139 f.; *von Lewinski* 2020, S. 144, Rn. 36, die Frage des Schutzes von Gedanken durch Art. 4 GG prägnant als „Glaubensfrage" bezeichnend.

311 BVerfGE 7, 198 (208) – Lüth.

312 Vgl. *Wendt*, in: von Münch/Kunig 2021, GG, Art. 5, Rn. 34.

die Meinungsbildung von der Meinungsfreiheit geschützt ist.[313] Folgt man der Ansicht, dass die Meinungsbildung selbst nicht von Art. 5 GG grundrechtlich geschützt ist, entfällt auch gänzlich eine unmittelbar schützende Relevanz für die Gedankenfreiheit. Lediglich das Recht der Meinungsäußerung zur geistigen Einwirkung auf die Adressaten wirkt einschränkend hinsichtlich der Gedankenfreiheit der Adressaten, indem es ein Verhalten schützt, welches auf fremde Gedankenwelten einwirkt.

a. Die Meinungsbildungsfreiheit

Es gibt jedoch vernünftige Erwägungen von einem Schutz der Meinungsbildungsfreiheit durch Art. 5 GG auszugehen. Das überzeugende Argument ist, dass man, um eine Meinung überhaupt äußern und verbreiten zu können, egal in welcher Form, sich zuerst einmal eine eigene Meinung bilden können muss.[314] Dies wird durch die, dann so logisch vorausgesetzte, Meinungsbildungsfreiheit geschützt.[315] Geht man von diesem Schutzgehalt aus, ist die Gedankenfreiheit im Hinblick auf meinungsbildungsrelevante Inhalte geschützt.

Es verbietet sich der Zugriff auf solche Inhalte entgegen dem Willen des Meinungsinhabers, der im Sinne der negativen Meinungsäußerungsfreiheit selbst entscheiden können soll, ob überhaupt und auch welche Meinung er äußert und damit sozusagen Dritten den Zugriff darauf gewährt. Zudem soll die Meinung autonom gebildet werden können. Eine Einflussnahme auf den Meinungsbildungsprozess stellt damit ebenfalls einen Eingriff dar. Allerdings ist der Schutz der Meinungsfreiheit dem Grunde nach darauf ausgelegt, dass ein geistiger Austausch und damit eine wechselseitige geistige Beeinflussung zwischen allen Teilnehmern am Meinungsdiskurs, sei es auch nur passiv als Zuhörer, stattfindet. Diese Form der geistigen Beeinflussung im Sinne eines Eingriffs in die Meinungsbildungsfreiheit ist damit verfassungsrechtlich zulässig, gar gewollt. Nicht geschützt sind dagegen Methoden, die über den bloßen Meinungsaustausch

---

313 So noch *Lüdemann* 2004, S. 107, mit diesbezüglichem Verweis auf die „ganz herrschende[] Auffassung" in Rn. 457; wobei sich das in späteren Auflagen der von ihm zitierten Werke von Pieroth/Schlink, Grundrechte, S. 134 und *Strack*, in: von Mangoldt/Klein/Starck, GG, Art. 5, Rn. 37 so nicht mehr wiederfindet.

314 Vgl. *Kloepfer* 1970, S. 57; so auch *Wendt*, in: von Münch/Kunig 2021, GG, Art. 5, Rn. 16, der die Meinungsbildung als „natürliche Voraussetzung" der Meinungsäußerung versteht.

315 *Wendt*, in: von Münch/Kunig 2021, GG, Art. 5, Rn. 16; *Grabenwarter*, in: Dürig/Herzog/Scholz, GG, Art. 5 Abs. 1, Abs. 2, Rn. 75.

hinausgehende Möglichkeiten der Einflussnahme nutzen und zusätzlich Druckmittel eingesetzt werden.[316]

b. Einschränkung durch den Begriff der Meinung

Zudem findet der Schutz der Gedankenwelt durch die Meinungsbildungsfreiheit eine mögliche Beschränkung in dem Begriff der Meinung selbst. Eine Meinung zeichnet sich stets dadurch aus, dass sie eine wertende Stellungnahme gleich welcher Art darstellt.[317] Unter den Begriff der Meinung im Sinne eines Werturteils fallen bereits begrifflich keine Tatsachen, also beweisbare Begebenheiten der Gegenwart oder Vergangenheit.[318]

Umstritten ist, inwieweit die Mitteilung von Tatsachen durch die Meinungsfreiheit geschützt ist. Allerdings ist allgemein anerkannt, dass Tatsachen zumindest dann dem Schutz von Art. 5 Abs. 1 S. 1 GG unterfallen, wenn diese die Voraussetzung für die Meinungsbildung sind.[319] Nun findet die Debatte allerdings nur hinsichtlich der Mitteilung solcher Tatsachen statt. Wie bereits beschrieben, kann die Äußerung als Handlung aber nicht am Schutz der Gedankenfreiheit teilnehmen. Es stellt sich also dabei die Frage, inwieweit die Unterscheidung zwischen Meinung und Tatsache im Bereich der Meinungsbildung, also vor einer Entäußerung überhaupt zum Tragen kommt.

(1) Relevanz der Unterscheidung zwischen Meinung und Tatsache für die innere Sphäre

Es lässt sich argumentieren, dass alles, was als Äußerung geschützt ist, erst recht auch bereits in der Vorstufe der gedanklichen Verarbeitung bis hin zur Entäußerung grundrechtlich geschützt sein muss, da sonst die Gefahr bestünde, dass der geschützte Bereich der Äußerung durch einen Eingriff in die vorgelagerte gedankliche Verarbeitung ausgehöhlt würde. Gedanklich abgespeicherte Tatsachen, die Teil der Grundlage für die innere Meinungsbildung darstellen, unterfallen dann auch dem Schutz der Meinungsfreiheit, wenn sie zu einer geschützten Meinungsäußerung führen und damit ebenso der Gedankenfreiheit. Allerdings ist aus dem genannten Argument für den Bereich der Gedankenfreiheit ein Schutz aller Tatsachen unabhängig vom Schutz ihres entäußerten Pendants

---

316 Vgl. *Wendt*, in: von Münch/Kunig 2021, GG, Art. 5, Rn. 38.

317 Vgl. ebenda, Rn. 8.

318 Beweiszugänglichkeit als entscheidendes Abgrenzungskriterium von Meinungsäußerung zu Tatsachenbehauptungen, vgl. BVerfGE 90, 241 (247); 94, 1 (8); 99, 185 (196).

319 Vgl. *Wendt*, in: von Münch/Kunig 2021, GG, Art. 5, Rn. 25.

herleitbar, sofern sie sich in der rein geistigen Sphäre befinden. Relevant wird diese Unterscheidung bei (bewusst) unwahren Tatsachen, deren Äußerungen nach Auffassung des Bundesverfassungsgerichts nicht dem Schutzbereich des Art. 5 Abs. 1 S. 1 GG unterfallen.[320] Hier bezieht sich die konkrete Argumentation stets auf die Mitteilung solcher falschen Tatsachen und nicht ausdrücklich auf entsprechende Tatsachen, die sich rein in der geistigen Sphäre befinden.

(2) BVerfG, Beschluss vom 4. November 2009 – 1 BvR 2150/08[321]

Im Wunsiedel-Beschluss bezieht das Bundesverfassungsgericht hingegen ausdrücklich Stellung zu der Frage des Schutzumfanges der Meinungsfreiheit im Hinblick auf innere (unwahre) Tatsachen. Dort hatte es die Verfassungsmäßigkeit des 2005 neu geschaffenen § 130 Abs. 4 StGB, der Äußerungen mit „nicht erwünschten (nationalsozialistischen) Inhalt“[322] verbietet, auf die Vereinbarkeit mit Art. 5 GG, insbesondere dessen Abs. 2, zu überprüfen. Der Beschwerdeführer wendete sich, letztlich erfolglos, mit einer Verfassungsbeschwerde gegen die verwaltungsgerichtlich bestätigte Untersagung einer von ihm jährlich organisierten Versammlung von Neonazis zum Gedenken an *Rudolf Heß* an dessen zu dieser Zeit dort befindlichen Grab in Wunsiedel.[323] Das Bundesverfassungsgericht entschied für die Verfassungsmäßigkeit der Verbotsnorm, doch zog dabei eine klare Grenze zwischen der inneren Einstellung und der Meinungskundgabe. Durch Art. 5 Abs. 1 und 2 GG wird die „Meinungsfreiheit als Geistesfreiheit unabhängig von der inhaltlichen Bewertung ihrer Richtigkeit“[324] gewährleistet. Ein Zugriff auf „die rein geistige Sphäre des Für-richtig-Haltens“[325] ist daher nicht zulässig. Das Bundesverfassungsgericht ging sogar soweit, dass die gesetzliche „Zielsetzung nicht darauf gerichtet sein darf, Schutzmaßnahmen gegenüber rein geistig bleibenden Wirkungen von bestimmten Meinungsäußerungen zu treffen.“[326] „Der Staat ist damit rechtsstaatlich begrenzt auf Eingriffe zum Schutz

---

320 BVerfGE 54, 208 (219); 61, 1 (7 ff.); 66, 116 (149); 82, 43 (51); 85, 1 (15); 90, 241 (249); 94, 1 (8); 99, 185 (197); 114, 339 (352).

321 BVerfGE 124, 300.

322 *Volkmann* NJW 2010, 417 (417), Klammerzusatz durch den Verfasser.

323 Das Grab wurde 2011 aufgelöst, Heß' Gebeine exhumiert, eingeäschert und seebestattet, siehe dazu *Holzhaider*, 21.07.2011, SZ-Online, online: www.sueddeutsche.de/politik/wunsiedel-ende-einer-nazi-pilgerstaette-grab-von-rudolf-hess-existiert-nicht-mehr-1.1122689 (Abruf am 22.11.2023).

324 BVerfGE 124, 300 (330).

325 Ebenda.

326 BVerfGE 124, 300 (332).

von Rechtsgütern in der Sphäre der Äußerlichkeit."[327] Das Grundrecht der Meinungsfreiheit verbietet „den staatlichen Zugriff auf die Gesinnung"[328] der Menschen. Das Bundesverfassungsgericht vollzieht dabei konsequent die Trennung zwischen dem Haben einer Meinung und dem Äußern und Verbreiten dieser Meinung, ausgehend von der durch Art. 5 GG geschützten „Geistesfreiheit".

c. *Fazit*

Es ist damit letztlich unverkennbar, dass unwahre Tatsachen nach Ansicht des Bundesverfassungsgerichts gänzlich dem Schutzbereich der Meinungsfreiheit unterfallen und sogar deren geistige Wirkung auf andere wiederum in deren Meinungsbildungsfreiheit fällt. Das spricht nicht nur dafür, dass die Meinungsbildung als ein durch Art. 5 GG geschützten Bereich Anerkennung findet, sondern auch, dass dieser Grundrechtsgehalt Teil der Gedankenfreiheit ist. Damit ist eine Schutzbereichserstreckung der Gedankenfreiheit auf alle inneren Tatsachen unabhängig von ihrer Richtigkeit zu bejahen. Zudem kann entsprechend auch auf die negative Meinungsfreiheit abgestellt werden, also dem Recht, keine Meinung zu äußern und verbreiten zu müssen, sie nicht einmal bilden zu müssen.[329] Das beinhaltet auch das Recht, dass die eigene Meinung nicht mit Zwang nach außen gekehrt wird. Damit ist die Erforschung der zwar gebildeten, aber nicht geäußerten Meinung gegen den Willen des Meinungsinhabers ebenfalls ein Eingriff in den die Gedankenfreiheit schützenden Teil der Meinungsfreiheit.

6. *Art. 10 GG*

Art. 10 GG schützt das Brief-, Post- und Fernmeldegeheimnis. Diese Gewährleistungsgehalte stehen im Kontext des allgemeinen Persönlichkeitsrechts, indem man den Menschen ermöglicht, „grundsätzlich selbst zu entscheiden, wann und innerhalb welcher Grenzen persönliche Lebenssachverhalte offenbart werden".[330] Damit ist auch der Austausch von Gedanken innerhalb bestimmter Übertragungsformen grundrechtlich geschützt.[331] Insoweit gehört es zu den Kommunikationsgrundrechten und schützt die Gedanken nach ihrer Entäußerung. Ein Schutzbereich der Gedankenfreiheit im Sinne des Schutzes der inneren Gedankenwelt ist damit unmittelbar zwar nicht eröffnet. Allerdings zeigt

---

327 BVerfGE 124, 300 (333).

328 BVerfGE 124, 300 (330).

329 Vgl. *Grabenwarter*, in: Dürig/Herzog/Scholz, GG, Art. 5 Abs. 1, Abs. 2, Rn. 95.

330 BVerfGE 65, 1 (41 f.) – Volkszählung.

331 Vgl. BVerfGE 67, 151 (171).

dieser Artikel zum einen, dass die Gedanken in gewissen Bereichen sozusagen einen verlängerten Schutz erfahren. Zum anderen lässt er den Rückschluss auf die Wertschätzung des Schutzes der menschlichen Gedanken durch die Verfassung zu. Wenn entäußerte Gedanken sogar auf festgelegten Übertragungswegen vor einem Zugriff geschützt werden, sollen sie doch erst recht vor ihrer Übertragung und auch Entäußerung, sozusagen die innergeistige synaptische Übertragung, davor geschützt sein.

7. Art. 13 GG

Art. 13 GG schützt, wie auch bereits Art. 10 GG, die persönliche Sphäre, speziell in Form der Wohnung.[332] Dieses Grundrecht erfasst so räumlich alle der privaten Lebensführung zugeordneten Bereiche.[333] Sie sind vor dem unberechtigten Eindringen und Verweilen des Staates geschützt.[334] Dabei sind auch technische Mittel, die zur Informationserlangung von Geschehnissen innerhalb der Wohnung eingesetzt werden, erfasst.[335] Umgangssprachlich wird der Kopf bzw. das Gehirn bzw. der Körper manchmal als das Haus der Gedanken oder Wohnung des Geistes bezeichnet.[336] Ein unmittelbarer Schutz der Gedankenfreiheit ist dadurch dennoch nicht normiert. Allerdings sind die Gedanken einer Person, die sich in einem von Art. 13 GG erfassten Raum aufhält, ebenfalls geschützt. Wenn der Staat schon nicht in die Wohnung „eindringen" darf, darf er es erst recht nicht „in den Kopf" eines in einer Wohnung befindlichen Menschen. Dies gilt nach Art. 13 GG auch für Gedanken außerhalb des forum internum, solange sie innerhalb der Sphäre der Wohnung verbleiben. Art. 13 GG erweitert also den Schutz von Gedanken zusätzlich über die Schwelle ihrer Entäußerung hinaus, bis hin zur Grenze der geschützten Wohnung in seinem Schutzbereich. Zudem leitet

---

332 Vgl. *Kunig/Berger*, in: von Münch/Kunig 2021, GG, Art. 13, Rn. 84.

333 Vgl. ebenda Rn. 10; das Bundesverfassungsgericht bezeichnet den Schutz prägnant als „räumliche Privatsphäre", BVerfGE 109, 279 (309).

334 Vgl. BVerfGE 36, 85 (89).

335 Vgl. *Kunig/Berger*, in: von Münch/Kunig 2021, GG, Art. 13, Rn. 29; *Kühne*, in: Sachs, GG, Art. 13, Rn. 22.

336 Vgl. z.B. *Schulte von Drach*, Sachbuch „Fenster ins Gehirn – Wie unsere Gedanken entstehen". Landkarte im Kopf, SZ-Online, 28.07.2021, online: www.sueddeutsche.de/kultur/john-dylan-haynes-hirnforschung-1.5366595 (Abruf am 22.11.2023); oder auch die häufig anzutreffende Übersetzung von „mens sana in corpore sano" des römischen Dichters *Juvenal* (ca. 60–127 n. Chr.), dass ein gesunder Geist in einem gesunden Körper „wohne", vgl. Duden.de, online: www.duden.de/sprachwissen/sprachratgeber/Gesunder-Geist-gesundem-Körper (Abruf am 22.11.2023).

der Bundesgerichtshof eine Vermutungswirkung hinsichtlich der Zuordnung von entäußerten Gedankeninhalten zum Kernbereich privater Lebensführung daraus ab.[337] Ein Umkehrschluss, dass dieser Kernbereichsschutz außerhalb einer Wohnung nicht greift, verbietet sich jedoch.[338]

8. *Weitere Grundrechte*

Andere Grundrechte beinhalten allenfalls nur geringe Anknüpfungspunkte für einen Schutz der Gedankenfreiheit.

a. *Der Schutz geistigen Eigentums durch Art. 14 Abs. 1 GG*

So schützt beispielsweise Art. 14 Abs. 1 GG das Eigentum, worunter auch geistiges Eigentum fällt,[339] allerdings bedarf es dazu eines vermögenswerten Rechts.[340] Diese Werthaltigkeit ergibt sich in Bezug auf geistiges Eigentum erst durch die speziellen Immaterialgüterrechtsordnungen, z.B. des Urheber-, Patent- und Markenrechts und bezieht sich stets auf das Ergebnis einer schöpferischen Leistung.[341] Eine bloße Idee, also das rein gedankliche Konzept, kann nicht geschützt werden. Demnach bedarf es für den Schutz geistigen Eigentums eines Aktes der Entäußerung bzw. Formulierung. Damit muss die geistige Sphäre stets verlassen werden, so dass reine Gedanken durch Art. 14 GG nicht geschützt sind. Zudem ist etwa ebenfalls das Sacheigentum an Datenträgern, auf denen Gedankeninhalte gespeichert sind, geschützt. Ein eigenständiger Wert zum Schutze der Gedankenfreiheit ergibt sich daraus allerdings ebenfalls nicht.

b. *Art. 6 und 7 GG*

Die Grundrechte in Bezug auf Familie und Schule aus den Artikeln 6 und 7 des Grundgesetzes tragen ebenfalls nur mittelbar zur Gedankenfreiheit bei. Sie bieten einerseits einen erweiterten Schutzraum für den Gedankenaustausch, vergleichbar mit dem des Art. 13 GG. Andererseits enthalten sie aber sogar ein die Gedankenfreiheit einschränkendes Moment, indem sie grundsätzlich eine

---

337 BGHSt 50, 206 (210).
338 Vgl. BGHSt 57, 71 (76).
339 Vgl. etwa *Papier/Shirvani*, in: Dürig/Herzog/Scholz, GG, Art. 14 Rn. 314–321.
340 Vgl. BVerfGE 89, 1 (6); 97, 350 (371); 101, 239 (258); 112, 93 (108).
341 Vgl. § 7 UrhG: „Werk“; § 1 Abs. 1 PatG: „Erfindung“.

geistige Beeinflussung der Kinder und Schüler zu erzieherischen bzw. schulischen Zwecken der Bildung erlauben.[342]

Bei Art. 6 GG ist hervorzuheben, dass es in Bezug auf das Eltern-Kind-Verhältnis nicht als Abwehrrecht gegen den Staat, sondern horizontal in einer Wechselbezüglichkeit des Erziehungsrecht der Eltern begrenzt durch das Recht auf Erziehung des Kindes im Lichte des allgemeinen Persönlichkeitsrechts des Kindes aus Art. 2 Abs. 1 i V.m. Art. 1 Abs. 1 GG ausgestaltet ist, was das Bundesverfassungsgericht wie folgt zum Ausdruck bringt:

> Wird jemandem (den Eltern) eine Pflicht auferlegt, die sich auf eine andere Person (das Kind) bezieht und die zugleich mit dem Recht verbunden ist, auf diese Person einzuwirken, für sie Entscheidungen zu treffen, ihre Interessen zu vertreten und auf ihre Persönlichkeitsentfaltung maßgeblich und zuvörderst Einfluss zu nehmen, so berührt dies den Kern höchstpersönlicher Lebensentfaltung des Anderen und schränkt dessen freie Willensentscheidung ein.[343]

c. *Art. 8 und 9 GG*

Art. 8 und 9 GG schützen beide die kollektive Grundrechtsausübung und damit auch den Gedankenaustausch der Beteiligten untereinander und Beteiligung am gesamtstaatlichen Willensbildungsprozess,[344] allerdings ohne eigenständigen Anwendungsbereich auf das forum internum über die bereits durch Art. 5 GG erfasste Meinungsbildungsfreiheit hinaus.[345]

d. *Die Berufsfreiheit, Art. 12 GG*

Art. 12 GG schützt die Berufsfreiheit und die Definition des Berufs beinhaltet im Kern die Vornahme einer Tätigkeit.[346] Zwar sind davon selbstverständlich auch geistige Tätigkeiten umfasst, diese sind aber ebenfalls stets nach außen gerichtet, um die Grundlage der wirtschaftlichen Existenz zu bilden.[347] Allerdings sind auch bereits z.B. die Gedanken des Rechtsanwalts, die er sich zu seiner Fallbearbeitung macht, Teil der Berufsausübungsfreiheit und unterfallen so gleichzeitig

---

342 Vgl. zu Art. 6, BVerfGE 121, 69 (92 ff.); zu Art. 7 GG, *Boysen*, in: von Münch/Kunig 2021, GG, Art. 7, Rn. 23, 26.

343 BVerfGE 121, 69 (93); Klammerzusätze durch den Autor.

344 Vgl. *Ernst*, in: von Münch/Kunig 2021, GG, Art. 8, Rn. 12 f.; *Winkler*, in: von Münch/Kunig 2021, GG, Art. 9, Rn. 21 ff.

345 Vgl. dazu auch die Analyse von Art. 5 GG in Kap. 3: B.V.5.

346 Statt vieler etwa *Kämmerer*, in: von Münch/Kunig 2021, GG, Art. 12, Rn. 27.

347 Vgl. ebenda, Rn. 1.

dem Schutz der Gedankenfreiheit, welche in diesem Fall durch Art. 12 Abs. 1 GG konkretisiert wird. Praktische Relevanz erlangt die Gedankenfreiheit auch bei Berufsgeheimnisträgern, denen bis auf eng begrenzte Ausnahmefälle ein Zeugnisverweigerungsrecht im Strafprozess zusteht.[348]

e. *Gleichheitsrechte*

Neben den freiheitsrechtlichen Gewährleistungsgehalten entfalten auch die Gleichbehandlungsrechte, allen voran der allgemeine Gleichheitssatz des Art. 3 Abs. 1 GG, aber auch Art. 3 Abs. 3 S. 1 GG über die „Anschauungen", ihre Wirkung in Bezug auf Gedanken.[349] Dabei ergeben sich allerdings keine Unterschiede zur sonstigen Wirkung von Gleichheitsrechten. Insoweit steht Gleichheit neben Freiheit. Auswirkungen auf die Meinungsbildung und damit einen speziellen Teil der Gedankenfreiheit entfaltet beispielsweise konkret das aus Art. 5 Abs. 1 GG entnommene Recht auf kommunikative Chancengleichheit.[350]

9. *Grundrechtsgleiche Rechte*

Schließlich soll neben den Grundrechten noch ein Blick auf die Staatsstrukturprinzipien und daraus ableitbaren grundrechtsgleichen Rechte geworfen werden. Dabei ist das Demokratieprinzip aus Art. 20 Abs. 1, 2 S. 1 GG erwähnenswert. Es schützt insbesondere die politische Willensbildung des Volkes und die Teilhabe jedes Einzelnen am demokratischen Prozess welche durch Wahlen und Abstimmungen und die Kommunikationsgrundrechte gewährleistet werden.[351] Insbesondere die Wahlrechtsgrundsätze der Freiheit und Geheimheit der Wahl aus Art. 38 Abs. 1 S. 1 GG wirken nicht nur in Bezug auf die konkrete Wahlhandlung, sondern beziehen bereits die vorgelagerte diesbezügliche Willensbildung mit ein.[352] Die freie Wahl schützt dabei den Wähler vor einer unzulässigen Beeinflussung seiner Wahlentscheidung und die geheime Wahl davor, diese Entscheidung preisgeben zu müssen. Die Geheimheit lässt sich während der Wahl als absolut und jeweils davor und danach zur Disposition des Wählers, stets mit zulässigen Einschränkungen in Bezug auf die ordnungsgemäße Durchführung von Wahlen, kategorisieren.[353] Somit ist ein Zugriff auf

---

348 § 53 StPO.
349 Vgl. *von Lewinski* 2020, § 9, Rn. 36 (S. 144).
350 *Hoffmann-Riem* 2002, S. 74; insg. *Schulz* 1998.
351 Vgl. *Kotzur*, in: von Münch/Kunig 2021, GG, Art. 20, Rn. 47, 51.
352 Vgl. *Trute*, in: von Münch/Kunig 2021, GG, Art. 38, Rn. 51, 84 f. m.w.N.
353 Vgl. ebenda, Rn. 69.

diese Information ohne den Willen des jeweiligen Wählers und damit auch im Rahmen der Gedankenfreiheit als stets unzulässig und damit geschützt anzusehen. Die Frage der Wahlfreiheit hingegen steht im ständigen Spannungsverhältnis zwischen dem einerseits berechtigten Interesse des Werbens um die Gunst der Wähler und der andererseits unzulässigen Beeinflussung des Wählerwillens. Ersteres ist demokratisch notwendig und grundgesetzlich gewollt, so wird Parteien der Auftrag zur Mitwirkung am politischen Willensbildungsprozess in Art. 21 Abs. 1 S. 1 GG ausdrücklich zugewiesen. Findet in letzterer jedoch ihre Grenzen, die etwa in den §§ 108 ff. StGB, der Wählernötigung, -täuschung und -bestechung einfachgesetzlich festgeschrieben sind. Der Staat selbst wird dabei allerdings dem strikten Neutralitätsgebot unterworfen, was eine demokratische Willensbildung „von unten nach oben" sichern und äquivalent eine dazu konträre Willensbildung „von oben nach unten" ausschließen soll.[354] Dies beschränkt den Staat auf eine sachliche und informative Öffentlichkeitsarbeit, die sich nochmals in zeitlicher Hinsicht in der sog. „heißen Phase" im Vorfeld von Wahlen verstärkt und verbietet jegliche Art staatlicher Propaganda.[355] Private Akteure sind dagegen in der Möglichkeit der gegenseitigen politischen Beeinflussung freier, da sie miteinander am Prozess der politischen Willensbildung mitwirken.[356] Die Unzulässigkeitsschwelle ergibt sich dabei dann aus den kollidierenden Grundrechtsgewährleistungen.

VI. Einordnung der Gedankenfreiheit durch das Schrifttum

Der grundrechtliche Schutz von Gedanken im Sinne der Gedankenfreiheit wurde in der juristischen Literatur bisher nur von wenigen Autoren eingehender behandelt.[357] Einige Autoren befassen sich mit der Gedankenfreiheit zumindest kürzer im Kontext anderer Thematiken. Einem Großteil davon ist gemein, dass sie die Gedankenfreiheit[358] im Bereich des allgemeinen Persönlichkeitsrechts verorten, was die folgende Darstellung zeigt.

---

354 Vgl. BVerfGE 44, 125 (139 ff.).

355 Zur zeitlichen Verstärkung, vgl. BVerfGE 44, 149 (152); zur Propaganda-Thematik, siehe auch Kap. 4: C.II.2.a.

356 Vgl. *Trute*, in: von Münch/Kunig, GG, Art. 38, Rn. 61.

357 Allerdings nicht ausdrücklich mit der Bezeichnung „Gedankenfreiheit", vgl. *Fabers* „innere Geistesfreiheit", *Lüdemanns* „Einstellungsfreiheit" und *Goos* „innere Freiheit"; *Bublitz* „Grundrecht auf mentale Selbstbestimmung"; vgl. dazu ausführlich Kap. 3: VI.2.

358 Oder einen anders bezeichneten, aber gleichwertig gemeinten Schutzgehalt.

1. Kürzere Einordnungen der Gedankenfreiheit

Einige Autoren streifen die Gedankenfreiheit im Kontext ihrer eigentlichen Thematik und geben ihre Einordnung dazu wieder. Entsprechend sollen zunächst die dabei getroffenen Aussagen dargestellt werden. Neben der vorangestellten Darstellung *Kloepfers* folgen zuerst Autoren, die die Gedankenfreiheit im Wesentlichen der Menschenwürde zuordnen.[359] Danach werden chronologisch diejenigen Stimmen behandelt, die das allgemeine Persönlichkeitsrecht als, teilweise neben anderen Grundrechten, maßgeblich erachten,[360] sowie unmittelbar danach schließlich drei Stimmen mit einer konkreten Bezugnahme zu Tagebüchern und Selbstgesprächen.[361] Letztlich gibt es noch einige Verortungen ausschließlich in den Schutzbereichen anderer Grundrechte,[362] die ebenso aufgezeigt werden, wie abschließend unter diesem Abschnitt die kurze Einordnung *Oettels* von Gedanken in das Datenschutzrecht.

a. Kloepfer

Kloepfer nimmt zwar keine eigene Einordnung der Gedankenfreiheit innerhalb des Grundgesetzes nach heutigen Maßstäben vor, befasst sich aber mit der historischen Anschauung dieses Grundrechts im Kontext der zu Zeiten der deutschen Aufklärung geforderten Freiheitsrechte, sodass eine kurze Darstellung davon vorangestellt werden soll. In *Schillers* „Don Carlos" fordert der Marquis von Posa König Philipp II. von Spanien bekanntlich auf: „Geben Sie Gedankenfreiheit".[363] „Für *Schiller* ist die Gedankenfreiheit vielleicht das Freiheitsrecht überhaupt",[364] merkt *Kloepfer* an. Sie hat eine enge Beziehung zur Menschenwürde und ermöglicht die „Selbstbestimmung des Menschen (durch eigenes Denken)".[365] Diese Sichtweise entspricht dem Gewährleistungsgehalt des allgemeinen Persönlichkeitsrechts aus Art. 2 Abs. 1 GG i.V.m. Art. 1 Abs. 1 GG und lässt auf Grund des enthaltenen Menschenwürdegehaltes auf eine Zuordnung zum absolut geschützten Kernbereich privater Lebensführung schließen.

---

359 *Hohmann-Dennhardt* und *Hong*.

360 *Rohlf*, *Vogelsang*, *Dalakouras*, *Ellbogen*, *Dammann* und *von Lewinski*.

361 *Kolz*, *Traub* und *Di Fabio*.

362 *Herzog*, *Muckel*, *Weinrich* und *Jäger* sowie *Enders*, *Michael*, *Morlock* und *Duttge*.

363 Friedrich von Schiller, Don Carlos – 3. Akt, 10. Auftritt.

364 *Kloepfer* NJW 2006, 560 (563), Hervorhebung im Original.

365 *Kloepfer* NJW 2006, 560 (563), Klammerzusatz im Original.

Zudem ist die Gedankenfreiheit auch die Freiheit vor „Gewissenszwang“,[366] also der Gewissensfreiheit sowie der Religions- und Glaubensfreiheit und entspricht damit jenem Teil des Gewährleistungsgehalts des Art. 4 GG.[367] Schließlich wird die Gedankenfreiheit auch, nahezu selbstverständlich, als Teil der Meinungsfreiheit verortet.[368] Diese epochale Einordnung findet sich in Bezug auf die Einordnung der Gedankenfreiheit in den grundgesetzlichen Katalog wieder.

b. Hohmann-Dennhardt

In ihrem Plädoyer für den Schutz von Privatheit in Zeiten immer schneller voranschreitenden technologischen Entwicklungen der Informationsgesellschaft ordnet *Hohmann-Dennhardt* innere Gedanken eindeutig der Menschenwürde zu.

> Sieht man [...] die heutigen Möglichkeiten moderner Technik, die Gedanken zwar nicht vollends lesen, doch mittlerweile in gewissem Umfang nachvollziehen können, ist die Gedankenfreiheit [...] nicht mehr ein ungefährdeter Ort der Privatheit. Und bedenkt man, dass innere Gedanken mit Gewalt nach außen gekehrt werden können [...] wird deutlich, wie wichtig es ist, das Innerste des Menschen um seiner selbst willen zu sichern. Genau dies ist erstes Gebot unserer Verfassung, die in Art. 1 GG die Würde des Menschen für unantastbar erklärt und allen Staatsgewalten vorgibt, sie zu achten und zu schützen.[369]

Aber auch Gedanken, die durch Selbstgespräche oder Tagebücher nach außen treten, ordnet *Hohmann-Dennhardt* jeweils der Intimsphäre zu, da sie den höchstpersönlichen Charakter dabei stets beibehalten.[370]

c. Hong

Hong ordnet die Gedankenfreiheit ebenfalls klar als dem „Menschenwürdegehalt des allgemeinen Persönlichkeitsrechts“[371] zugehörig ein. Eine tiefergehende Begründung für diese Einordnung fehlt; die Gedankenfreiheit scheint führ *Hong* vielmehr durch die Menschenwürde vorausgesetzt zu sein.[372] Er sieht

---

366 *Kloepfer* NJW 2006, 560 (563) unter Hinweis auf die Verwendung dieses Begriffs in *Schillers* Geschichte des Malteserordens.

367 Vgl. *Kloepfer* NJW 2006, 560 (563).

368 Vgl. ebenda (563), der dies durch die Formulierung, die Gedankenfreiheit umfasse „nicht lediglich“ die Meinungsfreiheit, ausdrückt.

369 *Hohmann-Dennhardt* NJW 2006, 545 (546).

370 Ebenda.

371 *Hong* 2019, S. 658.

372 Vgl. ebenda, S. 658 f.

einen Eingriff in die Gedankenfreiheit als nicht zu rechtfertigende Verletzung des Menschenwürdegehaltes des allgemeinen Persönlichkeitsrechts auf Grund der von ihm statuierten Kategorie eines Zweck-Mittel-Verbotes an.[373] Zur Veranschaulichung liefert *Hong* lediglich das Beispiel einer Verletzung der Gedankenfreiheit durch ein Strafgesetz, das das „Denken bestimmter Gedanken unter Strafe stellen wollte".[374]

d. *Rohlf*

Bereits *Rohlf* ordnete Gedanken dem absolut geschützten Kernbereich zu, denn für ihn

> ist das ungestörte forum internum für die Persönlichkeitsentfaltung unerläßlich, weil der einzelne die Möglichkeit braucht, in Ruhe und ohne Beeinflussung sein Verhalten zu überdenken, Pläne für seine persönliche Entwicklung zu schmieden und so seine Identität zu finden, um sie als Konzept jeder Selbstdarstellung zugrunde legen zu können.[375]

Rohlf zieht die Grenze des Kernbereichsschutzes bei der Aufnahme von Kommunikation mit anderen Menschen, so dass die Mitteilung des eigenen Denkens an andere nicht mehr davon umfasst ist.[376] Er unterscheidet also zwischen Kommunikation und Nichtkommunikation, da dies ein klares Abgrenzungskriterium darstelle, sieht die Nichtkommunikation allerdings nicht auf räumlich geschützte Bereiche beschränkt, sondern lässt auch den „einsame(n) Spaziergänger im öffentlichen Park"[377] daran teilhaben. Erwähnenswert ist zudem, dass *Rohlf* auch die „Manifestationen des forum internum, die erkennbar keinen Kundgabezweck haben"[378] zum Kernbereich zählt. Danach darf „auch das Selbstgespräch des (scheinbar) einsamen Spaziergängers nicht belauscht und erst recht nicht verwertet werden".[379] Zudem erschöpft sich der grundrechtliche Schutz der „Denkfreiheit" nicht nur in der Zuordnung zum allgemeinen Persönlichkeitsrecht, sondern es wird nach *Rohlf* durch Art. 4 Abs. 1 GG ein „thematisch festgelegte(r) Ausschnitt" der Denkfreiheit hinsichtlich „religionsbezogene(r) und religionsähnliche(r) Überzeugungen" geschützt.[380] Dabei bezieht sich der Schutz

---

373 Ebenda, S. 654 ff.
374 Ebenda, S. 658.
375 *Rohlf* 1980, S. 226.
376 Ebenda, S. 227.
377 Ebenda.
378 Ebenda.
379 Ebenda, S. 227, Klammerzusatz im Original.
380 Ebenda, S. 139.

der Glaubensfreiheit erneut auf das forum internum im Sinne der „Gedankenfreiheit, soweit sie glaubensorientiert ist", wobei die Abgrenzung vom forum externum wiederum „*formal* danach (geschieht), ob es sich um bloßes Denken oder um eine Betätigung der religionsorientierten Überzeugung handelt."[381] Wobei er Tagebücher, Selbstgespräche und entsprechende (Tonband-)Aufzeichnungen trotz der (einfacheren) Möglichkeit der Kenntnisnahme durch Dritte dem forum internum zurechnen bzw. damit gleichbehandeln will.[382]

e. Vogelsang

Vogelsang bezeichnet das forum internum insgesamt als „absolute Gedankenfreiheit", das einen „Bereich der Zurückgezogenheit, des auf sich selbst Gestelltseins, gewährleistet, solange der einzelne nicht handelnd in die Umwelt eingreift."[383] In Bezugnahme auf *Rohlf* ordnet er die Gedankenfreiheit als Teil „des absolut geschützten Kernbereichs der Privatsphäre"[384] ein. Zudem sieht *Vogelsang* durch Art. 4 Abs. 1 GG das forum internum als „die Gedankenfreiheit in den Fragen des Glaubens"[385] speziell geschützt.

f. Dalakouras

Dalakouras sieht eine umfassende inhaltliche Umschreibung des Kernbereichs zwar als schwierig an, allerdings nicht in Bezug auf menschliche „Gefühle, Überzeugungen und Denkvorgänge".[386] Diese Bereiche ordnet er zweifelsfrei dem absolut geschützten Kernbereich des allgemeinen Persönlichkeitsrechts zu, „solange diese nicht in Handlungen offenbart worden sind",[387] also noch Teil des forum internum sind. Für *Dalakouras* stellt eine Handlungsoffenbarung allerdings erst die Kommunikationsaufnahme dar und noch nicht jede Manifestation ohne einen erkennbaren Kundgebungszweck bzw. Sozialbezug, wie bei Selbstgesprächen und Tagebucheintragungen. Daneben sieht er über Art. 4 Abs. 1 GG bereichsspezifische Ausprägungen des forum internum speziell geschützt.[388] Als Eingriff in das forum internum sieht er sowohl „die Ausforschungen des

---

381 Ebenda, S. 140, Kursivierung im Original.
382 Ebenda, S. 141.
383 *Vogelsang* 1987, S. 91.
384 Ebenda.
385 Ebenda, S. 90.
386 *Dalakouras* 1988, S. 88.
387 Ebenda.
388 Ebenda.

psychischen Kosmos des einzelnen wie auch jede unterschwellige Beeinflussung von Denkvorgängen".[389]

g. Ellbogen

Für *Ellbogen* ist die Gedankenfreiheit ebenfalls Teil des unantastbaren Kernbereichs des allgemeinen Persönlichkeitsrechts, wobei er dazu ebenfalls nicht nur innere Gedanken zählt.[390] Nach *Ellbogen* können auch Tagebücher an diesem Kernbereichsschutz teilhaben. Dazu fordert er einen „höchstpersönliche(n) Charakter der Aufzeichnungen, ein auf diese(n) bezogene(n) Geheimhaltungswille(n) sowie ein(en) fehlende(n) bzw. nur mittelbare(n) Sozialbezug."[391] Sind die ersten beiden Punkte einem Tagebuch im Wortsinne in der Regel immanent,[392] sei zudem der diskutable Sozialbezug[393] nicht bereits dadurch hergestellt, dass die Gedanken zu Papier gebracht werden, sondern erst, wenn diese bewusst veröffentlicht würden.[394] *Ellbogen* konstatiert diesbezüglich: „Solange der Autor aber seine Gedanken nur für sich niederschreibt, sind sie genauso ohne Außenwirkung, als wären sie noch ein seinem Kopf."[395]

h. Dammann

Dammann beschreibt die bisherige Einordnung der inneren Gedankenfreiheit als Äquivalent zum forum internum in den absolut geschützten Kernbereich, ohne ihr zu widersprechen.[396] Die teilweise Zuordnung entäußerter Gedankeninhalte zu eben diesen absolut geschützten Kernbereich lehnt *Dammann* hingegen ab.[397] Ihm fehlen letztlich ab dem Stadium der Entäußerung von

---

389 Ebenda.

390 *Ellbogen* NStZ 2001, 460 (463).

391 Ebenda.

392 So ist der höchstpersönliche Charakter gegeben, wenn der Autor sich, seine Gedanken, Planungen und Handlungen in seinen Ausführungen reflektiert. Der Geheimhaltungswille wird dadurch indiziert, dass die Aufzeichnungen so verwahrt werden, dass sie nicht frei zugänglich sind bzw. mit einer Kenntnisnahme Dritter nicht zu rechnen ist. *Ellbogen* NStZ 2001, 460 (463).

393 Diskutabel deshalb, da das Bundesverfassungsgericht den Kernbereichsschutz ausschließenden Sozialbezug durch die Niederschrift bereits bejaht, BVerfGE 80, 367 (376); dazu ausführlich die Behandlung der Tagebuchentscheidung des BVerfG in Kap. 4: B.III.d.(1)(b).

394 *Ellbogen* NStZ 2001, 460 (463).

395 Ebenda.

396 *Dammann* 2011, S. 104.

397 Ebenda, S. 109 ff.

Gedankeninhalten belastbare Abgrenzungskriterien zur Unterscheidung sowohl von Tagebüchern zu sonstigen schriftlichen Aufzeichnungen als auch Monologen von Kommunikation.[398]

Durch die von ihm als „monologische Theorien“[399] bezeichneten Abgrenzungen, die im Wesentlichen den Sozialbezug (teilweise zusätzlich mit Bezugnahme auf den Inhalt) einer Entäußerung als entscheidendes Kriterium heranziehen, sieht er die soziale Abgeschiedenheit wieder dem natürlichen Kommunikationsbedürfnis der Menschen als ungerechtfertigt privilegiert an.[400] Aus selbigem Grund lehnt *Dammann* auch räumliche Abgrenzungskriterien, als wie etwa anhand der durch Art. 13 GG geschützten Wohnung,[401] da es für ihn einen Widerspruch bildet einen sozialen Austausch in einer Wohnung gegenüber der monologischen Gedankenäußerung außerhalb einer Wohnung derart besserzustellen.[402]

Im Ergebnis lehnt *Dammann* die Annahme eines unantastbaren Kernbereichs im Sinne einer absolut geschützten Sphäre sogar gänzlich ab, da dieser nur für menschliche Verhaltensweisen möglich sei, „die aus sich heraus andere Menschen nicht betreffen“.[403] Als Beispiel, dass es solche Verhaltensweisen nicht gebe, führt er unter anderem entäußerte Gedankeninhalte an.[404] So verwundert es, dass er dabei zu der sich nahezu aufdrängenden spiegelbildlich Kategorie nicht entäußerter Gedankeninhalte keine Stellung nimmt, obwohl diese ja das angelegte Kriterium, andere Menschen aus sich heraus nicht zu betreffen, erfüllen würde. Stattdessen sieht *Dammann* nur einen relativen Kernbereich der privaten Lebensgestaltung als geschützt an, der dem Schutz der Privatsphäre entspricht und letztlich durch „maßnahmenspezifische Fallgruppen leistungsstärker und präziser konkretisier(t)“[405] werden könne. So kann nur gemutmaßt werden, ob *Dammann* der inneren Gedankenfreiheit auch einen nur relativen

398 Ebenda, S. 108.

399 Ebenda, S. 103 f.

400 Ebenda, S. 111 f., 118.

401 Die je nach Ansicht entweder vollumfänglich, nur bestimmte Räume einer Wohnung oder zumindest einen Raum einer Wohnung umfasst und „kriminell bemakelte“ Wohnungen teilweise vollständig ausschließt, vgl. ebenda, S. 112 ff.

402 Ebenda, S. 118.

403 Ebenda, S. 248.

404 Ebenda.

405 Ebenda, S. 250.

Schutz zukommen lassen möchte oder sie auf Grund der fehlenden Möglichkeit eines Interessenkonfliktes für nicht regelungsbedürftig erachtet.[406]

i. von Lewinski

Ebenso wie bereits *Rohlf* sieht *von Lewinski* die Gedankenfreiheit, aber unter Verweis auf die Rechtsprechung des Bundesverfassungsgerichts jedenfalls „dem absolut geschützten (Menschenwürde-)Kern der Persönlichkeitsentfaltung, der durch Art. 2 Abs. 1 i.V.m. Art. 1 Abs. 1 GG garantiert wird, zugeordnet."[407] Zudem ergänzt *von Lewinski*, dass jedenfalls Teilbereiche des freien Denkens auch durch andere Grundrechte, wie etwa durch Art. 3 Abs. 3 S. 1 GG im Hinblick auf die politische Anschauung oder die innere Haltung hinsichtlich der Glaubensfreiheit, geschützt sind.[408] Im Kontext der Mediengrundrechte sieht *von Lewinski* die Gedankenfreiheit als Grundlage medialen Handelns, da eine Meinungsäußerung die vorangegangene Meinungsbildung, welche durch Gedanken entwickelt werde, erfordere.[409] Die Gedankenfreiheit „wird offensichtlich [...] von der Meinungsfreiheit vorausgesetzt."[410]

j. Kolz

Die konkrete Wertung, ein Selbstgespräch von der Gedankenfreiheit umfasst zu sehen, traf *Kolz*, der die Möglichkeit des Belauschens eines Selbstgesprächs mit der Möglichkeit, einem anderen Menschen „sozusagen in den Kopf zu sehen und letztlich seine Gedanken zu kennen",[411] verglich. Deshalb formulierte *Kolz* unmissverständlich: „Wenn es schon einen der Abwägung nicht zugänglichen Kernbereich gibt, was sollte ihm zugehören, wenn nicht das Selbstgespräch?"[412] Der Staat müsse sich jedenfalls dort mäßigen, „wo die Grenze zu einer Gedankenpolizei wie in ‚1984' überschritten werden würde."[413] Dies erstreckt *Kolz* auf

406 Letzteres scheint er grundsätzlich nicht anzunehmen: „In jedem Bereich der menschlichen Existenz sind Interessenkonflikte denkbar, die so elementar sind, dass sie einer rechtlichen Regelung bedürfen.", bezieht sich dann aber ausdrücklich auf den Bereich „entäußerter Gedankeninhalte", ebenda, S. 248, so dass es letztlich unklar bleibt, ob er dabei die Kategorie innerer Gedanken überhaupt bedacht hat.

407 *von Lewinski* 2020, § 9, Rn. 35 (S. 144).

408 Ebenda.

409 Ebenda.

410 Ebenda.

411 *Kolz* NJW 2005, 3248 (3249).

412 Ebenda.

413 Ebenda.

Grund des ebenfalls fehlenden Kommunikationszwecks auch auf Tagebücher, denn „(w)enn das Selbstgespräch als Ausfluss intimer Gedanken in der eigenen Rückzugssphäre tabu ist, sollte dies auch für die schriftliche Fixierung von Gedanken des gleichen Inhalts gelten."[414]

k. *Traub*

Traub spricht von der „Freiheit des Denkens", wobei jedenfalls der reine Denkvorgang dem Kernbereichsschutz unterfällt, da er schließlich stets im Kopf verbleibt.[415] *Traub* dehnt diesen Schutzgehalt ebenfalls auf Selbstgespräche aus, da dabei das vernehmbare Aussprechen der Gedanken wertungsmäßig mit dem rein inneren Denkvorgang gleichzusetzen sei.[416] Die Besonderheit der Selbstgesprächssituation im Vergleich zu einem Zwiegespräch bestehe in der Unwillkürlichkeit des Aussprechens, wodurch die Entäußerung nicht als eine eigenständige Handlung, sondern als untrennbar mit dem Denken verbunden zu werten sei.[417] Damit sei auch ein Selbstgespräch dem Kernbereich zuzuordnen, sodass die „Freiheit des Denkens" sich auch auf dieses „laute Denken" erstrecke.[418]

l. *Di Fabio*

Für *Di Fabio* ist die „Gedanken- und Gefühlswelt eines Menschen als psychischer Innenbereich vom Privatsphärenschutz (als Oberbegriff der Intim- und Privatsphäre in Abgrenzung zur Öffentlichkeitssphäre) erfasst."[419] Somit „ist der Einzelne auch vor staatlicher Ausforschung der Gedanken- und Gefühlswelt geschützt."[420] Die Zuordnung von Tagebüchern entweder zur absolut geschützten Intimsphäre oder der lediglich relativ geschützten Privatsphäre ist für *Di Fabio* ein „Grenzfall der Verfassungsauslegung".[421] Daraus lässt sich jedenfalls ein absoluter Schutz für rein innere Gedanken ableiten.

---

414 Ebenda, S. 3250.
415 *Traub* 2015, S. 117.
416 Ebenda, S. 117 f.
417 Ebenda, S. 118.
418 Ebenda, S. 119.
419 *Di Fabio*, in: Dürig/Herzog/Scholz, GG, Art. 2 Abs. 1, Rn. 150, Klammerzusatz durch den Verfasser.
420 Ebenda, Rn. 154.
421 Ebenda, Rn. 162.

m. *Herzog, Muckel, Weinrich und Jäger*

Daneben gibt es noch einige Stimmen, die die Gedankenfreiheit nur im Kontext spezieller Grundrechtsgehalte erwähnen. *Herzog* sieht über Art. 4 GG sowohl durch die Glaubens- als auch die Gewissensfreiheit das forum internum im jeweiligen Schutzbereichsbezug speziell geschützt, welches von der allgemeinen Gedankenfreiheit, die von Art. 1 GG stillschweigend vorausgesetzt werde.[422] *Muckel* sieht die „Glaubensfreiheit als innere religiöse Gedankenfreiheit“[423] von Art. 4 GG geschützt. Auch *Weinrich* und *Jäger* sehen unter Verweis auf *Herzog* in der Gewissensfreiheit eine „Ausformung[] der Gedankenfreiheit“.[424]

n. *Enders, Michael und Morlok, Duttge*

Enders nutzt den Bezug der Meinungsfreiheit zur „Geistesfreiheit“,[425] indem deren Leitbild zur teleologischen Reduktion überbürdender gesetzlicher Schranken, die ansonsten über das zulässige Ziel der Meinungsneutralität nach der Sonderrechtslehre hinausgingen.[426] *Michael* und *Morlok* sehen durch die in Art. 5 Abs. 1 S. 1 GG geschützte Meinungsbildungsfreiheit auch die Gedankenfreiheit miteingeschlossen.[427] Demnach sei konkret die „allgemeine Gedankenfreiheit“ nur durch Art. 5 Abs. 1 GG gewährleistet und hinsichtlich der inneren geistigen Freiheit des forum internum, sich Glaube, Weltanschauung und Gewissen selbst zu bilden, sei Art. 4 Abs. 1 GG lex specialis dazu.[428] *Duttge* verknüpft die Gewährleistung der Gedankenfreiheit im Lichte des Art. 5 GG dahingehend, dass es auch einen freien Gedankenaustausch brauche, um wirkliche Gedankenfreiheit zu erhalten.[429]

---

422 Bis April 2020: *Herzog*, in: Dürig/Herzog/Scholz (damals: Maunz/Dürig), GG, Werkstand 91. EL April 2020, Art. 4, Rn. 11, 35, 55, 76 und 148; in der aktuellen Auflage findet sich darauf lediglich der kurze Verweis von *Di Fabio*, in: Dürig/Herzog/Scholz, GG, Art. 4, Rn. 33.

423 *Muckel* DÖV 2021, 557 (558).

424 *Weinrich/Jäger* NVwZ 2018, 1616 (1617).

425 *Enders* JZ 2008, 1092 (1094).

426 Ebenda, S. 1095.

427 *Michael/Morlok* 2020, § 9, Rn. 211 (S. 137).

428 Ebenda, S. 126.

429 *Duttge* NJW, 1998, 1615 (1619).

o. Oettel

Oettel behandelt im Lichte der Ausprägung des allgemeinen Persönlichkeitsrechts als Recht auf informationelle Selbstbestimmung schließlich die Frage, ob Gedanken personenbezogene Daten sind, die sodann einfachgesetzlich dem Anwendungsbereich der Datenschutzgrundverordnung (DSGVO) unterfallen.[430] Als Aufhänger dient ihm dabei die Technologie des Brain-Computer-Interface,[431] durch das Gedanken in Form von Gehirnströmen aufgezeichnet werden und sich dabei letztlich kodifizierte Gedanken als Daten speichern lassen. Die zukünftigen technologischen Möglichkeiten fasst er diesbezüglich so zusammen: „Das Steuern von Geräten per Gedanke, Gedankenübertragung und die digitale Einspeisung von Informationen direkt in das Gehirn sind wahrscheinlich."[432] Gedanken würden so in Zukunft neben den bereits heute umfangreich vorhandenen Nutzungs-, Standort und Verhaltensdaten dazu genutzt werden, um Verhaltensprognosen und Persönlichkeitsprofile zu erstellen, worüber dann wieder gezielt Werbung geschalten und andere Services angeboten werden können.[433] *Oettel* definiert für seine Einordnung in die DSGVO Gedanken als „wahrnehmbare Gehirnaktivitäten, die als kognitive Verarbeitungsprozesse entweder subjektiv sinnlich erfahrende Eindrücke abbilden oder auch sinnesunabhängig objektive Gestalt annehmen können."[434] Die so definierten Gedanken sind nach *Oettel* dann zwar mangels inhärenter Identifikationsmöglichkeit nicht bereits aus sich heraus, aber jedenfalls über die Verbindung mit anderen Daten, deren Kombination eine Identifikation von Personen ermöglicht, eindeutig personenbezogene Daten i.S.v. Art. 4 Nr. 1 DSGVO.[435]

2. Selbstständige Auseinandersetzungen mit der Gedankenfreiheit im Schrifttum

Neben den aufgezeigten Darstellungen verschiedener Autoren im Lichte konkreter anderer Themen gibt es auch noch Autoren, die sich tiefgreifender mit dem Thema der Gedankenfreiheit auseinandergesetzt haben, wenngleich alle eine eigenständige Bezeichnung dafür gewählt haben. Diese sind *Faber* mit seiner

---

430 *Oettel* DuD 2020, 386.
431 Vgl. dazu Kap. 1: D.III.
432 *Oettel* DuD 2020, 386 (368).
433 Ebenda, S. 387.
434 Ebenda, S. 388.
435 Ebenda.

„inneren Geistesfreiheit“, *Lüdemann* mit seiner „Einstellungsfreiheit“ und *Goos*, der sich mit „innerer Freiheit“ befasst.

a. *„Innere Geistesfreiheit“ nach Faber*

Faber befasst sich ausführlich mit der „inneren Geistesfreiheit“, die er besonders durch Formen „suggestiver Beeinflussung“ gefährdet sieht.[436] Als innere Geistesfreiheit bezeichnet er synonym den hier als Gedankenfreiheit verstandenen Grundrechtsgehalt.[437] *Faber* spricht den normierten Grundrechten einen diesbezüglichen Schutzgehalt aber gänzlich ab.[438] Diese Ansicht erscheint nach heutigem Meinungsstand, wie dieser Abschnitt zeigt, in dieser Drastik nicht mehr haltbar. *Faber* attestiert Art. 2 Abs. 1 GG als ein Recht auf freie Persönlichkeitsentfaltung ebenfalls einen rein tätigkeitsbezogenen Schutzbereich.[439] Die Menschenwürde schützt nach *Faber* nur vor einem entsprechenden „Eingriff in die physische Existenz des Menschen.“[440] Im Ergebnis lässt sich seiner Feststellung, „daß die Freiheit der Gedanken nicht von einem einzelnen Grundrecht her befriedigend erschlossen werden“[441] allerdings zustimmen. Auch für *Faber* bedarf es deshalb eines eigenständigen Grundrechts auf innere Geistesfreiheit, um einen ausreichenden Schutz der menschlichen Gedankenwelt zu gewährleisten.[442]

b. *„Einstellungsfreiheit“ nach Lüdemann mit Hinweis auf Höfling und Morlok*

Lüdemann untersucht edukatorisches Staatshandeln und beleuchtet dabei insbesondere dessen verfassungsrechtliche Rahmenbedingungen. Er konkretisiert die angestrebte Wirkung edukatorischen Staatshandelns auf die „gezielte Beeinflussung der Einstellung“[443] der Menschen und analysiert den Grundrechtskatalog diesbezüglich auf die Gewährung einer davor schützenden „Einstellungsfreiheit“.[444] *Fabers* „Grundrecht auf innere Geistesfreiheit“ sieht

436 *Faber* 1968.

437 Ebenda, S. 60 f.; zur Begriffsbezeichnung ausführlich Kap. 3: B.II.

438 Ebenda, S. 27 ff.

439 Ebenda, S. 36.

440 Ebenda, S. 40; zur Menschenwürde ausführlich, Kap. 3: B.V.1.

441 Ebenda, S. 37.

442 Für *Faber* eben insbesondere vor suggestiven Beeinflussungen, vgl. ebenda, S. 44, 60 f.

443 *Lüdemann* 2004, S. 106.

444 Ebenda, S. 111.

Lüdemann dahingehend als „dogmatische Sackgasse".[445] Das Denken bzw. die Geistesfreiheit sei „lediglich eine Zwischenstufe auf dem Weg zu einem Resultat – nämlich entweder zu einem Verhalten oder zur Ausbildung einer inneren Einstellung."[446] Deshalb müsse sich seine Untersuchung bereits auf „die (dem Denken vorgelagerten) inneren Überzeugungen des Menschen"[447] fokussieren. *Lüdemann* erkennt zwar auch den Schutz des forum internum über Art. 4 GG an,[448] plädiert allerdings dafür, „alle Einstellungen jenseits der von Art. 4 geschützten Inhalte dem Allgemeinen Persönlichkeitsrecht zuzuordnen".[449] Er sieht darin „das Recht, über seine Einstellungen frei zu disponieren",[450] gewährleistet. Die im allgemeine Persönlichkeitsrecht enthaltene „Einstellungsfreiheit" sei „die natürliche Grundbedingung aller verbürgten Handlungsfreiheiten des Grundgesetzes"[451] und begründet diese Bündelung dogmatisch über die Gewährleistungsgehalte der Freiheitsgrundrechte insgesamt, denn, „(w)enn die Freiheit geschützt ist, einen Entschluss in der Außenwelt zu realisieren, dann müssen die Einstellung, die diesen Entschluss anleiten, erst recht geschützt sein."[452] Durch seine Konzentration sämtlicher Einstellungen bzgl. der einzelnen Grundrechte einheitlich im allgemeinen Persönlichkeitsrecht sieht er den ansonsten entstehenden erheblichen Abgrenzungsproblemen vorgebeugt.[453] Die Menschenwürde greift nach *Lüdemann* nur in Extremfällen zwanghafter Zugriffe auf das menschliche Innenleben, wie „Gehirnwäsche", ein.[454]

Im Kontext der „Einstellungsfreiheit" sei auch noch auf *Höfling* hingewiesen, der die „Integrität individueller Einstellung"[455] als schützenswertes Gut betrachtet und deren Gewährleistung als „Befugnis der [...] eigenen Zweck- und Maßstabswahl",[456] anders als *Lüdemann* nicht nur in Ausnahmefällen, sondern generell sowohl in Art. 1 Abs. 1 GG als auch in den jeweiligen Freiheitsgrundrechten entsprechend ihres Schutzbereichsumfangs verortet. Dabei bezieht sich

---

445 Ebenda, S. 108.
446 Ebenda.
447 Ebenda, Klammerzusatz durch den Verfasser.
448 Ebenda, S. 109.
449 Ebenda, S. 110.
450 Ebenda, S. 111.
451 Ebenda.
452 Ebenda.
453 Ebenda.
454 Ebenda, S. 117 f.
455 *Höfling* ZLR 2006, 121 (128).
456 Ebenda, S. 131.

Höfling auf *Morlok*, der die „Freiheit der eigenen Zweck- und Maßstabswahl“[457] ebenfalls sowohl in Art. 1 Abs. 1 GG geschützt sieht als auch die verschiedenen Einzelgrundrechte als „Konkretisierung der Menschenwürdegarantie“[458] verstanden wissen will. Dies bezeichnet er als „Fundierungsverhältnis“ zwischen der Menschenwürde einerseits und den übrigen Grundrechten andererseits, welches sich aus Art. 1 Abs. 2 GG ergibt:

> Die mit der Verpflichtung auf Achtung und Schutz der Menschenwürde gegebene Gewährleistung des Selbstverständnisses des einzelnen Bürgers kehrt für Teilbereiche in den anderen Grundrechten und in Auffangfunktion in Art. 2 Abs. 1 GG wieder.[459]

c. *„Innere Freiheit“ nach Goos*

Goos befasst sich mit der „inneren Freiheit“ des Menschen und verortet deren Schutz dagegen ausschließlich in der Menschenwürde. Für *Goos* ist über Art. 1 Abs. 1 GG als „‚innere(n) Freiheit‘ zunächst und vor allem die geistige Freiheit des Menschen“[460] geschützt. Insofern überschneidet sich sein grundsätzliches Verständnis von „innerer Freiheit“ sowohl mit der „inneren Geistesfreiheit“ *Fabers* als auch mit der „Einstellungsfreiheit“ *Lüdemanns*. Doch die grundrechtlichen Verortungen *Fabers* und *Lüdemanns* außerhalb der Menschenwürde, was vergleichbar mit der Sichtweise von *Morlok* und *Höfling ist*, lehnt er ab, wenngleich er anerkennt, dass die Autoren mit ihrer Einordnung dem herrschenden Verständnis der Menschenwürde im Zusammenhang mit der Objektformel folgen.[461] Für ihn „muss die ‚innere Freiheit‘ des Menschen als Beschreibung der Realität (aber) mehr umfassen als die geistige Freiheit des Menschen.“[462] *Goos* stellt insbesondere das unter dem Eindruck der nationalsozialistischen Unrechtsherrschaft geformte, unverrückbare Postulat des historischen Verfassungsgebers heraus, dass Würde nicht nur denen zukommt, die bestimmte geistige Fähigkeiten z.B. des Denkens oder der Vernunft haben, sondern jedem durch seine bloße vegetativ-biologische Existenz uneingeschränkt und umfassend zukommt.[463] Deshalb stellt er klar, dass

---

457 *Morlok* 1993, S. 287.
458 Ebenda, S. 288.
459 Ebenda, S. 69.
460 *Goos* 2009, S. 139.
461 Ebenda, S. 139 f.
462 Ebenda, S. 142, Hervorhebung im Original; Klammerzusatz durch den Verfasser.
463 Ebenda, S. 146, 219.

> (u)nter der »Würde des Menschen« […] nicht nur die geistige Freiheit des Menschen zu verstehen (ist), über die faktisch nicht alle Menschen verfügen, sondern auch die basale Freiheit des Erlebens, Empfindens und Erleidens, die für alle lebenden Menschen von Relevanz ist.[464]

Goos sieht in Art. 1 Abs. 1 S. 1 GG einen „unmittelbar anwendbaren, für jedermann geltenden Rechtssatz",[465] der jeden seelischen Überzeugungszwang,[466] staatliche Indoktrination durch suggestive Beeinflussung,[467] Traumatisierung von Menschen[468] und die Verfälschung des Persönlichkeitsbildes[469] verbietet. Dabei vollzieht er eine klare Abgrenzung zwischen der inneren Freiheit, die über die Menschenwürde geschützt ist, und der äußeren Freiheit im Sinne einer Entfaltungsfreiheit, die seinem Beispiel nach durch die Handlungsfreiheit geschützt ist.[470] Gleichzeitig öffnet sich *Goos* für die Erkenntnis, „dass sich innere und äußere Freiheit nicht beziehungslos zueinander verhalten"[471] und trägt ihr durch die von ihm gebildeten Eingriffskategorien Rechnung. Die Einordnung von entsprechenden Schutzgehalten in das allgemeine Persönlichkeitsrecht lehnt er als „notorisch konturenunscharfe In-Verbindung-mit-Konstrukte"[472] ab. Die nicht von der Hand zu weisenden Gewährleistungsgehalte einer inneren Freiheit durch Art. 4 GG und Art. 5 GG sieht er dagegen mehr als Bestätigung der nach seinem Verständnis nur über die Menschenwürde „geschützten, inneren geistigen Freiheit des Menschen".[473] Hinsichtlich des Umgehens möglicher Abgrenzungsproblematiken durch die einheitliche Verortung unter einen einheitlichen Gewährleistungsgehalt befindet sich *Goos* letztlich zumindest dem Grundgedanken nach mit *Lüdemann* in Übereinkunft.[474]

d. „Grundrecht auf mentale Selbstbestimmung" nach Bublitz

Bublitz kommt in seinen wissenschaftlichen Arbeiten mehrfach auf die Gedankenfreiheit zu sprechen. Losgelöst von einer Verortung im Grundgesetz befasst

---

464 Ebenda, S. 179.
465 Ebenda, S. 172.
466 Ebenda, S. 173 ff.
467 Ebenda, S. 176 ff.
468 Ebenda, S. 178 ff.
469 Ebenda, S. 181 f.
470 Ebenda, S. 142.
471 Ebenda, S. 171.
472 Ebenda, S. 204.
473 Ebenda, S. 208.
474 Ebenda, S. 140.

er sich mit ihr als das Menschenrecht des „Freedom of Thought".[475] Aber auch konkret mit einem grundrechtlichen Schutzgehalt, der mit der Gedankenfreiheit als Grundrecht große Ähnlichkeit aufweist, befasst er sich.[476] Bei der Frage nach einem (straf-)rechtlichen Schutz der Psyche sieht er das allgemeine Persönlichkeitsrecht als Ausgangspunkt an.[477] Der darin verbürgte Schutz psychischer Integrität soll nach *Bublitz* zu einem „Grundrecht auf mentale Selbstbestimmung" weiterentwickelt werden.[478] Bei der Frage der Nichtnormierung verweist er auf die Debatte im parlamentarischen Rat und der Einschätzung *Kahls*, die er nach *Faber* zitiert.[479] Dabei attestiert er *Fabers* Ausführungen zur „inneren Geistesfreiheit" zutreffend (bisher), keinen Widerhall gefunden zu haben.[480] *Bublitz* geht dann nicht weiter auf *Fabers* Ansatz ein, sondern rezipiert Ausschnitte aus Entscheidungen des Bundesverfassungsgerichts zum Schutz der Privatsphäre.[481] Die Anerkennung der Privatsphäre, die ja gerade außerhalb des forum internum von Bedeutung ist, will er auf die menschliche Psyche übertragen. Für *Bublitz* „drängt es sich auf, derlei metaphorische Innenräume auch auf den echten zu übertragen".[482] Er führt dazu konkret aus:

> In diesem Sinne führt ein Recht auf mentale Selbstbestimmung den Schutz der Person fort und gleichsam zurück zu ihrem logischen Ausgangspunkt – die Person und ihre Persönlichkeit – von dem aus alle weiteren Persönlichkeitsrechte gedacht und abgeleitet werden.[483]

Zum Schutzbereich dieses Grundrechts will er den gesamten psychischen Innenraum, also das forum internum, zählen. Dabei seien „Gedanken und alle weiteren mentalen Phänomene wie Erinnerungen, Emotionen oder Verhaltensdispositionen umfass(t)."[484] Die Gedankenfreiheit, die er „auch ohne ausdrückliche Normierung als Grundprinzip des deutschen Rechts"[485] versteht, ist für ihn „ein Unterfall der mentalen Selbstbestimmung."[486] Im Wesentlichen sieht er

---

475 Zu den internationalen Regelungen zur Gedankenfreiheit, siehe Kap. 2: B.II.

476 *Bublitz* RW 2011, 28 (62 ff.); als „Cognitive Liberty", ders., in: Hildt/Franke 2013, S. 245 ff.

477 *Bublitz* RW 2011, 28 (62).

478 Ebenda, S. 63.

479 Ebenda, S. 62 und Fn. 143.

480 Ebenda, Fn. 143.

481 Ebenda, S. 63.

482 Ebenda.

483 Ebenda, S. 64.

484 Ebenda.

485 Ebenda.

486 Ebenda, Fn. 160.

den Schutz der mentalen Selbstbestimmung weitergehender, was darauf zurückzuführen sein dürfte, dass er sie an dem Begriff des „Gedankens“ streng am Wortlaut festhält und für ihn es neben Gedanken auch andere mentale Zustände gibt, wie Erinnerungen. Mit der hier vertretenen Auffassung lassen sich die von *Bublitz* angerissenen Schutzgüter aber auch direkt unter die Gedankenfreiheit fassen. Dies erspart die Schaffung immer neuer Bezeichnungen für dieses Grundrecht, wie es seit jeher bevorzugt zu werden scheint. Im Weiteren konturiert er den Schutzbereich seines Grundrechts auf mentale Selbstbestimmung durch Beispiele von Eingriffsszenarien wie suggestive Beeinflussungen oder psychiatrische Zwangsbehandlungen sowie positive Gehalte, wie das Recht, über seine eigenen psychischen Zustände frei verfügen zu dürfen.[487] In einer weiteren Befassung mit „Cognitive Liberty“ nimmt er dieselbe Herleitung über das allgemeine Persönlichkeitsrecht vor und konkretisiert drei Dimensionen dieses Rechts.[488] Erstens „the liberty to change one's mind“, zweitens dem Schutz vor „interventions into other minds“ und drittens die staatliche Pflicht „to promote cognitive liberty“.[489] Anschließend fokussiert er sich mit seinen Ausführungen aber stark auf das Neuro-Enhancement, gibt aber noch einschränkende Wertungen des für ihn nicht absoluten Rechts auf Grund von staatlichen Fürsorgepflichten und Gleichheitsrechten wider.[490]

3. *Zusammenfassung*

Das Schrifttum ordnet die Gedankenfreiheit also tatsächlich überwiegend in den Kernbereich des allgemeinen Persönlichkeitsrechts ein. Etwas uneinheitlicher vollzieht sich die Grenzziehung des Schutzbereichs der Gedankenfreiheit. *Rohlf*, *Dalakouras* und *Kolz* vertreten ausdrücklich eine weite Schutzbereichsdefinition, die explizit Selbstgespräche und Tagebucheinträge zur inneren Gedankenfreiheit zählen. *Ellbogen* behandelt übereinstimmend mit dieser Auslegung Tagebücher, und *Traub* bezieht sich entsprechend auf Selbstgespräche. *Hohmann-Dennhardt* unterscheidet zwischen der inneren Gedankenfreiheit, die sie rein der Menschenwürde zuordnet, und deren Ausprägungen in Form von Selbstgesprächen und Tagebüchern, die über das allgemeine Persönlichkeitsrecht und dort der Intimsphäre zugehörig, geschützt sind. Somit lässt sich eine

487 Ebenda, S. 65 ff.
488 *Bublitz*, in: Hildt/Franke 2013, S. 247 ff.
489 Ebenda, S. 251.
490 Ebenda, S. 254 ff.

klare Fraktion feststellen, die die Gedankenfreiheit umfänglich am Kernbereich teilhaben lässt.

Di Fabio bezeichnet die Zuordnung von Tagebucheinträgen ausdrücklich als Grenzfall. *Dammann* lehnt eine derart weitgehende Kernbereichsdefinition hinsichtlich Selbstgespräche und Tagebucheinträgen ab. Damit steht der obigen Meinung also eine tendenziell enge Auslegung gegenüber. Wobei *Dammanns* Ansicht insofern ein Sonderstatus zukommt, als dass er einen absolut geschützten Kernbereich generell negiert.

Zudem sehen die Autoren *Rohlf*, *von Lewinski*, *Dalakouras* und *Vogelsang* neben ihrer Zuordnung zum allgemeinen Persönlichkeitsrecht über Art. 4 GG auch noch spezielle Bereiche der inneren Gedankenfreiheit in Fragen des Glaubens und des Gewissens geschützt. Damit stimmen *Herzog*, *Muckel*, und *Weinrich* und *Jäger* ebenfalls überein.

Von Lewinski sieht zudem, ebenso wie *Enders* und *Duttge*, Teile der Gedankenfreiheit auch über Art. 5 GG geschützt. *Michael* und *Morlok* gehen in ihrer Abhandlung sogar von einer Verortung der allgemeinen Gedankenfreiheit ausschließlich in der Meinungsfreiheit aus, bezeichnen den von Art. 4 GG Schutzbereich als lex specialis, also eine spezielle Gedankenfreiheit, die dort geschützt ist.

Die bisher zusammengefassten Stimmen des Schrifttums lokalisieren die Gedankenfreiheit letztlich mit einem starken Menschenwürdebezug im allgemeinen Persönlichkeitsrecht sowie in Art. 4 GG und/oder in Art. 5 GG.

Faber, Lüdemann, Goos und *Bublitz* unterscheiden sich von dieser Einsortierung nicht nur dadurch, dass sie sich deutlich ausführlicher mit der Gedankenfreiheit auseinandergesetzt haben, sondern auch darin, dass sie in wesentlichen Teilen nicht mit den oben zusammengefassten Meinungen übereinstimmen.

Faber geht den radikalsten Weg, indem er einen ausreichenden Schutzgehalt durch den Grundrechtekatalog negiert und ein selbstständiges Grundrecht auf innere Geistesfreiheit entwickelt. *Lüdemann* abstrahiert den Gehalt der menschlichen Einstellung vom Prozess des Denkens und will seine Einstellungsfreiheit zentral durch das allgemeine Persönlichkeitsrecht geschützt wissen. Ebenso schlägt *Bublitz* eine neue Ausprägung des allgemeinen Persönlichkeitsrechts in Form eines „Grundrechts auf mentale Selbstbestimmung" vor. *Goos* stört sich an der durch die Menschenwürde ausgelösten Konstruktion mit Art. 2 Abs. 1 GG und zentralisiert die innere Freiheit ausschließlich in Art. 1 Abs. 1 GG. Die Menschenwürde ist für ihn ein eigenständiges Grundrecht.

4. *Stellungnahme*

Es ist beachtlich, dass die Gedankenfreiheit vom Schrifttum trotz ihrer fehlenden Normierung im Grundgesetz uneingeschränkt Anerkennung findet. Sie wird als durch die Menschenwürde oder deren Gehalt im allgemeinen Persönlichkeitsrecht, die Glaubens- und Gewissensfreiheit oder der Meinungsfreiheit vorausgesetzt angesehen. Eine fehlende Schutzbedürftigkeit auf Grund fehlender Eingriffsmöglichkeit wird, anders als noch im Parlamentarischen Rat, nicht mehr als ablehnendes Kriterium vertreten. Die Benennung von abstrakten Eingriffsszenarien der „Ausforschungen des psychischen Kosmos“ und die „unterschwellige Beeinflussung von Denkvorgängen“ durch *Dalakouras* und der Hinweis auf die mittlerweile bestehenden, sowie die Erwartung in Zukunft noch weiterreichenden, technischen Zugriffsmöglichkeiten, wie von *Hohmann-Dennhardt* und *Oettel* dargestellt, sind erstens ein großer Fortschritt in der Auseinandersetzung mit dem Grundrecht auf Gedankenfreiheit. Nur durch das Erkennen der Verletzlichkeit dieses Gutes kann ein Bewusstsein und Wille zu dessen Schutz entstehen. Zweitens bildet die Erwartung größerer Gefährdungspotentiale durch den technischen Fortschritt das Fundament dafür, dass sich die Rechtswissenschaft darauf vorbereitet und die rechtlichen Rahmenbedingungen formuliert, ohne davon überrumpelt zu werden. Dieses Bewusstsein ist uneingeschränkt zu befürworten.

Die konkrete Zuordnung der inneren Gedankenfreiheit zum absolut geschützten Kernbereich privater Lebensführung ist zu Recht eine umstrittene Frage. Sie entscheidet darüber, was jeglicher Disposition entzogen ist und was einer Abwägung offenbleibt. Entsprechend ist es verständlich, dass Gedanken als derart intim angesehen werden, dass sie jedenfalls vor ihrer bewussten Preisgabe dem Kernbereichsschutz unterfallen sollen. Allerdings wird aus den Ausführungen nicht klar, wie dieser absolute Schutz ausgestaltet sein soll. Führt er doch grundsätzlich dazu, dass auch dem Grundrechtsträger die Dispositionsfähigkeit über diesen Schutz fehlt, stellt sich die Situation bei Gedanken entsprechend anders dar. Gedanken können kommuniziert werden, wodurch sie den Schutz der Gedankenfreiheit verlieren. Damit ist aber gleichzeitig eine Dispositionsbefugnis des Grundrechtsträgers über den absoluten Kernbereichsschutz der Gedanken durch kommunikative Preisgabe verbunden. Es stellt sich daher die Frage, wieso diese Befugnis nicht auch für innere Gedanken als solche gelten soll. Es würde ansonsten auf eine Vorgabe der Verfassung zur Disposition von Gedanken nur in Verknüpfung mit deren Kommunikation hinauslaufen. Dies wäre eine nicht nachvollziehbare Einschränkung bzw. müsste durch eine entsprechende Definition der Voraussetzungen der Preisgabe bzw. Kommunikation ausgeglichen werden.

Daher verwundert es nicht, dass die Grenzen des absoluten Schutzes der Gedankenfreiheit für nicht mehr rein innere Gedanken in vielfältiger Weise gezogen werden. Dies geschieht aber im Wesentlichen nur anhand der Fallgruppen des Tagebuchs und des Selbstgesprächs. Die Fokussierung auf diese Beispiele ist zwar nachvollziehbar, sind sie doch so vorgefallen und Grundlage der entsprechenden Gerichtsentscheidungen gewesen. Dennoch droht dadurch der Blickwinkel zu verengt zu sein. Eine weitergehende Auseinandersetzung findet nicht statt. Wichtig und richtig ist, dass die Schutzbereichsdefinition der Gedankenfreiheit klaren Kriterien unterliegen muss. Dazu lassen sich die „klassischen Fallgruppen" auch gut heranziehen. Dies ersetzt aber nicht eine umfassendere und auch vorausblickende Auseinandersetzung, die die Wertungen aus den vorhandenen Fällen herausarbeitet und entsprechend abstrahiert.

Zudem wird die Verteilung des Schutzgehaltes der Gedankenfreiheit auf zahlreiche Grundrechte zu Recht durch *Faber*, *Lüdemann* und *Goos* kritisiert. Diese Zergliederung ist insofern nachvollziehbar, da die normierten Grundrechte auch zahlreiche Teilbereiche der Gedankenfreiheit umfassen. Sie wird der Bedeutung der Gedankenfreiheit nicht gerecht. Deshalb bedarf es richtigerweise des Mutes, die Gedankenfreiheit als ein einheitliches Grundrecht zu sehen. Die von bereits *Faber* seinerzeit vorgenommene komplette Herauslösung aus dem Grundrechtskatalog als eigenständiges Grundrecht ist vorzugswürdig. *Lüdemanns* Verortung als Ausprägung des allgemeinen Persönlichkeitsrechts vernachlässigt die relevanten Gewährleistungsgehalte in den speziellen Grundrechten. *Bublitz* setzt sich mit diesem Umstand ebenfalls nicht auseinander. Zudem fokussiert er sich relativ stark auf den Bereich des Neuro-Enhancements. Die Zuschreibung alleine zur Menschenwürde bei *Goos* berücksichtigt diese einzelnen Gehalte, indem sie auf den Menschenwürdekern der jeweiligen Grundrechte zurückgeführt wird, droht aber am gefestigten Verständnis der Menschenwürde zu scheitern. Wie *Goos* selbst bekennt, bedarf es dazu eines kreativen Weiterdenkens.[491] Diese Innovationskraft wäre aber mindestens ebenso gut in *Fabers* Grundidee investiert.

Fabers Befassung mit der Gedankenfreiheit bedarf allerdings alleine schon auf Grund der verstrichenen Zeit einer Aktualisierung. Zudem ist sie thematisch sehr zugeschnitten auf ein konkretes Eingriffsszenario. *Faber* befasste sich mit suggestiver Beeinflussung von Wirtschaftswerbung und dem

491 *Goos* 2009, S. 219.

öffentlichen Meinungs- und Willensbildungsprozess. Damit fokussiert er sich auf unterbewusst manipulative Eingriffe in die Gedankenfreiheit und lässt die ausforschenden Eingriffe außen vor. Unterscheiden sich die verschiedenen Eingriffsmöglichkeiten dabei zwar grundsätzlich, zielen sie dennoch auf dasselbe Schutzgut ab. Somit bedarf es einer beides beleuchtenden Auseinandersetzung, um den Schutzbereich umsichtig zu definieren und möglichst alle denkbaren Eingriffe handhabbar zu machen.

C. Entwicklung eines Grundrechts der Gedankenfreiheit als Fragmentgrundrecht

Das Grundgesetz normiert selbst kein Grundrecht auf Gedankenfreiheit. Dies beruht auf dem Selbstverständnis des historischen Verfassungsgebers, dass die Gedanken nicht explizit geschützt werden müssten, da ein Zugriff darauf ohnehin nicht möglich sei. Unabhängig davon, ob dieses Dogma der Unangreifbarkeit menschlicher Gedanken auch heute noch Bestand haben kann, ist die Gedankenfreiheit als Schutzgut aber weitestgehend anerkannt. Das Spektrum der Einordnung in das Grundrechtssystem der Verfassung reicht dabei von der Gedankenfreiheit, die durch die Menschenwürde vorausgesetzt wird, über Gedanken als Teil der vom allgemeinen Persönlichkeitsrecht geschützten Intim- bzw. Privatsphäre bis hin zu geschützten gedanklichen Teilbereichen durch spezielle Grundrechte, wie die Glaubens- und Gewissensfreiheit oder die Meinungsfreiheit. Lediglich dem Grunde nach besteht heute Einigkeit, dass die Gedankenfreiheit eine Freiheit ist, die als Grundrecht anzuerkennen ist. Dieser Diskrepanz zwischen der fehlenden Normierung als Grundrecht einerseits und andererseits der breiten Anerkennung der Schutzwürdigkeit menschlicher Gedanken aufzulösen ist damit erstrebenswert.

I. Unvollständiger Schutz der Gedankenfreiheit de lege lata

Die Tour d'Horizon durch die verschiedenen Grundrechte und grundrechtsgleichen Rechte mit Bezug zu Gewährleistungsgehalten, die der Gedankenfreiheit zuordenbar sind sowie der Einordnung durch das Schrifttum hat gezeigt, dass das Grundgesetz zahlreiche Teilaspekte eines umfangreichen Schutzkonzepts der Gedankenfreiheit abdeckt. Allen voran seien nochmals die Menschenwürde, das allgemeine Persönlichkeitsrecht, die Glaubens-, Gewissens- und Religions- sowie die Meinungsbildungsfreiheit erwähnt. Somit ist im Hinblick sowohl ein Fangnetz gegen besonders krasse Eingriffe in die Gedankenfreiheit durch die Menschenwürde gewährleistet, sowie sind Gedanken mit Persönlichkeits-,

Glaubens- und Gewissensbezug durch die jeweiligen Grundrechte geschützt. Gedankeninhalte (denen eine Meinungsbildungsrelevanz zugeschrieben werden kann) sind vorbehaltlich der Anerkennung des Schutzes der Meinungsbildung durch Art. 5 Abs. 1 GG ebenfalls Teil dieses Schutzbereichs. Hinzu kommen zahlreiche grundrechtlich verbürgte Schutzräume, wie dem der Wohnung aus Art. 13 GG, in denen auch die aus dem forum internum herausgetretenen Gedanken an den so erhöhten Schutzniveaus partizipieren. Ebenso ergeben sich besondere situativ entstehende Schutzbereiche, von denen die Gedanken ebenso profitieren.

Die durch die normierten bzw. anerkannten Grundrechte und Grundrechtsausprägungen geschützten Bereiche der Gedankenfreiheit sind also bereits umfangreich, jedoch stets auf spezielle Bereiche beschränkt. Ein lückenloser Schutz sämtlicher menschlicher Gedanken innerhalb des forum internums ist damit nicht gewährleistet. Gedanken, die weder einem krassen Eingriff noch einem der genannten Bereiche, Räume oder Situationen zugeordnet werden können, sind nicht geschützt. Somit erschließt sich aus diesem Abschnitt die Erkenntnis, dass die Gedankenfreiheit durch die normierten Grundrechte nur in deren jeweiligen Teilbereichen entsprechen geschützt ist, dieser Schutz im Sinne eines Gesamtkonzepts jedoch nicht umfassend ist. Zudem ist eine Zergliederung der Schutzgehalte in die einzelnen Teilbereiche der jeweiligen grundrechtlichen Gewährleistungsgehalte gegeben, der schwerer handhabbar ist, und weshalb in Übereinstimmung mit *Faber*, *Lüdemann* und *Goos* eine Vereinheitlichung auf einen umfassenden Grundrechtsgehalt wünschenswert ist.

II. Möglichkeiten zur Vervollständigung des Schutzes der Gedankenfreiheit

Zur Formierung eines Grundrechts auf Gedankenfreiheit bieten sich dabei verschiedene gangbare Wege an. Das Grundgesetz ist nämlich kein statisches Konstrukt, sondern ist auch für eine Fort- bzw. Weiterentwicklung offen.[492] Dazu braucht es nicht zwingend eine formelle Verfassungsänderung. Die Auslegung der Verfassung bietet ebenfalls die Möglichkeit der Initiierung neuer grundrechtlicher Schutzaspekte bis hin zur Konstruktion eigenständiger Grundrechte.[493]

---

492 Auch als „Verfassungswandel" bezeichnet, vgl. exemplarisch *Volkmann* JZ 2018, 265 (266) m.w.N.

493 Beispielsweise durch die Schaffung von Kombinationsgrundrechten, siehe *Augsberg/Augsberg* AöR 2007, 539.

1. *Verfassungsänderung durch formelles Gesetz*

Die Verfassungsänderung durch ein formelles verfassungsänderndes Gesetz ist unter den Voraussetzungen des Art. 79 GG selbstverständlich möglich. Damit könnte sich der Gesetzgeber entschließen die Gedankenfreiheit als Grundrecht ausdrücklich zu normieren und als neues Grundrecht in den bestehenden Grundrechtekatalog mit aufzunehmen. Dieser Wahl einer förmlichen Verfassungsänderung ist hinsichtlich der Grundrechte in der Geschichte der Bundesrepublik Deutschland allerdings ein bisher rares Ereignis. So kam es insgesamt erst zu vier Änderungen von Grundrechten durch formelles Gesetz. Neben der Einführung der allgemeinen Wehrpflicht in Art. 12a GG,[494] der Verkürzung des Asylrechts durch Einführung des Art. 16a GG,[495] der Gleichberechtigung von Mann und Frau sowie dem Benachteiligungsverbot Behinderter in Art. 3 Abs. 2 und Abs. 3 S. 2 GG[496] und schließlich der Ergänzung des Art. 13 GG um seine heutigen Absätze drei bis sechs.[497] Ein Ruf nach weiterer Verfassungsänderung im Abschnitt der Grundrechte ist zwar gelegentlich Teil der politischen Debatte, führte aber bisher nicht zur Verabschiedung eines entsprechenden Änderungsgesetzes. So wurde bei der Einführung der „Ehe für alle" zwar teilweise die Notwendigkeit einer Anpassung des Art. 6 GG gefordert,[498] sie letztlich aber nur auf einfachgesetzlicher Ebene umgesetzt.[499] Ein weiteres Beispiel ist die Normierung von Kinderrechten im Grundgesetz, die ebenfalls vielfach gefordert, aber zumindest bisher noch nicht umgesetzt wurde.[500] Damit soll es sich mit dieser Möglichkeit zur Normierung der Gedankenfreiheit als Grundrecht durch den

---

494 Gesetz zur Ergänzung des Grundgesetzes vom 24.06.1968, BGBl. I 1968, S. 709; wobei diese 2011 durch einfaches Gesetz ausgesetzt worden ist, vgl. §§ 2, 5 Wehrpflichtgesetz, geändert durch das Wehrrechtsänderungsgesetz vom 28.04.2011, BGBl. I S. 678.

495 Gesetz zur Ergänzung des Grundgesetzes vom 29.06.1993, BGBl. I 1993, S. 1002.

496 Gesetz zur Ergänzung des Grundgesetzes vom 27.10.1994, BGBl. I 1994, S. 3146.

497 Gesetz zur Ergänzung des Grundgesetzes vom 26.03.1998, BGBl. I 1998, S. 610 insbesondere mit Bestimmungen zum sog. großen Lauschangriff.

498 So etwa der frühere Präsident des Bundesverfassungsgerichts Hans-Jürgen Papier, SPON vom 30.06.2017, online: www.spiegel.de/politik/deutschland/ehe-fuer-alle-ex-verfassungsrichter-hans-juergen-papier-haelt-sie-fuer-verfassungswidrig-a-1155215.html (Abruf am 22.11.2023).

499 Gesetz zur Einführung des Rechts auf Eheschließung für Personen gleichen Geschlechts vom 20.07.2017, BGBl. I 2017, S. 2787.

500 Dies stand bereits im Koalitionsvertrag der Bundesregierung von 2018, ist aber 2021 gescheitert und wurde im Koalitionsvertrag 2021 wiederaufgenommen.

Gesetzgeber bewenden lassen. Dies wäre zwar jederzeit möglich, aber auf Grund der Seltenheit solch grundrechtlicher Verfassungsänderungen nicht erwartbar.

2. *Informelle Verfassungsänderung*

Das bedeutet aber nicht, dass ein grundrechtlicher Schutz ohne förmliche Änderung des Grundgesetzes nicht erreichbar ist. Im Gegenteil, denn die Interpretation der Grundrechte im Sinne einer informellen Verfassungsentwicklung hat sich als der gängigere Weg zur Schaffung neuer grundrechtlicher Schutzgehalte und eigenständiger Grundrechte gezeigt. Das Grundgesetz steht dabei im Spannungsverhältnis von einerseits Stabilität und andererseits Wandelbarkeit. Die Aufgabe der Verfassung die gesellschaftlichen Grundpfeiler abzustecken und damit eine Kontinuität zu gewährleisten, die gerade nicht vom jeweiligen Zeitgeist abhängt, kann wiederum nur erfüllt werden, wenn sie selbst aus sich heraus in der Lage ist mit nachhaltigen Dynamiken, insbesondere auch technischen Entwicklungen, schrittzuhalten. Dass dies nicht nur durch formelle Verfassungsänderung möglich sein kann, ist einhelliger Konsens. Über die genauen Abläufe und Grenzen dieser informellen Verfassungsdynamik herrscht allerdings weniger Einigkeit und lässt damit gleichzeitig aus rechtswissenschaftlicher Sicht die Möglichkeit offen, neue Wege vorzuschlagen.

Die Auslegung der Grundrechte ist dabei gerade nicht auf den Willen des historischen Verfassungsgebers beschränkt, sondern lässt sich auf deren objektiven Sinngehalt stützen.[501] Zudem fördert der offene Normierungsstil eine Interpretationsbedürftigkeit,[502] wobei sich dabei nicht nur auf die einzelnen geschriebenen Sätze, sondern auch auf diese Artikel überspannende Grundsätze und Leitideen gestützt werden kann.[503] Das Bundesverfassungsgericht hat mit seiner Rechtsprechung von Anfang an die Verfassung und die enthaltenen Grundrechte mit interpretiert, weiterentwickelt und auch inhaltlich neue Gewährleistungsgehalte geschaffen.[504] Die bekannteste Neuschaffung eines Grundrechts stellt zweifelsfrei das allgemeine Persönlichkeitsrecht dar, welches durch die Zivilgerichte entwickelt und vom Bundesverfassungsgericht aufgenommen und maßgeblich

---

501 So der zweite Leitsatz in BVerfGE 1, 299.

502 *Volkmann* JZ 2018, 265 (269).

503 So der vierte Leitsatz in BVerfGE 2, 380.

504 Genannt seien dabei besonders der Verhältnismäßigkeitsgrundsatz, vgl. dazu grundlegend BVerfGE 7, 377 (399 ff.) und die Betonung der „objektiven Werteordnung" der Grundrechte im sog. Lüth-Urteil BVerfGE 7, 189.

geprägt wurde.[505] Im Laufe der Zeit hat sich daraus ein vielschichtiges Schutzkonzept gebildet und es wurden neue Grundrechte, wie das Grundrecht auf informationelle Selbstbestimmung[506] oder das Grundrecht auf Schutz der Vertraulichkeit und Integrität informationstechnischer Systeme,[507] als eigenständige Ausprägungen anerkannt. Dabei sind all diese Entwicklungen nicht unmittelbar aus dem Verfassungstext herauslesbar, sondern entstammen einer sich ständig fortentwickelnden Interpretation des Grundgesetzes.

a. Voraussetzung einer methodengeleiteten Verfassungsinterpretation

Diese Kreation neuer Grundrechte hat jedoch nichts mit freier Rechtsfindung zu tun, sondern fördert letztlich nur einen bereits enthaltenen Schutzgehalt zu Tage, indem der gegebene Verfassungstext konkretisiert wird.[508] Die Interpretation der Verfassung muss dabei einerseits an den Normtext anknüpfen und andererseits die bereits vorhandene, maßgeblich durch das Bundesverfassungsgericht vorgenommene Konkretisierung miteinbeziehen. Eine der rechtswissenschaftlichen Methodenlehre gerecht werdende Verfassungsinterpretation hinsichtlich eines Grundrechts der Gedankenfreiheit hat dabei zahlreiche Voraussetzungen zu erfüllen.

Neben einer im Idealfall historischen Verankerung braucht eine derartige Verfassungsinterpretation vor allem eine Erforderlichkeit hinsichtlich der gegenwärtigen Umstände und die Vereinbarkeit mit den Grundsätzen des Verfassungsstaates.[509] Zudem muss sich aus dem rechtswissenschaftlichen Diskurs die Bewertung ableiten lassen, dass die Verfassungsinterpretation- bzw. die Fortentwicklung der Verfassung den gegenwärtigen Lebensverhältnissen gerecht wird und auf Grund einer Abwägung der betroffenen Interessen für sinnvoll und erforderlich erkannt wird.[510]

Der Schutzbereich der Gedankenfreiheit als Fragmentgrundrecht lässt sich damit wie folgt zusammenfassen: In sachlicher Hinsicht ist die Gedankenfreiheit ein klassisches Freiheitsrecht zum Schutz der menschlichen Gedankenwelt. Der Schutz setzt sich fragmentarisch durch die jeweiligen Teilbereiche der normierten Grundrechte zusammen und füllt gegebene Schutzlücken auf.

---

505 Vgl. *Kunig/Kämmerer*, in: von Münch/Kunig 2021, GG, Art. 2, Rn. 51.
506 BVerfGE 65, 1 (43 ff.).
507 BVerfGE 120, 274 (313 ff.).
508 Vgl. dazu grundlegend: Fn. 33 von *Volkmann* JZ 2018, 265.
509 *Würtenberger*, in: FS Hollerbach 2001, S. 230 f.
510 Ebenda, S. 233 f.

b. Verfassungsinterpretation hinsichtlich eines Grundrechts auf Gedankenfreiheit

Diese Voraussetzungen sind hinsichtlich des Grundrechts auf Gedankenfreiheit allesamt gegeben. Wie im zweiten Kapitel gezeigt werden konnte, hat der historische Verfassungsgeber die letztendliche Nichtnormierung eines eigenständigen Grundrechts auf Gedankenfreiheit unter dem Verständnis erwogen, dass ein Zugriff auf die menschlichen Gedanken nicht möglich und deshalb die Verankerung im Normtext der Verfassung nicht notwendig sei. Gleichzeitig hat er aber damit zum Ausdruck gebracht, dass er den Schutz der Gedankenfreiheit nicht ablehnt, sondern befürwortet, sofern dies tatsächlich notwendig ist.[511]

Ebenso konnte im dritten Kapitel gezeigt werden, dass die menschlichen Gedanken durch Teilbereiche der normierten Grundrechte geschützt werden, sich deren Schutz mit den Verfassungsprinzipien vereinbaren lässt und der aktuelle rechtswissenschaftliche Diskurs diesen Schutz auch anerkennt bzw. als Grundlage der Freiheitsrechte voraussetzt, wenngleich die einzelnen Verortungen divergieren.[512]

Schließlich ergibt die vernünftige Abwägung, dass ein Schutz der menschlichen Gedanken geboten ist, die Gedankenfreiheit sich mit der Kontinuität der Verfassung vereinbaren lässt und durch moderne Entwicklungen auch für erforderlich zu erachten ist.[513]

c. Umsetzung des grundrechtlichen Schutzes der Gedankenfreiheit

Schließlich stellt sich die Frage nach der Umsetzung des Schutzes eines Grundrechts auf Gedankenfreiheit. Dabei bieten sich verschiedene Möglichkeiten an, die erwogen werden können.

Als erste Erwägung kann an eine weiterhin parallele Anwendung der normierten Grundrechte gedacht werden, sodass die geschützten Teilbereiche der Gedankenfreiheit durch die jeweilige Anwendung der entsprechenden Grundrechte bruchstückhaft gewährleistet wird. Man könnte die Gedankenfreiheit aber auch als dem menschlichen Dasein immanent betrachten und gänzlich unter die den Schutz der Menschenwürde stellen.

Beide Ansatzpunkte führen aber zu keinem befriedigenden Ergebnis. Die schlichte Anwendung der einzelnen Grundrechte bietet keinen umfassenden

---

511 Siehe dazu insbesondere Kap. 2: B.III.5.

512 Zu den geschützten Bereichen in den normierten Grundrechten, siehe Kap. 3: B.V.; zur Einordnung im Schrifttum, siehe Kap. 3: B.VI.

513 Dazu Kap. 3: A.II.

Schutz der Gedankenfreiheit, da die jeweiligen Gewährleistungen Schutzlücken aufweisen.[514] Der Menschenwürdeanasatz böte zwar einen umfassenden Schutz, aber erst ab einer bestimmten Eingriffsqualität, sodass niederschwellige Beeinträchtigungen nicht abgedeckt werden können.[515]

Eine weitere Möglichkeit böte die Einordnung der Gedankenfreiheit in das allgemeine Persönlichkeitsrecht mit der Schaffung einer neuen Ausprägung derselben. Die zur Lückenfüllung verwendete Kombination von Art. 2 Abs. 1 und Art. 1 Abs. 1 GG wurde, wie eingangs erwähnt, bereits mehrfach zur Schaffung neuer Gewährleistungsgehalte genutzt. Allerdings zeigt die damit einhergehende Intention der „Lückenfüllung" bereits den Nachteil dieser Variante. Die Gedankenfreiheit ist in Teilaspekten bereits durch die normierten Grundrechte geschützt, sodass durch eine neue APR-Ausprägung nur genau die verbleibenden Lücken abgedeckt werden könnten. Somit wäre zwar ein insgesamt umfassender Schutz erreicht, der sich aber erneut auf die Vielzahl anzuwendender Freiheitsrechte zergliedert.

Dasselbe Problem würde sich stellen, wenn man an die Schaffung eines neuen Kombinationsgrundrechts zum Schutze der Gedankenfreiheit denkt. Die Kombination weiterer Grundrechte miteinander, die über Art. 2 Abs. 1 und Art. 1 Abs. 1 GG hinausgehen, würde die anzuwendenden Grundrechte und Grundrechtskombinationen noch erweitern und letztlich verkomplizieren und unübersichtlicher machen. Die Kombination wiederum aller relevanten Grundrechte miteinander würde keine lückenschließende Funktion mehr wahren und letztlich die Intention der Verfassungsentwicklung durch die Schaffung von Kombinationsgrundrechten ad absurdum führen.[516]

Schließlich bietet sich auf Grund der besonderen Lage im Falle der Gedankenfreiheit die Schaffung einer neuen Grundrechtskategorie an, die als Fragmentgrundrecht bezeichnet werden soll.

d. Der Schutzbereich des Fragmentgrundrechts der Gedankenfreiheit

Nach der bisherigen Untersuchung ist festzustellen, dass ein Grundrecht auf Gedankenfreiheit nicht ausdrücklich im Grundgesetz normiert ist, der Wille des Verfassungsgebers jedoch für einen Schutz der Gedankenfreiheit spricht. Zur Feststellung des Schutzbereichs ist dabei eigentlich ein Rückgriff auf die durch die einzelnen Grundrechte geschützten Teilbereiche notwendig. Spricht

---

514 Dazu Kap. 3: B.V.

515 Siehe Kap. 3: B.V.1.c.

516 Zu Kombinationsgrundrechten, siehe *Augsberg/Augsberg*, AöR 2007. 539.

man also bisher von einem Grundrecht auf Gedankenfreiheit, ist die Summe dieser geschützten Teilbereiche gemeint. Das Grundrecht auf Gedankenfreiheit ist damit kein Grundrecht entsprechend der im Grundrechtskatalog des Grundgesetzes normierten Grundrechte, sondern kann vielmehr auf Grund des segmentierten und unvollständig ausgefüllten Schutzumfangs als Fragmentgrundrecht[517] bezeichnet werden.

Um die Unübersichtlichkeit und weitere Zergliederung der für den Schutz der jeweiligen Teilbereiche heranzuziehenden Grundrechte entgegenzutreten, sollen die einzeln geschützten Grundrechtsgehalte, oder besser Fragmente, von den sie umfassenden normierten Grundrechten entkoppelt werden und zu einem einheitlichen Ganzen kombiniert werden. Das so entstehende Fragmentgrundrecht vereint dann die einzelnen Teilbereiche zu einer Gesamtheit und ermöglicht, dass die verbleibenden Schutzlücken zentral aufgefüllt werden können. Dabei ist gerade keine Schaffung weiterer Kombinationsgrundrechte zur Lückenfüllung erforderlich. Vielmehr bildet das Fragmentgrundrecht der Gedankenfreiheit aus den geschützten Teilen ein, um in der bildhaften Sprache zu bleiben, einheitliches Mosaik, das die Schutzlücken durch geeignete Fugenmasse auffüllt.

Durch diese einheitliche Zusammenziehung und Vervollständigung der durch die normierten Grundrechte geschützten Teilbereiche sowie der prinzipiellen Anerkennung eines Schutzes menschlicher Gedanken ergibt sich ein umfassend schützendes Grundrecht der Gedankenfreiheit, das die ansonsten erforderliche Anwendung einer Vielzahl von Grundrechten erleichtert und einen vollwertigen Schutz ermöglicht. Die vielschichtig denkbaren und womöglich sich erst in Zukunft neu zeigenden Schutzlücken zu füllen bleibt selbstverständlich weiterhin Aufgabe des rechtswissenschaftlichen Diskurses und der Rechtsprechung, insbesondere des Bundesverfassungsgerichts. Die dann erforderlichen Lückenschließungen könnten jedoch unter dem Dach des Fragmentgrundrechts der Gedankenfreiheit verortet und diskutiert werden, wodurch ein umfassender Schutz mit einer einheitlichen Grundrechtsanwendung ermöglicht wird.

In persönlicher Hinsicht ist es ein Jedermannsgrundrecht. In zeitlicher Hinsicht schützt es jedenfalls von Geburt bis zum Tode. Zu klären ist, inwieweit der Schutz bereits vor der Geburt einsetzt und ob, und falls ja, wie lange

---

517 Fragmentgrundrecht: Begriffliche Herleitung über Wortstamm „Fragment" und Abgrenzung zu *Fabers* Sichtweise, dass die Geistes- oder Gedankenfreiheit keine Anknüpfung an normierte Grundrechte habe.

über den Tod hinaus geht. Es ist zudem nur auf natürliche Personen anwendbar. Eine Ausdehnung auf juristische Personen über Art. 19 Abs. 3 GG scheitert an dem starken Menschenwürdebezug der Gedankenfreiheit.

Der persönliche Schutzbereich des Grundrechts der Gedankenfreiheit ist im Vergleich zur sachlichen Ausgestaltung leichter fassbar. Die Gedankenfreiheit muss als Jedermanns-Grundrecht qualifiziert werden. Dies ergibt sich sowohl aus der Nähe zur Menschenwürde, als auch dem Umstand, dass es zahlreiche Schutzbereichsteile in sich vereint, die ebenfalls jedermann offenstehen.[518]

In zeitlicher Hinsicht erstreckt sich deren Schutz jedenfalls von der Geburt bis zum Tod einer Person. Die Ausdehnung über das Ableben des Grundrechtsträgers hinaus ist derzeit nicht anzudenken, da die Fähigkeit des Denkens mit dem Tod endet.[519] Verkörperte Gedankeninhalte oder andere Kodifizierungen unterfallen dann jedenfalls den allgemeinen Regeln, insbesondere die Anwendung des Art. 1 Abs. 1 GG über den Tod hinaus.[520] Insoweit irgendwann eine Lösung des Geistes vom Körper möglich sein sollte und ein denkfähiger Geist über das Ableben der körperlichen Hülle hinaus existiert, wäre eine Ausdehnung des Schutzbereiches der Gedankenfreiheit annehmbar. Dieser Frage sollte man sich allerdings in einer eigenständigen Betrachtung widmen, da dies dann nicht nur für die Gedankenfreiheit von Relevanz wäre, sondern für sämtliche grundrechtlichen Gewährleistungen, sodass dann die Frage der Grundrechtsberechtigung insgesamt neu zu gestalten wäre bzw. dessen Ende durch den Tod einer neuen Definition des Begriffs des Todes bedürfe. Die Anwendung vor der Geburt eines Menschen ist ebenso abhängig von der Denkfähigkeit des ungeborenen Kindes, sodass dies eine Frage der naturwissenschaftlichen Bewertung der Denkfähigkeit des Menschen ist. Der Mensch nimmt damit ab dem Vorhandensein eines Bewusstseins bzw. von Gedankeninhalten an der Gedankenfreiheit teil, was wohl noch vor der Geburt in gewisser Weise der Fall ist.[521]

---

518 Vgl. zur Unterscheidung zwischen Jedemanns- und Deutschengrundrechten etwa *Kingreen/Poscher* 2022, § 5, Rn. 194 ff. (S. 57 ff.).

519 Vgl. *Kingreen/Poscher* 2022, § 5, Rn. 208 (S. 60).

520 Vgl. BVerfGE 30, 173 (194).

521 Vgl. *Heinen*, Die Geburt des Ichs, 29.11.2018, FAZ-Online, online: www.faz.net/aktuell/wissen/wann-setzt-das-menschliche-bewusstsein-ein-15906961.html?printPagedArticle=true#pageIndex_4 (Abruf am 22.11.2023).

Personenmehrheiten und juristische Personen können kollektiv nicht an der Gedankenfreiheit teilnehmen. Dies ergibt sich bereits aus Art. 19 Abs. 3 GG, der die wesensmäßige Anwendbarkeit von Grundrechten in Bezug auf Personenmehrheiten fordert. Dies ist jedenfalls dann ausgeschlossen, wenn das anzuwendende Grundrecht an die natürliche Qualität des Menschen anknüpft.[522] Eine eigenständige Denkfähigkeit von juristischen Personen ist dabei nicht gegeben, sodass Personenmehrheiten sich auch nicht auf die Gedankenfreiheit berufen können.

522 Vgl. *Kingreen/Poscher* 2022, § 5, Rn. 237 ff. (S. 66).

Kapitel 4: Staatliche Eingriffe in die grundrechtlich geschützte Gedankenfreiheit

A. Eine Betrachtung des grundrechtlichen Eingriffsbegriffs

Nachdem dargelegt wurde, dass die Gedankenfreiheit grundrechtlich geschützt ist, soll im Folgenden der Fokus auf den Aspekt des Eingriffs in die Gedankenfreiheit gelegt werden. Die Gedankenfreiheit dient auch, wie im Grunde jedes Freiheitsrecht, dem Menschen als Abwehrrecht gegen den Staat. Daher soll zunächst die Betrachtung der Eingriffsebene auf genau diese Fallkonstellation gerichtet werden. Es stellt sich grundsätzlich die Frage, in welcher Form staatliche Eingriffe in die Gedankenfreiheit vorliegen können. Schließlich spielte bei der Herleitung des Schutzes der Gedankenfreiheit das Argument der Unangreifbarkeit der menschlichen Gedankenwelt eine gewichtige Rolle. Konnte es für die Begründung eines grundrechtlichen Schutzes der Gedankenfreiheit an sich noch durch das Argument einer quasi doppelten Folgenabwägung überwunden werden, ist es für die konsequente Anschlussthematik der in diesem Kapitel behandelten Eingriffe in dieses Grundrecht unabdingbar, umfassend auf mögliche Eingriffsszenarien einzugehen. Dazu soll mit einer kurzen Darstellung des Eingriffsbegriffs begonnen werden. Sodann werden konkret für die Gedankenfreiheit passende Kategorien gebildet, anhand derer eine Einordnung vorhandener höchstrichterlicher Rechtsprechung und wissenschaftlichen Forschungsfeldern vorgenommen werden kann. Aus den daraus gewonnenen Erkenntnissen soll schließlich aufgezeigt werden, in welchen Fällen eine Schutzbereichslücke vorliegt und das Fundament dafür bilden, wie diese sinnvoll zu schließen sind.

I. Klassischer und moderner Eingriffsbegriff als Ausgangspunkt

Der grundrechtliche Eingriffsbegriff ist mittlerweile derart gefestigt, dass hier keine umfangreiche Erörterung dazu notwendig ist. Es bietet sich aber an, für die im Folgenden stattfindende Kategorisierung von Fallgruppen möglicher Eingriffe in die Gedankenfreiheit grundlegende Punkte unter diesem Aspekt vorzuziehen.

1. *Klassischer Eingriffsbegriff*

Eine Gewährleistung der Grundrechte ohne jegliche Eingriffe in deren Schutzbereich kann in der Lebenswirklichkeit nicht stattfinden. Der Staat beschränkt quasi durch jeden Akt der öffentlichen Gewalt die Wahrnehmung der grundrechtlich gewährleisteten Freiheiten in dem von der Verfassung eröffneten Umfang und damit zumindest die allgemeine Handlungsfreiheit aus Art. 2 Abs. 1 GG.[523] Solche Beschränkungen bezeichnet man als Grundrechtseingriff.[524] Dieser definiert sich nach dem klassischen Eingriffsbegriff als ein unmittelbarer, finaler und grundrechtsverkürzenden Rechtsakt, der mit Zwang durchsetzbar ist.[525] Ausgehend von einem liberalen Staatsdenken fasst diese Definition vor allem hoheitliche Ge- bzw. Verbote unter den Begriff des Eingriffs. Dies wird wegen der zahlreicheren Berührungspunkte zwischen Menschen und Staat im sozialen Rechtsstaat als nicht ausreichend, als zu eng angesehen.[526] Um den Wirkungen sämtlichen staatlichen Handelns gerecht zu werden, wird der klassische Eingriffsbegriff daher durch ein modernes Grundrechtsverständnis erweitert.

2. *Moderner Eingriffsbegriff*

Der sog. moderne Eingriffsbegriff, der den klassischen Eingriffsbegriff nicht etwa ersetzen will, weitet diesen aus, indem ein Grundrechtseingriff bereits in jedem staatlichen Handeln liegt, welches ein grundrechtlich geschütztes Verhalten faktisch und mittelbar beeinträchtigt, also auch nur teilweise unmöglich macht.[527] Damit ist ein recht weites Verständnis von staatlichen Eingriffshandeln geschaffen, welches nur noch in Bagatellfällen etc. zu einer Verneinung eines Eingriffs führt.[528]

Das Vorliegen eines Grundrechtseingriffs alleine führt jedoch nicht unmittelbar auch zu einer Verletzung des Grundrechts. Vielmehr ist die Frage nach einer Grundrechtsverletzung auf der Ebene der Rechtfertigung zu entscheiden. Ebenso wenig, wie die Eröffnung des Schutzbereichs eines Grundrechts das geschützte Verhalten uneingeschränkt zulässt, ist ein Eingreifen in den Schutzbereich an

---

523 Ständige Rechtsprechung seit BVerfGE 6, 32 – Elfes.

524 Neben dem Begriff des Eingriffs können synonym auch Schranke, Beschränkung oder Einschränkung von Grundrechten verwendet werden, vgl. *Kingreen/Poscher* 2022, § 5, Rn. 259 f. (S. 71).

525 BVerfGE 105, 279 (300).

526 *Kingreen/Poscher* 2022, § 6, Rn. 330 ff. (S. 87).

527 Ebenda (S. 88); BVerfGE 105, 279 (303).

528 *Kingreen/Poscher* 2022, § 6, Rn. 342 (S. 89).

sich schon grundrechtlich untersagt. Ein Grundrechtseingriff kann durch die Einhaltung bestimmter verfassungsrechtlicher Erfordernisse gerechtfertigt sein, was letztendlich zur Zulässigkeit des eingreifenden staatlichen Handelns führt und den grundrechtlich gewährleisteten Schutz hinter anderen Rechtsgütern von Verfassungsrang zurücktreten lässt.

3. *Bedeutung für das Verhältnis von Eingriff und Rechtfertigung*

Die Erweiterung des Eingriffsbegriffs durch das moderne Verständnis verlagert letztendlich die Frage nach einer Grundrechtsverletzung auf die Ebene der Rechtfertigung und wäre nach dem klassischen Eingriffsbegriff bereits bei der Frage, ob überhaupt ein Grundrechtseingriff vorliegt, zu beantworten. Damit wird einheitlich die Rechtfertigungsebene zum entscheidenden Schauplatz. Obwohl durch diese Ausdehnung des Eingriffsbegriffs die klare Abgrenzung der klassischen Ansicht aufgeweicht wird, bietet sie insgesamt die Möglichkeit, eine umfassende Abwägung auf Rechtfertigungsebene vorzunehmen und dadurch eine möglichst hohe Einzelfallgerechtigkeit zu gewährleisten.[529]

Durch den modernen Eingriffsbegriff ist es zunächst möglich, sämtliche staatlichen Handlungsweisen, z.B. auch mittelbarer Art, unter dem Punkt des Eingriffs in die Gedankenfreiheit zu behandeln.

Für die weitere Erörterung der Eingriffe in die Gedankenfreiheit führt diese Verlagerung aber auch dazu, dass bei der Darstellung der verschiedenen Szenarien keine strenge Trennung zwischen Eingriffs- und Rechtfertigungsebene durchgehalten wird, da formal nach dem modernen Eingriffsbegriff nahezu jedes staatliche Handeln als Eingriff zu qualifizieren ist. Vielmehr werden sowohl die eingriffstypischen Szenarien als auch die sich daraus ergebenden abwägungsrelevante Kriterien en bloc dargestellt. Dabei wird sich jedoch zeigen, dass die Idee hinter dem modernen Eingriffsbegriff, eine umfassende Abwägung im Rahmen der Rechtfertigungsebene vorzunehmen, bei Fällen von Gedankenmanipulation zu einer bedenklichen Wertungsverschiebung führen kann. Indem für nahezu sämtliche Interaktionen mit Grundrechtsträgern die Bejahung eines Eingriffs nach dem modernen Verständnis zu einem Rechtfertigungsdruck führen würde, bedarf es letztlich eines einschränkenden Moments.[530]

529 Vgl. *Voßkuhle* JuS 2007, 429 (429).

530 Dazu Kap. 4: C.I. und IV.

II. Unterscheidung zweier wesentlicher Eingriffsarten: Gedankenlesen und Gedankenmanipulation

Neben dem klassischen und modernen Eingriffsbegriff stellt sich bei der Gedankenfreiheit nun die grundsätzliche Frage, ob überhaupt ein Eingriff darin möglich ist. Wie beschrieben, ist dies durch die weite Auslegung durch den modernen Eingriffsbegriff in jeder Verkürzung des Schutzbereichs der Gedankenfreiheit zu sehen. Nichtsdestotrotz bereitet es zunächst Schwierigkeiten, die Vorstellung eines Eingriffs in die Gedankenfreiheit zu beschreiben. Problematisch erscheint vor allem, dass die Gedanken ja im Inneren, also im Kopf des Menschen beheimatet sind und damit per se erstmal nicht für die Außenwelt greifbar erscheinen. Dieser voreiligen Annahme entgegenzuwirken und die verschiedenen Eingriffsszenarien sinnhaft zu ordnen, dient die Bildung der folgenden zwei Fallgruppen. Dabei lässt sich die kurze Überlegung *Dalakouras*, der Eingriffe in die Gedankenfreiheit einerseits in die Ausforschung der Gedanken und andererseits der Beeinflussung von Denkvorgängen beschreibt, fruchtbar machen und weiter ausbauen.[531]

1. Gedankenlesen

Zu Beginn der weiteren Präzisierung bietet sich ein kurzes Gedankenexperiment an. Wie würde man sich einen Eingriff in die menschliche Gedankenwelt vorstellen, ließe man alle Zweifel oder sogar naturwissenschaftliche und medizinische Erkenntnisse zur realen Möglichkeit zunächst einmal außer Acht? Die reinste Form eines Eingriffs wäre wohl das Gedankenlesen, also die Fähigkeit, die menschlichen Gedanken buchstäblich aus dem Kopf des Gegenübers unmittelbar zu erfassen oder eben zu lesen, wie in einem Buch – mit anderen Worten, der direkte Blick in eine fremde Gedankenwelt. Würde das durch den Staat praktiziert und fände es gegen den Willen des „Gelesenen" statt, läge zweifelsfrei ein Eingriff in dessen Gedankenfreiheit vor. Nun muss man allerdings davon ausgehen, dass eine solche Reinform dessen, was man sich unter einem Gedankenlesen vorstellt, nicht bzw. noch nicht möglich ist.[532] Die naheliegendste und zweifelsfrei mögliche, da von uns allen praktizierte Form des vereinfacht ausgedrückt „In-Erfahrung-Bringens" der Gedanken eines anderen Menschen ist das Erfassen dessen Äußerungen, sei es in Form des gesprochenen oder geschriebenen Wortes bzw. irgendeiner anderen Ausdrucksform. Dies ist jedoch

531 *Dalakouras* 1988, S. 88.

532 Siehe Kap. 1: D.II und III.

grundsätzlich erstmal nur mit dem Willen des sich Äußernden möglich, die Fälle einer erzwungenen Äußerung einmal außer Acht gelassen.[533] Dadurch handelt es sich strenggenommen auch nicht mehr um Gedanken als solche, sondern um Äußerungen, die einem eigenen Regelungssystem unterworfen sind und etwa direkt durch Art. 5 GG geschützt sind. Der Bereich zwischen dem unmittelbaren Einblick in fremde Gedankenwelten und dem Stadium bereits entäußerter Gedanken, gibt es dennoch Szenarien, die fremde Gedanken ungewollt offenbaren. Diese bilden den Anwendungsbereich der Fallgruppe des Gedankenlesens, das sich im Kern als eine Kenntnisnahme der Gedanken eines Menschen ohne oder gegen dessen Willen definieren und synonym als Gedankenüberwachung und Gedankenspionage bezeichnen lässt.[534]

2. Gedankenmanipulation

Neben der eben beschriebenen Fallgruppe des Gedankenlesens ist eine weitere Eingriffskategorie zu definieren. Anstelle der Kenntnisnahme fremder Gedanken kann ein Eingriff ebenfalls darin liegen, fremde Gedanken zu manipulieren. Zum Begriff der Manipulation kann die vom Bundesverfassungsgericht selbst herangezogene Darstellung als Grundlage verwendet werden:

> Mit den Begriffen „Manipulation" und „Manipulieren" wird nicht nur entsprechend dem allgemeinen Sprachgebrauch die Vorstellung einer Beeinflussung von Menschen durch andere verbunden. Durch den Gebrauch dieser Wörter wird vielmehr auch der Gedanke des Lenkens und Steuerns von Menschen ohne oder gegen ihren Willen, ihrer Benutzung als Objekt und des Sichverschaffens von Vorteilen auf betrügerische oder scheinlegale Weise zum Ausdruck gebracht (vgl. die Stichworte „Manipulation" und „manipulieren" in: Brockhaus-Enzyklopädie, 19. Aufl., Bd. 27, 1995, S. 2191; Duden, Das große Wörterbuch der deutschen Sprache, 3. Aufl., Bd. 6, 1999, S. 2505 f.; Duden, Das große Fremdwörterbuch, 2. Aufl. 2000, S. 837).[535]

Die Gedankenmanipulation umfasst Fälle, in denen die autonome Bildung von Gedanken unzulässig beeinflusst wird, bestehende Gedanken verändert oder unterdrückt bzw. gelöscht werden. Selbstverständlich treten dieser Kategorie dieselben Bedenken wie der des Gedankenlesens gegenüber. Fremde Gedanken in einer derart direkten Form, also unmittelbar zu kontrollieren bzw. zu manipulieren, scheint derzeit ebenfalls nicht möglich. Dennoch gibt es Situationen,

---

533 Siehe zu den erzwungenen Äußerungen die Besprechung der Folter iRd. Art. 1 GG unter Kap. 3: B.V.1.b.(1).

534 Siehe dazu sogleich unter Kap. 4: B.

535 So in BVerfGE 105, 279 (299).

die letztendlich dieser imaginären Reinform der Gedankenmanipulation derart nahekommen, dass bereits darin ein Eingriff in die Gedankenfreiheit zu sehen ist. Auch hier bedarf es einer Darstellung möglichst sämtlicher unter diese Kategorie fassbaren Fälle. Dies erfolgt im weiteren Verlauf dieses Kapitels. Anstelle der Gedankenmanipulation kann diese Kategorie synonym als Gedankensabotage bzw. -steuerung bezeichnet werden.

3. Wesentlicher Unterschied zwischen dem Gedankenlesen und der Gedankenmanipulation

Nachdem die beiden Kategorien von Eingriffen in die Gedankenfreiheit, das Gedankenlesen einerseits und andererseits die Gedankenmanipulation, kurz dargestellt wurden, soll der wesentliche Unterschied in der Eingriffsintensität dieser beiden Kategorien herausgestellt und dadurch nicht zuletzt die Notwendigkeit dieser Unterscheidung bekräftigt werden. Das Gedankenlesen stellt als Eingriffshandlung in der Regel einen prägnanten Moment dar. Die Kenntnisnahme von Gedankengängen gegen oder ohne den Willen des betroffenen Menschen ist ein direkter Eingriff. Dagegen ist die Gedankenmanipulation nicht immer derart auf einen Zeitpunkt festzulegen. Vielmehr tritt diese als Prozess auf, der sich über eine gewisse Zeitspanne erstrecken kann. Dabei fällt es deutlich schwieriger zu beurteilen, ob und wann die Gedankengänge unzulässig beeinflusst wurden. Deshalb bietet sich an, in einem ersten Schritt die beiden Eingriffsszenarien zu unterscheiden und so bereits im Vorgang eine konkrete Befassung des Einzelfalls anhand der kategorisierten Eingriffslage vornehmen zu können.

B. Staatliche Eingriffe in Form des Gedankenlesens

Gedankenlesen in Reinform, als direkter Blick in eine fremde Gedankenwelt, ist wie gesagt nicht möglich. Dennoch gibt es Situationen, die einem solchen Blick derart nahekommen, dass sie unter diesem Abschnitt zu behandeln sind. Dabei werden zunächst höchstrichterlich entschiedene Fälle betrachtet und deren Wertungen in die Systematik der Gedankenfreiheit eingeordnet. Sodann wird auf noch nicht gerichtlich entschiedene, aber in der Wirkweise vergleichbare Situationen Bezug genommen und anhand der gefundenen Wertungen beurteilt.

I. Der Lügendetektor

Das staatliche Interesse an den Blick in den Kopf seiner Bürger ist bereits früh in der Geschichte der Bundesrepublik im Einsatz der Lügendetektion gemündet.

Gerade in Strafverfahren ist die Idee, die Aussagen der Beteiligten auf dessen Wahrheitsgehalt hin zu untersuchen, derart verlockend, dass es zur Verwendung von sogenannten Lügendetektoren gekommen ist, was zu mehreren höchstrichterlichen Entscheidungen zu dieser Technologie geführt hat.

1. Grundsätzliche Einordnung des Lügendetektors

Bevor diese Entscheidungen genauer betrachtet werden, ist es erforderlich zu erläutern, was unter der Lügendetektion, in der durch die Gerichte beurteilten Form, zu verstehen ist. Zunächst kann festgestellt werden, dass ein Lügendetektor keinen unmittelbaren Blick in die Gedankenwelt des Untersuchten zulässt. Vielmehr wird die Lügendetektion als psychophysiologisches Verfahren bewertet.[536] Das bedeutet, dass verschiedene physische Parameter gemessen und diese dann zur Beurteilung des Wahrheitsgehalts einer Aussage herangezogen werden. Die verschiedenen Varianten von Lügendetektoren sind etwa die Polygraphie,[537] die Phallographie[538] sowie Stimmuntersuchungen,[539] wobei der polygraphische Lügendetektor aus rechtswissenschaftlicher Sicht die bekannteste Anwendung darstellt, zumal sich die Rechtsprechung konkret mit dieser Form psychophysiologisches Verfahren beschäftigt hat und daher sich die Untersuchung im weiteren Verlauf auch auf die Lügendetektion konzentriert.

Der Polygraph ist, so formulierte es der Bundesgerichtshof prägnant, ein „technisches Gerät, das mittels Sensoren auf ‚mehreren Kanälen' körperliche Vorgänge misst, die der direkten willentlichen Kontrolle des Untersuchten weitgehend entzogen sind."[540] Dieses Messverfahren wurde ursprünglich zu Beginn des zwanzigsten Jahrhunderts entwickelt. Die Idee basiert auf den Abhandlungen von *Carl Gustav Jung* und *Max Wertheimer* über die mögliche Nutzung physiopsychologischer Verfahren zur Wahrheitsfindung im kriminalistischen Kontext.[541] Sowohl der US-Amerikaner *William Moulton Marston* als auch der Italiener *Vittorio Benussi* experimentierten nahezu zeitgleich an vergleichbaren technischen Messverfahren, die zur Lügendetektion genutzt werden konnten.[542] Vor allem *Marston* propagierte seine Fortschritte öffentlichkeitswirksam

536 Lügendetektion als psychophysiologisches Verfahren *Schneider* 2010, S. 14 f., 61.
537 Vgl. *Schneider* 2010, S. 15 ff.
538 Vgl. ebenda, S. 21 f.
539 Vgl. ebenda, S. 22 f.
540 BGHSt 44, 308 (313).
541 Vgl. *Schneider* 2010, S. 15.
542 Vgl. *Schleim* 2007, S. 22 ff.; *Schneider* 2010, S. 15.

und erzielte dabei die deutlich größere Reichweite von den beiden.[543] Im Prinzip werden bei der Polygraphie physische Begleiterscheinungen im Zeitpunkt einer Äußerung gemessen und daran der Wahrheitsgehalt der zeitgleich erfolgten Aussage bewertet. Dabei dienen verschiedene Parameter, unter anderem der Blutdruck, die Atem- und Herzfrequenz und die Hautleitfähigkeit der angeschlossenen Person als Bewertungsgrundlage.[544] Das Verfahren in seiner ursprünglichen Form war jedoch sehr experimentell gestaltet und dementsprechend wenig zuverlässig. Im weiteren Verlauf wurde es jedoch weiterentwickelt bis hin zu zwei standardisierten Verfahren, dem Kontrollfragentest und dem Tatwissentest.

a. Der Kontrollfragentest

A. Beim Kontrollfragentest[545] werden den Untersuchten drei Gruppen von geschlossenen, also jeweils mit „Ja" bzw. „Nein" beantwortbaren Fragen gestellt. Die entscheidende Gruppe bilden dabei die tatrelevanten Fragen, die, so die funktionsrelevante Ausgangshypothese dieses Testverfahrens, nur beim Täter einen erkennbaren Ausschlag der Messwerte verursachen sollen. Daneben gibt es zwei Gruppen von Kontrollfragen. In einer werden stark emotionalisierte Fragen gestellt, die bei allen untersuchten Personen einen erhöhten Ausschlag verursachen sollen. In der anderen Gruppe werden hingegen belanglose Fragen gestellt, die bei niemanden der Testpersonen einen erhöhten Ausschlag auslösen sollen. Dabei wird angenommen, dass der Täter bei den tatrelevanten Fragen stärker reagiert als unbeteiligte Dritte, da dieser eine größere Angst hat, überführt zu werden. Diese für die Richtigkeit

---

543 Vgl. *Schleim* 2007, S. 23 f.; *Schneider* 2010, S. 15, Fn. 55 mit Hinweis und Link auf die veröffentlichte FBI-Akte Marstons.

544 So die Aufzählung der gängigen Messparameter des Polygraphen erläutert durch den BGH in seinem Urteil vom 17.12.1998 – 1 Str. 156/98, BGHSt 44, 308 (313 ff.), wobei daneben noch auf eine gelegentliche Erweiterung der Messparameter um die Muskelspannung und Oberflächentemperatur des Körpers hingewiesen wird.

545 Die folgende Darstellung des Kontrollfragentests ist in der Kürze der Schilderung stark vereinfacht, reicht jedoch für das in diesem Kontext notwendige Grundverständnis des Testverfahrens aus; darüber hinaus vgl. zum Ablauf, vor allem der genauen Auswertung der Ergebnisse mittels eines numerischen Punktwertsystems, auch die Beschreibung des BGH, BGHSt 44, 308 (313 ff.), mit weiteren Verweisen auch auf fachspezifische Abhandlungen aus der Fachrichtung der Psychologie; ebenfalls ausführlich auch mit diversen Ergänzungsoptionen, vgl. *Schneider* 2010, S. 17 ff.; *Schleim* 2007, S. 26 f.; *Putzke/Scheinfeld/Klein/Undeutsch* ZStW 2009, 607 (613 ff.)

der Testergebnisse notwendige Grundannahme ist gleichzeitig der größte Kritikpunkt des Kontrollfragentests. Die getesteten Personen müssen zum einen von der Funktionsfähigkeit des Tests überzeugt sein, zum anderen muss es ihnen grundsätzlich unangenehm sein, im Sinne sich körperlich auswirkender Symptome möglicherweise beim Lügen erwischt zu werden. Diese Abhängigkeit von den subjektiven Eigenheiten der getesteten Personen, die Interpretation der Ergebnisse entsprechend berücksichtigt werden müssten, macht dieses Verfahren daher ebenfalls wenig zuverlässig.[546]

b. Der Tatwissentest

Der Tatwissentest[547] wurde als Alternative zum Kontrollfragentest entwickelt und nutzt einen objektiveren Ansatz. Den Ausgangspunkt bildet die Erkenntnis, dass das menschliche Gehirn auf Bekanntes stärker reagiert als auf Unbekanntes, womit polygraphisch messbare körperliche Veränderungen einhergehen. Dieser Umstand wird in diesem Test genutzt, indem der untersuchten Person spezifische, ebenfalls mit „Ja“ oder „Nein“ zu beantwortenden Fragen zur Tat in mehreren Varianten gestellt werden. Etwa beim Diebstahl einer Geldbörse nach deren Farbe: „War die Geldbörse schwarz?“, „War die Geldbörse braun?“ usw.; nach dem Ort des Diebstahls, Merkmalen des Opfers, etc. Diese Fragen können grundsätzlich nur von Personen zutreffend beantworten werden, die in Zusammenhang mit der Tat stehen. Auf eine Beantwortung der Fragen kommt es dabei aber gar nicht an; es reicht, dass die Fragen gestellt werden, denn die Reaktion auf die diese Form der Messung gerichtet ist, tritt bereits beim Vernehmen der Frage auf. Erhöhte Messwerte deuten dann darauf hin, dass sich die Person an die zutreffenden Umstände erinnert, wenn die entsprechende Frage gestellt wird. Kritisch daran ist zum einen, dass auch unbeteiligte Dritte durch andere Quellen Wissen über tatrelevante Umstände haben können und damit ebenfalls einen Messausschlag verursachen, zum anderen beeinflusst die Zeit zwischen Tat und Messung diesen Erinnerungseffekt.[548]

---

546 Vgl. umfassend *Putzke/Scheinfeld/Klein/Undeutsch*, ZStW 2009, 607 (616 ff.)

547 Auch für den Tatwissenstest gilt das für den Kontrollfragentest bereits Gesagte, wobei sich die Beschreibung des BGH dazu im Vergleich recht kurzfasst; detailliert ebenfalls, *Schneider* 2010, S. 20 f.; *Schleim* 2007, S. 28 f.; *Putzke/Scheinfeld/Klein/Undeutsch* ZStW 2009, 607 (612 f.).

548 Die für einen belastbaren Tatwissentest erforderliche Situation der Uninformiertheit des Getesteten über den Stand der Ermittlungen ist nach Wegner in der Praxis zum einen durch Medienberichten über spektakuläre Fälle, aber vor allem auch durch die Informationspflichten der StPO (vgl. § 136 StPO) nicht herstellbar, vgl. *Wegner* 1981,

c. *Polygraphie als Form des Gedankenlesens?*

Die Polygraphie weist in beiden Varianten Schwächen auf, sodass sie nachweislich nur zwischen 70 % und 85 % der Fälle für zutreffende Ergebnisse sorgt.[549] Darüber hinaus gibt es gewisse „Überlistungsstrategien", die diese Quote weiter senken.[550] Diese Verfahren sind damit weit von einer Form des Gedankenlesens entfernt, vielmehr handelt es sich um ein Messverfahren körperlicher Reaktionen, wobei ein großer Anteil am Ergebnis in der Interpretation der Messergebnisse liegt und zu einer entsprechenden Erfolgsrate führt.

Wieso sollte man sich dann aber im Hinblick auf Erkenntnisse zur Eingriffskategorie des Gedankenlesens weiter mit der Polygraphie befassen? Die Antwort liegt schlicht in den im Folgenden untersuchten Urteilen selbst. Die Richter haben darin klargestellt, dass die Entscheidungsgründe nicht von der Funktionsfähigkeit des Testverfahrens selbst abhängen, sondern diese als gegeben zu Grunde gelegt wird bzw. zumindest Überlegungen unter dieser Maßgabe angestellt, dass die Polygraphie tatsächlich einen Einblick in die Gedankenwelt des Untersuchten ermöglicht.

Darüber hinaus ist anzumerken, dass die Lügendetektion in einigen Ländern, darunter Teile der USA und Japan, Polen und Belgien, ein praktiziertes Verfahren bei der Aufklärung von Straftaten darstellt.[551] Auch in Deutschland wird die Polygraphie vor Gericht, wie Urteile zeigen, in vereinzelten Fällen eingesetzt, obwohl dies nach Maßgabe der Rechtsprechung des Bundesgerichtshofs und des Bundesverfassungsgerichts im Strafverfahren jedenfalls nur zulässig ist, wenn die Funktionsfähigkeit der Methode der Lügendetektion gegeben ist.[552] Wohl deshalb findet die Polygraphie fast ausschließlich in der Familiengerichtsbarkeit ihre Anwendung.[553] Das Amtsgericht Bautzen hat jedoch eine polygraphische

---

S. 13; ebenso kritisch, jedoch nicht spezifisch zum Tatwissentest, sondern allgemein zu der praxisferne Testsituation zur Belastbarkeit der Polygraphie auch *Frister* ZStW 1994, 303.

549 *Schleim* 2007, S. 29 m.w.N.; zudem hängt die Erfolgsrate etwa vom Anteil der Schuldigen in der untersuchten Gruppe ab.

550 Z.B. sich Schmerzen zufügen, aufregende Gedanken machen, Meditation und sog. Biofeedback-Training, vgl. *Schleim* 2007, S. 29 f.

551 Vgl. ebenda, S. 30; zum Einsatz in den USA auch *Schneider* 2010, S. 76 ff.; siehe auch jüngst das AG Schwäbisch Hall mit Beschluss vom 28.07.2022 – 2 F 88/21, online: www.openjur.de/u/2450894.html (Abruf am: 22.11.2023).

552 Vgl. dazu Kap. 4: B.I.2.

553 Etwa OLG Bamberg, Beschluss vom 14.03.1995 – 7WF 122/94; OLG München, Beschluss vom 25.11.1998 – 12 UF 1147/98; OLG Dresden, Beschluss vom

Untersuchung aus einer vorangegangenen Familiensache in einem späteren Strafverfahren über den Vorwurf der Vergewaltigung verwertet und seinen Freispruch unter anderem darauf gestützt.[554]

2. Die Rechtsprechung zur Polygraphie in Deutschland

a. BGH, Urteil vom 16. Februar 1954 – 1 StR 578/53[555]

Der 1. Strafsenat des Bundesgerichtshofs fällte am 16. Februar 1954 sein erstes maßgebliches Urteil zur Verwendung des Polygraphen als Beweismittel im Strafverfahren.

(1) Gegenstand der Entscheidung

Die Ausgangslage bildete das Urteil des Landgerichts Zweibrücken, welches den Mitarbeiter einer Genossenschaft wegen Untreue in Tateinheit mit Unterschlagung und wegen des Vortäuschens einer Straftat schuldig sprach. Dieser habe 5.760 DM der Genossenschaft unterschlagen und zur Verdeckung seiner Tat einen Einbruch in den Kassenschrank vorgetäuscht. Als Beweismittel diente dem Gericht die Untersuchung des Angeklagten mit dem Polygraphen, welche durch einen US-amerikanischen Gutachter durchgeführt worden ist. In seiner Revision richtete sich der Angeklagte gegen die Verwertung der daraus gewonnenen Erkenntnisse. Der Bundesgerichtshof erklärte die Verwendung eines Polygraphen-Tests als Beweismittel in Strafverfahren für generell unzulässig und hob das Ausgangsurteil auf.[556]

(2) Entscheidungsgründe

Zunächst stellte der Bundesgerichtshof fest, dass die Unzulässigkeit des Lügendetektors weder von einer generellen Brauchbarkeit der Erkenntnisse zur gerichtlichen Wahrheitsfindung, noch von der wissenschaftlichen Richtigkeit und Verlässlichkeit abhängen.[557] Damit stellt der BGH klar, dass diese generelle

---

14.05.2013 – 21 UF 787/12; AG Schwäbisch Hall mit Beschluss vom 28.07.2022 – 2 F 88/21.

554 AG Bautzen, Urteil vom 26.03.2013, Az.: 40 Ls 330 Js 6351/12 und erneut das AG Bautzen mit Urteil vom 26.10.2017 – 42 Ds 610 Js 411/15.

555 BGHSt 5, 332.

556 Vgl. *Schneider* 2010, S. 62.

557 BGHSt 5, 332 (333); die damit aufgestellte Funktionshypothese erleichtert die Anwendung dieser Grundsätze auch auf weiterentwickelte Verfahren.

Unzulässigkeit auch dann besteht, wenn wissenschaftlich bewiesen wäre, dass die Polygraphie hundertprozentig funktionieren würde.

Letztlich entscheidend für die Unzulässigkeit ist die in Art. 1 Abs. 1 GG normierte Menschenwürde. Diese steht selbstverständlich auch einem Beschuldigten zu und werde durch das Verbot des § 136a StPO dahingehend konkretisiert, dass dessen freie Willensbildung und -entschließung hinsichtlich sämtlicher Einlassungen zu gewährleisten ist. Der Polygraphen-Test bietet jedoch, dessen Funktionsfähigkeit unterstellt, anders als bei einer üblichen Vernehmung, einen „Einblick in die Seele des Beschuldigten", wodurch eben diese Willensbildung- und -entschließung verletzt und die Polygraphie damit unzulässig ist.[558]

Der Bundesgerichtshof leitet damit aus der Menschenwürde einen „lebensnotwendige(n) und unverzichtbare(n) seelische(n) Eigenraum" ab, der „zur Erhaltung und Entwicklung der Persönlichkeit gehört" und sogar „unverzichtbar" ist.[559]

(3) Stellungnahme

Hervorzuheben ist dabei zum einen, dass ein grundrechtlich geschützter seelischer Eigenraum definiert wurde, der der menschlichen Gedankenwelt und damit einem Grundrecht auf Gedankenfreiheit ziemlich nahekommt. Das Gericht formulierte, dass dieser über Art. 1 Abs. 1 GG absolut gewährleistet werde und damit unverzichtbar sei, was erstmal nur so festgehalten werden soll, worauf aber noch zurückzukommen ist.[560]

Zudem wird eine maßgebliche Abgrenzung zwischen der Nutzung des Lügendetektors und einer gewöhnlichen Verhörsituation getroffen. Ein diskutabler Einwand ist, dass auch bei einem Verhör nicht nur das reine gesprochene Wort, sondern auch Gestik, Mimik, Stimmlage und sonstige Gegebenheiten in die Bewertung der Aussage miteinbezogen werden. Der Polygraph stellt eigentlich nur eine weitere Möglichkeit zur Sichtbarmachung der grundsätzlich ohnehin berücksichtigten Kriterien dar. Jedoch erweitert er die Wahrnehmungsfähigkeit in einer Weise, die über das Maß eines „normalen" Gesprächs hinausgehen und ohne den Lügendetektor nicht möglich wäre.[561] Genau das ist für den BGH in

558 BGHSt 5, 332 (335).

559 BGHSt 5, 332 (335).

560 Dazu die Behandlung der Urteile des BVerfG und BGH zur Möglichkeit der Einvernehmlichen Lügendetektoruntersuchung zur Entlastung eines Angeklagten unter Kap. 4: B.I.2.b. und c.

561 BGHSt 5, 332 (335).

dieser Entscheidung ein wesentliches Merkmal für die Unzulässigkeit der Polygraphie. Er macht einen Unterschied zwischen den „groben Sinneseindrücken des täglichen Lebens“, die jedermann ohne weiteres zur Verfügung stehen, und der Nutzung einer technischen Erweiterung, die auch unbewusste und ansonsten verborgenen körperlichen Vorgänge wahrnehmbar bzw. nutzbar macht.[562]

Damit wird letztendlich eine auf menschliche Fähigkeiten reduzierte Waffengleichheit für die am Strafprozess beteiligten Personen postuliert. Diese entspringt der Menschenwürde und ist daher nicht nur auf die Situation des Strafprozesses beschränkt. So bildet sie ebenfalls eine geeignete Trennlinie zur Feststellung eines Eingriffs in die Gedankenfreiheit. Die Nutzung technischer Hilfsmittel zur Wahrnehmung ansonsten verborgener menschlicher Ausdrucksformen, die Rückschlüsse auf innere geistige Vorgänge zulassen, stellt bereits einen Eingriff in die Gedankenfreiheit dar. Durch die Betrachtungsweise des BGH, die nicht ausschließlich auf den Polygraphen zugeschnitten ist, gelten diese Erwägungen für sämtliche Formen der Lügendetektion und auch weitergehende Möglichkeiten hypothetisch bis hin zu einem „echten“ Gedankenlesen.

Darüber hinaus begründet der BGH die Unzulässigkeit speziell des Polygraphen mit einer Reihe möglicher Fehlerquellen, etwa der nicht hinreichend bewiesenen Zuverlässigkeit der Testergebnisse des Verfahrens an sich sowie der fehlenden Überprüfung der Qualifikation des Testers, technischer Fehler in der Durchführung der konkreten Testung und des verwendeten Gerätes und entsprach mit diesen Bedenken einer breiten Ansicht im Schrifttum.[563] Auf diese Aspekte braucht jedoch nicht weiter eingegangen werden, da dies eine spezielle Frage der Verwertbarkeit im Strafprozess darstellt, jedes Verfahren vor einer Verwendung hinreichend wissenschaftlich bestätigt sein muss und durch die aufgestellte Funktionshypothese in Bezug auf die Gedankenfreiheit irrelevant ist.

b. BVerfG, Beschluss vom 18. August 1981 – 2 BvR 166/81[564]

Knapp drei Jahrzehnte nach der maßgeblichen Entscheidung des Bundesgerichtshofes befasste sich auch das Bundesverfassungsgericht, jedoch unter umgekehrten Vorzeichen, mit der Polygraphie.

562 BGHSt 5, 332 (336).
563 BGHSt 5, 332 (336 f.).
564 BGH NJW 1982, 375.

(1) Gegenstand der Entscheidung

In diesem Fall legte ein wegen Mordes Verurteilter Verfassungsbeschwerde gegen die Nichtzulassung des Polygraphen-Tests in seinem Strafverfahren ein. Er sah darin die einzige Möglichkeit, seine Unschuld zu beweisen. Das Bundesverfassungsgericht lehnte die Annahme der Beschwerde jedoch durch Beschluss ab. Dabei bediente es sich einer im Wesentlichen der Begründung des Bundesgerichtshofs entsprechenden Argumentation, stützt sich dabei aber auf eine Verletzung des allgemeinen Persönlichkeitsrechts aus Art. 2 Abs. 1 i.V.m. Art. 1 Abs. 1 GG.

(2) Kein Widerspruch zu BGH, Urteil vom 16. Februar 1954 – 1 StR 578/53

Nun könnte man darin einen Widerspruch zur Entscheidung des Bundesgerichtshofs sehen, weil dieser die Unzulässigkeit der Polygraphie im Strafprozess rein auf die Menschenwürde gestützt hat. Dem ist jedoch nicht so, da das allgemeine Persönlichkeitsrecht zum Zeitpunkt der Entscheidung des BGH noch nicht aus den normierten Grundrechten hergeleitet wurde. Dies geschah erstmals zwar ebenfalls durch den BGH, jedoch erst in seiner Entscheidung vom 15. Mai 1954 bei der Definition eines über das Deliktsrecht absolut geschützten Rechtsguts der Persönlichkeit im Falle der Veröffentlichung von Briefen ohne die Zustimmung des Verfassers.[565] Im weiteren Verlauf der Rechtsprechung wurde dieses neu extrahierte allgemeine Persönlichkeitsrecht durch die Gerichte, maßgeblich durch das Bundesverfassungsgericht, in zahlreichen Entscheidungen konkretisiert und weiter ausgestaltet. Somit ist in der Entscheidung des Bundesverfassungsgerichts kein Abweichen von der Linie der zuvor durch den Bundesgerichtshof getroffenen Entscheidung zu sehen, sondern eine konsequente Weiterführung dieses Ansatzes und damit faktisch eine Bestätigung dieser ersten maßgeblichen Entscheidung unter Berücksichtigung der „neuen" durch das APR.

(3) Entscheidungsgründe

Das Bundesverfassungsgericht erachtet die Polygraphie ebenfalls als generell unzulässig, jedoch unterscheidet es sich bei der Begründung in einem Punkt zur

565 BGHZ 13, 334; dieses Urteil wird als Ursprung der gerichtlichen Anerkennung eines grundrechtlich geschützten allgemeinen Persönlichkeitsrechts interpretiert, vgl. nur *Tacke* 2009, S. 60.

vormaligen Entscheidung des Bundesgerichtshofs. Hat der Bundesgerichtshof die Absolutheit der Unzulässigkeit durch einen Eingriff in die Menschenwürde begründet, lässt das Bundesverfassungsgericht in seiner Entscheidung offen, ob die Unzulässigkeit durch den Eingriff in das allgemeine Persönlichkeitsrecht auf einer Verletzung des Kernbereichs der Persönlichkeit, also einer Verletzung des im APR enthaltenen Menschenwürdegehalt beruht und damit gar nicht gerechtfertigt werden kann oder auf einer weniger intensiven Eingriffsstufe, wodurch eine Rechtfertigung grundsätzlich möglich wäre, im konkreten Fall jedoch mangels eines Überwiegens entgegenstehender Interessen nicht gerechtfertigt ist.[566] Für letzteren Fall führt das Bundesverfassungsgericht noch aus, dass dennoch keine wirksame Einwilligung zur Durchführung eines Polygraphen-Tests gegeben werden könne, weil der Betroffene faktisch keine Wahlfreiheit hätte und er dadurch gezwungen sei, diesen letzten Rettungsanker zu ergreifen, um seine Unschuld damit zu beweisen.[567]

(4) Reaktionen des Schrifttums

Gerade diese Ansicht stößt in der Literatur auf gehörigen Widerstand. *Schwabe* sieht die Linie des Bundesverfassungsgerichts besonders kritisch, da seinen Ausführungen nach der Schutz der Menschenwürde eines unschuldigen Angeklagten im Extremfall zu dessen lebenslanger Verurteilung führen könnte und schreibt: „Absurder geht es kaum noch."[568] Dabei rügt er vor allem die einseitige, nur zur Überführung eines Schuldigen dienende Betrachtung der Lügendetektion des Bundesverfassungsgerichts und die deswegen nicht oder nur knapp angestellten Überlegungen. Neben Fragen der Wirkung von Grundrechten zwischen Privaten[569] stellt *Schwabe* die Frage, ab wann ein Grundrechtseingriff vorliegt und wie sich die Einwilligung des Grundrechtsträgers darauf auswirkt. Er sieht die Einwilligung in einen Entlastungsbeweis und damit auch in einen Polygraphen-Test als möglich an. Entscheidend für die Wirksamkeit einer Einwilligung ist danach deren Freiwilligkeit.[570] Nach Ansicht des Bundesverfassungsgerichts fehlt diese in der konkreten Konstellation, da ein Angeklagter gezwungen sei einzuwilligen, um seine Unschuld zu beweisen. *Schwabe*

566 BGH NJW 1982, 375.
567 BGH NJW 1982, 375.
568 *Schwabe* NJW 1982, 367 (367).
569 Im konkreten Fall sollte die Polygraphentestung durch einen privaten Tester vorgenommen werden, wodurch die Frage der Drittwirkung der Grundrechte relevant wird.
570 So auch ausdrücklich das BVerfG in der Entscheidung.

vergleicht dies mit anderen Möglichkeiten, etwa der Einwilligung in eine Blutentnahme zum Beweis der Unschuld und stellt fest, dass nach Meinung des Bundesverfassungsgerichts jegliche Zustimmung zu derartigen Entlastungsmöglichkeiten unzulässig wäre.

Amelung, der die Dispositionsfreiheit als gegeben sieht, bestreitet eine gewisse Zwangswirkung zur Verwendung eines Polygraphentests nicht. Allerdings weist er auf zahlreiche vergleichbare Zustimmungserklärungen, die unter einem gewissen staatlichen Druck stattfinden, hin. Er sieht dies nicht als Ausschlusskriterium, sondern bezeichnet diesen Umstand als „eingriffsmildernde Einwilligung“, die dann wirksam ist, wenn kein Druck über den situationsbedingt durch ein Strafverfahren gegebenen hinaus auf den Einwilligenden wirkt und die durch die Einwilligung zugelassene Maßnahme auch insgesamt tauglich ist.[571]

Klimke argumentierte bei derselben Frage bereits vor der Entscheidung des Bundesverfassungsgerichts entsprechend und vergleicht die Situation der Einwilligung in einen Polygraphen-Test mit der einer Einlassung oder dem Schweigen des Angeklagten und stellt fest, dass in beiden Fällen kein moralischer Druck zur Einlassung bzw. Einwilligung besteht, da daraus keinerlei verwertbare Schlüsse über die Frage der Schuld des Angeklagten gezogen werden dürfen.[572] Weiter analysiert er die Frage der Einwilligung unter der die Grundrechtspositionen des Beschuldigten konkretisierenden Norm des § 136a StPO. In Abs. 3 verbietet diese Norm die Einwilligung in verbotene Vernehmungsmethoden. Dieses Verbot ist für die ausdrücklich aufgezählten Vernehmungsmethoden eigentlich als Selbstverständlichkeit anzusehen, dient jedoch zum einen als Bekenntnis des Gesetzgebers zur Rechtsstaatlichkeit von Strafverfahren, zum anderen der Untersagung auch eines freiwilligen Narkotests.[573] Dabei werden dem Getesteten bei dessen Vernehmung Substanzen verabreicht, die diesen in einen schlafähnlichen Zustand versetzen und die Fähigkeit zu Lügen hemmen.[574] Damit rührt die Unzulässigkeit der Einwilligung daher, dass beim Narkotest die Beherrschbarkeit der Situation und vor allem die Möglichkeit zum jederzeitigen Abbruch fehlt, wodurch der Getestete zum Objekt des Verfahrens degradiert würde und, um dessen Menschenwürde zu wahren, auch vor einer freiwilligen Testung zu schützen ist (Kontrollargument). Anders stelle sich die Situation jedoch bei der

571 *Amelung* NStZ 1982, 38 (38 f.).

572 *Klimke* NStZ 1981, 433 (433).

573 In die aufgezählten verbotenen Vernehmungsmethoden würde ohnehin wohl niemand einwilligen *Klimke*, NStZ 1981, 433 (434).

574 Zum Narkotest bzw. Narkoanalyse, vgl. *Dalakouras* 1988, S. 188 ff.

Polygraphie dar, da dem Getesteten der jederzeitige Abbruch auch nach vorangegangener Einwilligung möglich sei und damit ein Schutz durch die strenge Anordnung des § 136a Abs. 3 StPO zu weit ginge.

(5) Stellungnahme

Festzuhalten bleibt, dass sich die Diskussion über die Möglichkeit einer Einwilligung in einen Polygraphen-Test für die Frage nach der Disponibilität des Grundrechts der Gedankenfreiheit herangezogen werden kann. Ohne die unterschiedlichen Ansichten der Rechtsprechung und Teilen der Literatur in Einvernehmen auflösen zu müssen, lässt sich übereinstimmend daraus ableiten, dass eine unkontrollierbare Offenbarung der Gedankenwelt, also ohne die Möglichkeit des jederzeitigen Abbruchs durch die untersuchte Person, durch die Menschenwürde untersagt ist. Damit ist ein Eingriff in Form des Gedankenlesens stets nur zu rechtfertigen, sofern in diesen (wirksam) eingewilligt wurde und dieser durch den Grundrechtsträger kontrolliert werden kann.

Bei der Debatte um den Lügendetektor dagegen unbehandelt, wohl aus Gründen der technischen Limitation des Verfahrens, blieb die Frage, wie sich eine Einwilligung in eine Offenbarung sämtlicher Gedanken der Testperson auswirkt. Damit ist eine Situation gemeint, dass durch ein Verfahren der vollständige Gedankeninhalt sichtbar gemacht werden kann, vergleichbar mit dem Erstellen eines Backups eines Computers auf einer Festplatte. Selbstverständlich ist ein solches Verfahren derzeit und vielleicht auch nie in dieser Umfänglichkeit möglich und hätte auch nichts mehr mit dem zu tun, was ein Lügendetektor im Stande ist zu leisten. Dennoch ist diese Frage als Pendant zu der Kontrollierbarkeit des Gedankenlesevorgangs anzusehen. Vergleicht man es mit der beim Kontrollargument zu Grunde gelegten Untersuchungssituation, geht man dabei logischerweise davon aus, dass der Gedankenlesevorgang sowohl eine gewisse Zeit in Anspruch nimmt als auch nur für konkrete Gedankeninhalte angewendet werden kann. Legt man ein Gedankenleseverfahren zu Grunde, welches ein Auslesen sämtlicher Gedankeninhalte in einer sehr geringen Zeitspanne ermöglichen würde, könnte eine Kontrolle durch die untersuchte Person, auch wenn diese, anders als beim Narkostest bei Bewusstsein wäre, schon rein faktisch nicht vorgenommen werden. Um den hinter dem Kontrollargument stehende Menschenwürdeschutz dennoch zu gewährleisten, ist eine beschriebene Form eines Gedankenleseprozesses somit stets unzulässig. Die Maßgabe für ein einwilligungsfähiges Verfahren ist somit, dass die Erkenntnisse um die menschlichen Gedanken spezifisch, also auf einen Gedanken hin konkretisiert, gewonnen werden können müssen.

c. *BGH, Urteil vom 17. Dezember 1998 – 1 StR 156/98*[575] *(BGH-Lügendetektor II)*

Schließlich befasste sich nochmals der Bundesgerichtshof mit der Zulässigkeit des Lügendetektors im Strafverfahren und lieferte damit die dritte, hier besprochene maßgebliche Entscheidung zu diesem Thema. Mit seinem Urteil vom 17. Dezember 1998 wendete sich der Bundesgerichtshof von der bisherigen Rechtsprechung[576] ab und begab sich damit in Bezug auf die freiwillige Testung vermeintlich auf die Linie der harschen Kritiker an den bisherigen höchstrichterlichen Entscheidungen.

(1) Entscheidungsgründe

Im zu entscheidenden Fall rügte ein wegen sexuellen Missbrauchs Verurteilter die Nichtzulassung einer Polygraphischen Untersuchung zu Entlastungszwecken. Diese Gelegenheit nutzte der Bundesgerichtshof dazu, die Zulässigkeit der Polygraphie umfangreich zu behandeln und schließlich von der bisherigen Rechtsprechung abzurücken. Dabei erläuterte er zunächst die Funktions- und Testweise des Polygraphen in noch nicht dagewesener Ausführlichkeit und verneinte schließlich sowohl ein Entgegenstehen des Verfassungsrechts als auch ein Verbot über § 136a StPO. Somit wäre eine freiwillig durchgeführte Testung unter diesen Gesichtspunkten grundsätzlich zulässig. Jedoch attestierte er beiden Testverfahren keinerlei Beweiswert, sodass diese ein völlig ungeeignetes Beweismittel i.S.d. § 244 Abs. 3 S. 2 Alt. 4 StPO darstellen. Diese Subsumtion stützt sich auf die Gutachten von insgesamt vier Sachverständigen, die nach umfassender Auswertung der bisherigen wissenschaftlichen Untersuchungen zum Ergebnis kommen, dass weder dem Kontroll- noch dem Tatwissenstest eine Aussagekraft über den Wahrheitsgehalt der Antworten des Getesteten zugeschrieben werden kann.[577]

Obwohl hier eigentlich eine Rechtsprechungsänderung bzw. -konkretisierung vorgenommen wurde dahingehend, dass eine freiwillige Testung per se keinen Verstoß gegen die Menschenwürde darstellt, bleibt es im Ergebnis bei einer Unzulässigkeit der Polygraphie nun auf Grund des mangelnden Beweiswertes

---

575 BGHSt 44, 308.

576 Neben den oben besprochenen Entscheidungen bestätigte bis kurz vor dieser Entscheidung des BGH das BVerfG die bisherige Linie der Rechtsprechung, vgl. BVerfG, Beschluss vom 07.04.1998 – 2 BvR 1827/97, NJW 1998, 1938.

577 Zur Kritik an der Belastbarkeit der sachverständigen Erwägungen ausführlich *Putzke/Scheinfeld/Klein/Undeutsch* ZStW 2009, 607 (622 ff.).

dieses Verfahrens. Trotzdem ist ein besonderes Augenmerk auf die Begründung des Senats für die Abkehr von den verfassungsrechtlichen Bedenken zu legen. Prägnant zusammengefasst sieht der Bundesgerichtshof in einem freiwilligen Lügendetektortest „keinen Verstoß gegen die Menschenwürde [..., weil dieser gerade] keinen ‚Einblick in die Seele des Beschuldigten' [zulässt]".[578] Damit wird der technischen Unbrauchbarkeit des Lügendetektors entscheidendes Gewicht zugemessen, in einer Testung keine Verletzung der Menschenwürde zu sehen. Durch die technische Weiterentwicklung und verbesserte Verfahren könnte das Argument der Unbrauchbarkeit jedoch wegfallen.[579] Dazu, wie es sich bei technisch funktionierenden Messmethoden in Bezug auf eine Menschenwürdeverletzung verhält, hat sich der Bundesgerichtshof allerdings nicht geäußert. Indem für den Senat, wie er schreibt, die Unbrauchbarkeit des Lügendetektors als Wahrheitsfindungsinstrument „von entscheidender Bedeutung"[580] ist, könnte es bei weiterentwickelten, funktionierenden Methoden bei der ursprünglichen Rechtsprechung und damit bei einer Menschenwürdeverletzung bzw. einer Verletzung des allgemeinen Persönlichkeitsrechts bleiben.

(2) Zusammenfassung und Einordnung der Reaktionen des Schrifttums

Dennoch ist festzuhalten, dass der Bundesgerichtshof in dieser Entscheidung versucht hat, die Zulässigkeit der Polygraphie im Strafverfahren umfassend und erstmals derart auf die technische Funktionsfähigkeit Wert legende, wissenschaftlich fundierte Weise aufzuarbeiten.[581] Damit hat er zumindest einen notwendigen Beitrag für die diesbezügliche juristische Diskussion geleistet. Entscheidend ist nämlich für den Bundesgerichtshof der konkrete Umstand, dass die Zulässigkeit des Verfahrens letztlich an dessen Fehlerhaftigkeit scheitert und gerade das dazu führt, dass durch eine Testung gerade kein Eingriff in die Menschenwürde gegeben ist, gleichzeitig aber mit der Konsequenz, dass

---

578 BGHSt 44, 308 (315).

579 Vgl. *Gleß*, in: Löwe/Rosenberg, StPO, § 136a, Rn. 64a; ausführlich und, dass die Brauchbarkeit bereits aktuell gegeben ist *Putzke/Scheinfeld/Klein/Undeutsch*, ZStW 2009, 607.

580 BGHSt 44, 308 (316).

581 Eine gründliche Prüfung und gute Begründung durch den BGH stellt auch *Hamm*, in: NJW 1999, 922 fest; hingegen kritisiert *Meyer-Mews* eine zu „lapidar(e)" Auseinandersetzung mit der gerichtlichen Überprüfbarkeit des Polygraphentests im Vergleich zu zulässigen Glaubwürdigkeitsgutachten sowie die fehlende Diskussion des in dubio pro reo-Grundsatzes im Lichte strafprozessualer Waffengleichheit, NJW 2000, 916 (918); ebenfalls kritisch *Putzke/Scheinfeld/Klein/Undeutsch* ZStW 2009, 607 (622 ff.).

es als Beweismittel auf Grund der Untauglichkeit ausscheidet. Ungeachtet der fundamentalen Kritik an der Richtigkeit dieser Erkenntnis, kann man jedoch nicht daraus ableiten, dass solche Verfahren generell bei freiwilliger Nutzung mit der Menschenwürde vereinbar sind und es für deren Zulässigkeit alleine an deren Aussagekräftigkeit liegt, ob sie als Beweismittel tauglich sind. Auch bei zweifelsfrei funktionsfähigen Methoden müssen die Grundrechte des Beteiligten berücksichtigt werden, was letztlich auf eine Abwägung im Rahmen des Verhältnismäßigkeitsgrundsatzes hinausläuft.[582]

Weitergehender fasst dies offenbar *Hamm* auf, der in dieser Entscheidung des Bundesgerichtshofs einen „Paradigmenwechsel" dahingehend sieht, dass in der Durchführung eines freiwilligen Tests per se kein Verstoß gegen die Menschenwürde mehr vorliege.[583] Diese Lesart der Entscheidung hat die Konsequenz, weil es beim derzeitigen Verfahren nur an dessen Untauglichkeit fehlt, dass bei naturwissenschaftlich geeigneten bzw. technisch funktionsfähigen Verfahren aus verfassungsrechtlicher Sicht keine Einwände mehr vorliegen würden. Doch eine rein isolierte Betrachtung zwischen der verfassungsrechtlichen Zulässigkeit und der naturwissenschaftlichen Funktionsfähigkeit hat der Senat gerade nicht vorgenommen. Es ist nämlich „für den Senat (zur Verneinung eines Menschenwürdeverstoßes) von entscheidender Bedeutung", dass mit der Polygraphie „nicht gemessen werden (kann), ob der Untersuchte die Wahrheit sagt."[584] Deshalb ist die Aussage des Bundesgerichtshofs nur so zu verstehen: Gerade, weil der Polygraph nicht funktioniert, liegt in der Testung auch kein Eingriff in die Menschenwürde. Die Subjektqualität des freiwillig getesteten Menschen bleibt nach dem Bundesgerichtshof unter anderem auch deswegen erhalten, weil „brauchbare Meßergebnisse ohne seine manipulationsfreie Mitwirkung nicht zu erzielen sind."[585] Somit ist die Einschätzung als Paradigmenwechsels allenfalls restriktiv zu bewerten.

Zwar sieht der Bundesgerichtshof in einer nach dem Einverständnis des Beschuldigten differenzierenden Beurteilung der grundrechtlichen Vereinbarkeit der Polygraphie eine der Menschenwürde zuträgliche Unterscheidungsmöglichkeit. Die Einwilligung in eine funktionierende Testung ist aber nicht als abschließender verfassungsrechtlicher Freibrief zu sehen, der die Schutzwirkung der Grundrechte, insbesondere des Art. 1 Abs. 1 GG, darüber hinaus

582 So auch *Gerhold* ZIS 2020, 431 (434).
583 *Hamm* NJW 1999, 922 (923).
584 BGHSt 44, 308 (316).
585 BGHSt 44, 308 (317).

unnötig machen würde. Lediglich ein „Hinweis auf die allgemeine staatliche Verpflichtung zur Achtung und Schutz der Menschenwürde“ ist für den Bundesgerichtshof in diesem Zusammenhang nicht mehr ausreichend, um die Unzulässigkeit zu begründen.[586] Vielmehr ist eine umfassende Abwägung der durch die Zulassung eines Verfahrens betroffenen Interessen vorzunehmen. Für die Verfassungskonformität sind neben der gesicherten Funktionsfähigkeit des Verfahrens und der Einwilligung durch den Getesteten, für die es nach *Kangl* und *Kirsch* entscheidend auf eine umfassende Aufklärung ankommt,[587] je nach Art und Ablauf einer Testung weitere Aspekte zu berücksichtigen. Dazu können die Erkenntnistiefe und -umfang der Testung ebenso wie dadurch berechtigte Interessen Dritter relevant sein.

Zugegeben ist es in Anbetracht der hier diskutierten Methode der Polygraphie weniger von Bedeutung, als es für mittlerweile technisch umsetzbare Methoden wie bildgebender Verfahren oder Lügendetektorsoftware ist.[588] Der Bundesgerichtshof hat allerdings in weiteren Entscheidungen zum Polygraphen stets auf seine 1998 getroffenen Feststellungen abgestellt, wodurch er sich einer möglichen Neubewertung anhand des aktuellen Forschungsstandes verschließt.[589] Deshalb erfährt er auch harsche Kritik, da er sich bei Zugrundelegung moderner Methoden der Lügendetektion nicht mehr auf dem Argument der Unzulässigkeit qua Untauglichkeit ausruhen könne.[590]

3. *Zusammenfassende Stellungnahme zur Einordnung des Polygraphen durch die Rechtsprechung*

Die Rechtsprechung hat sich über einen langen Zeitraum mehrfach mit der Polygraphie auseinandergesetzt. Dies geschah jedoch stets im Kontext von Strafverfahren und ist damit auch für die Ableitung weiterer Erkenntnisse aus den Entscheidungen dieses speziellen Verhältnisses zwischen Grundrechtsträgern und Staat zu berücksichtigen. Die entscheidende Frage war zunächst, ob

586 BGHSt 44, 308 (317).

587 *Kargl/Kirsch* JuS 2000, 537 (542).

588 Ausführlich zum aktuellen Stand der wissenschaftlichen Forschung in Bezug auf den Polygraphen *Putzke/Scheinfeld/Klein/Undeutsch* ZStW 2009, 607 (624 ff.); zu bildgebenden Verfahren umfassend *Schneider* 2010; zu aktueller KI-basierter Lügendetektorsoftware, vgl. *Gerhold* ZIS 2020, 431.

589 BGH, Beschluss vom 24.06.2003 – VI ZR 327/02, NJW 2003, 2527; BGH, 30.11.2010 – 1 StR 509/10, NStZ 2011, 474.

590 *Putzke* ZJS 2011, 557.

die Polygraphie generell gegen die Menschenwürde verstößt. Dies wurde durch den Bundesgerichtshof zunächst bejaht. Herausragend an dieser Entscheidung ist der Umstand, dass er seine Entscheidung unter der Annahme getroffen hat, die Polygraphie sei ein tatsächlich funktionierendes Verfahren. Damit ist diese Entscheidung über das konkrete Verfahren der Polygraphie hinaus für alle Fälle tatsächlichen Gedankenlesens beachtenswert. Eine Anordnung gegen den Willen des Betroffenen scheidet danach grundsätzlich aus. Die Freiwilligkeit eines Zugriffs des Staates auf die Gedanken eines Menschen ist durch die Menschenwürde somit stets eine unabdingbare Vorgabe der Verfassung.

Die späteren Entscheidungen hatten sich jeweils mit genau diesem Fall, einer freiwilligen bzw. gewünschten polygraphischen Untersuchung zu beschäftigen. Ein Verstoß gegen die Menschenwürde liegt dabei eben nicht vor. Dennoch stellt sich in freiwilligen Fällen die Frage, inwieweit das allgemeine Persönlichkeitsrecht betroffen ist. Das Bundesverfassungsgericht hat die freiwillige Testung als einen Verstoß gegen das APR eingeordnet. Entscheidend stützte es sich dabei darauf, dass der Betroffene keine ausreichende Wahlfreiheit hatte, sich gegen eine Testung zu entscheiden, und es damit an einer wirksamen Einwilligung fehle. Die Auffassung der fehlenden Wahlfreiheit in diesem Kontext kann jedoch durch die gerichtliche Berücksichtigung des nemo tenetur-Grundsatzes ausgeräumt werden. Dennoch zeigt sich, dass hohe Anforderungen an die Einwilligung zu stellen sind. Insbesondere bei potentiell erkenntnisreicheren Verfahren als der Polygraphie ist damit der Umfang der Testung für eine wirksame Einwilligung bereits im Vorfeld genau festzulegen. Die zweite Entscheidung des BGH zielt schließlich speziell auf die Funktionsfähigkeit der Polygraphie ab und ist damit nur eingeschränkt für die Beurteilung echten Gedankenlesens verwendbar. Sie verdeutlicht aber, dass es jedenfalls gesicherter wissenschaftlicher Erkenntnisse bedarf, die die Funktionsfähigkeit eines Verfahrens beweisen, um strafprozessual überhaupt eine Zulässigkeit annehmen zu können.

Zusammenfassend lassen sich folgende Maßgaben für das „Ob“ und „Wie“ eines grundrechtskonformen Gedankenlesens festhalten:

1. Es bedarf stets der Freiwilligkeit hinsichtlich des „Obs“ sämtlicher Formen des Gedankenlesens. Dazu braucht es eine ausreichende Entscheidungsgrundlage, also einer Aufklärung über die Funktionsweise eines Verfahrens mit hinreichend wissenschaftlich gesicherter Funktionsfähigkeit.
2. Es bedarf der Kontrollierbarkeit während der Ausführung, also des „Wies“ eines Gedankenlesevorgangs, entweder durch den Probanden selbst oder den Anwendern entsprechend vorher in Übereinstimmung mit diesem festgelegten Umfang.

3. Es ist ein Ausschluss von Gedankenlesevorgängen, die die Gesamtheit des Inhalts der menschlichen Gedankenwelt in einem einheitlichen, nicht unterbrechbaren Vorgang erfassen, vorgegeben. Die uneingeschränkte Offenbarung der Gedankenwelt eines Menschen stellt stets einen Eingriff in dessen Menschenwürde dar.

II. Das Selbstgespräch

Neben der Polygraphie bietet das Selbstgespräch eine weitere Fallgruppe, die in ihrer rechtlichen Aufarbeitung dem Gedankenlesen zugeordnet werden kann und höchstrichterliche Entscheidungen zur weiteren Auswertung zur Verfügung stehen. Durch die akustische Überwachung eines Menschen, der Selbstgespräche führt, ist dies faktisch damit vergleichbar, als würde man die Gedanken einer Person direkt erfassen.

1. Allgemeines zum Selbstgespräch

Denken und Sprechen stehen in einem engen Zusammenhang zueinander. Gerade Denkprozesse finden als inneres Sprechen statt. Und durch Äußerungen im Rahmen einer Kommunikation wird die innere Überzeugung nach außen getragen. Diese Form der Kommunikation findet erstens bewusst statt und richtet sich zweitens an eine andere Person. Anders verhält es sich bei der Selbstkommunikation. Diese ist nicht nach außen gerichtet und dient dem Selbst und der eigenen Reflektion. Sie kommt vor, wenn man seine Gedanken in Tagebüchern[591] niederschreibt, sich Notizen zur Gedächtnisunterstützung macht, etwas einübt und eben bei Selbstgesprächen. In Stresssituationen oder auf Grund psychischer Erkrankungen kommt es bei manchen Menschen dazu, dass sie ihr inneres Denken, das sich normalerweise nur im Kopf abspielt, laut aussprechen. Das geschieht jedoch regelmäßig so, dass diese Personen gar nicht merken, dass sie laut sprechen oder es jedenfalls nicht kontrollieren können, es nicht laut auszusprechen. Das Selbstgespräch ist damit die unwillkürliche Verlautbarung des eigentlich inneren Monologs.[592]

Ein Selbstgespräch gibt also die eigentlich inneren Gedanken wieder und kann durch die betroffene Person nicht kontrolliert werden. Doch Äußerungen

---

591 Vgl. dazu den folgenden Abschnitt zu Tagebüchern unter Kap. 4: B.III.

592 Zu den Formen der Selbstkommunikation und deren Zusammenhang mit dem inneren Denken, vgl. *Renka* 2016, S. 12 ff., S. 32 ff.; konkret auf Selbstgespräche bezogen *Traub* 2015, S. 21 ff.

können von Dritten leicht erfasst werden, indem sie (heimlich) gehört oder eben sogar aufgezeichnet werden. Dadurch ist mit relativ einfachen Mitteln ein Erfassen fremder, nicht bewusst kommunizierter Gedanken möglich. Somit lassen sich aus der rechtlichen Bewertung hinsichtlich Selbstgespräche auch Kernaussagen extrahieren, die auf das Gedankenlesen allgemein anwendbar sind, sofern man berücksichtigt, dass in einer Selbstgesprächssituation eine Entäußerung stattfindet und dies nicht zwingend bei anderen Formen des Blicks in die Gedankenwelt eines Menschen der Fall ist.

2. Rechtsprechung zu diesem Thema

Die Verwertung aufgezeichneter Selbstgespräche im Strafprozess hat in zwei Fällen den Bundesgerichtshof beschäftigt, der eine grundrechtliche Einordnung dieser Aufzeichnungen vorgenommen hat. Die dabei verfolgte Linie fußt allerdings sowohl auf einer vorangegangenen Entscheidung des Bundesgerichtshofs hinsichtlich eines überwachten Zwiegesprächs zwischen Eheleuten, als auch der Entscheidung des Bundesverfassungsgerichts zum großen Lauschangriff, welche zunächst dargestellt werden sollen. Sodann werden konkret die beiden Selbstgespräch-Entscheidungen dargelegt und ausgewertet.

a. Grundlegende Entscheidungen zur Einordnung der Selbstgesprächs-Entscheidungen

(1) BGH, Urteil vom 16. März 1983 - 2 StR 775/82[593]

Bereits im Jahr 1983 hat sich der Bundesgerichtshof in seiner sog. Raumgesprächs-Entscheidung mit der grundrechtlichen Einordnung eines privat geführten Gesprächs zwischen Eheleuten befasst. Als Raumgespräch wird eine Unterhaltung zwischen Personen, auf die die Telekommunikationsüberwachung gerichtet ist (Anschlussnutzer und/oder Anrufer) und dritten Personen bezeichnet.[594]

(a) Gegenstand der Entscheidung

Der Telefonanschluss des Hauses wurde auf Grund des Verdachts des Rauschgifthandels des Ehemanns abgehört.[595] Dadurch, dass der Telefonhörer nicht richtig aufgelegt wurde, konnte eine zwischen den Eheleuten geführte Unterhaltung

593 BGHSt 31, 296.
594 Vgl. *Sankol* MMR 2007, 692.
595 Ermittlungsmaßnahme gemäß § 100a StPO.

mitgehört werden. Der Bundesgerichtshof musste sodann über die Verwertbarkeit der daraus gewonnenen Erkenntnisse im Strafprozess entscheiden.

(b) Entscheidungsgründe

Der Bundesgerichtshof sprach sich gegen die Verwertbarkeit des Gesprächs aus. Zum einen ist § 100a StPO a.F. keine taugliche Ermächtigungsgrundlage, da diese lediglich die Überwachung des Fernmeldeverkehrs, also nur die unmittelbar und notwendigerweise mit dem Telefonieren zusammenhängenden Vorgänge zulasse.[596] Zum anderen ordnete der Bundesgerichtshof das Raumgespräch in „den unantastbaren Bereich der privaten Lebensgestaltung“[597] ein, welcher absolut durch das allgemeine Persönlichkeitsrecht geschützt wird und stellte gleichzeitig die dabei besonders relevante Wirkung der Menschenwürde hervor. Ansonsten sähe der BGH das Folgende gefährdet:

> Die Möglichkeit, Empfindungen, Gefühle, Ansichten oder Eindrücke von Erlebnissen zum Ausdruck zu bringen, ohne der Angst ausgesetzt zu sein, daß staatliche Behörden die Unterhaltung überwachen, wäre dann unerträglich behindert. Auch für den sonstigen vertrauensvollen Gedankenaustausch zwischen den Ehepartnern würde das zutreffen. [...] Ferner würde den Betroffenen durch eine solche Maßnahme aber auch weitgehend der „Innenraum“ verweigert, der ihnen um der freien und der selbstverantwortlichen Entfaltung ihrer Persönlichkeit willen verbleiben sollte.[598]

Der Bundesgerichtshof sieht also über das allgemeine Persönlichkeitsrecht den Gedankenaustausch grundsätzlich als geschützt an und bezieht diesen in eine schutzwürdige Sphäre des menschlichen „Innenraums“ ein. Somit ließe ein Erst-Recht-Schluss jedenfalls den Schutz der noch nicht geäußerten Gedanken durch das allgemeine Persönlichkeitsrecht zu. Wie weit der Schutz geäußerter Gedanken allerdings genau geht, lässt sich daraus nicht abschließend ableiten.

Wann der Schutz für ein Raumgesprächs nicht mehr greift, ließ der Bundesgerichtshof nämlich offen. Im konkreten Fall ging es um eine Unterhaltung zwischen Eheleuten in deren ehelichen Wohnung (ein Einfamilienhaus). Er deutete jedoch an, dass es sich jedenfalls um ein Gespräch zwischen dem engsten Familienkreis innerhalb des privaten Lebensbereichs handeln müsse, um den entsprechenden Schutz über das allgemeine Persönlichkeitsrecht zu erreichen.

---

596 BGHSt 31, 296 (297 f.).
597 BGHSt 31, 296 (299).
598 BGHSt 31, 269 (300).

Wer wiederum, neben Eheleuten, zum engsten Familienkreis gehört, wurde nicht geklärt.[599]

(c) Einordnung der Entscheidung

Jedenfalls entfällt dieser Schutz nicht allein durch eine Äußerung von Gedankeninhalten. Dies lässt sich anhand der gewählten Bezeichnung des „Innenraums" verdeutlichen. Der Kopf des Menschen gehört jedenfalls zum geschützten Innenraum, wobei dieser außerhalb des eigenen Kopfes für den Bundesgerichtshof noch nicht grundsätzlich zu Ende zu sein scheint. Im vorliegenden Fall, des Gesprächs zwischen Eheleuten in ihrer eigenen Wohnung, lässt sich diese Erweiterung des Schutzes sowohl Art. 6 Abs. 1 GG als auch Art. 13 Abs. 1 GG stützen. Für verwertbar erachtete der Bundesgerichtshof hingegen eine Aufzeichnung in einem von der Abhörsituation vergleichbar gelagerten Fall eines Gesprächs zwischen zwei Personen, die in keinem familiären Vertrauens- bzw. Näheverhältnis zueinander standen, in einem Pkw, wo weder Art. 6 Abs. 1 GG noch Art. 13 Abs. 1 GG vom Schutzbereich her eröffnet waren.[600]

Somit scheint es, dass der Bundesgerichtshof eine den grundrechtlichen Schutz von Gedanken eigentlich schmälernde Entäußerung durch die Eröffnung anderer Grundrechte kompensieren lässt.[601]

(2) BVerfG, Urteil vom 3. März 2004 – 1 BvR 2378/98, 1084/99[602]

Eine weitere wesentliche Entscheidung zur Einordnung der Rechtsprechung zu Selbstgesprächen bildet die Entscheidung des Bundesverfassungsgerichts zum großen Lauschangriff.

(a) Gegenstand der Entscheidung

Ausgangslage waren Verfassungsbeschwerden, die sich gegen Regelungen der §§ 100c ff. StPO wendeten, die den sog. „großen Lauschangriff" ermöglichten. Der „große Lauschangriff" bezeichnet die Möglichkeit, das nichtöffentlich gesprochene Wort innerhalb einer Wohnung abzuhören und aufzuzeichnen.[603] Dies wurde durch die vorangegangene Grundgesetzänderung vom 26. März

599 Vgl. auch *Renka* 2016, Fn. 700.

600 Vgl. BGH, Urteil vom 14.03.2003 – 2 StR 341/02, NJW 2003, 2034.

601 Den flankierenden Grundrechten eine Relevanz für die Entscheidung über die Verwertbarkeit zuschreibend, vgl. *Sankol* MMR 2007, 692 (697 f.).

602 BVerfGE 109, 279.

603 Vgl. *Renka* 2016, S. 156.

1998[604] des Art. 13 GG mit der Einführung eines dritten Absatzes und dem darauffolgenden Gesetz zur Verbesserung der Bekämpfung der Organisierten Kriminalität vom 4. Mai 1998 ermöglicht.[605]

(b) Entscheidungsgründe

Das Bundesverfassungsgericht kam zur teilweisen Begründetheit der Verfassungsbeschwerden. Es stellte zunächst die Verfassungsmäßigkeit des Art. 13 Abs. 3 GG fest, gab allerdings Maßstäbe vor, die den durch Art. 13 Abs. 1 GG gewährten Schutzbereich und dessen Menschenwürdebezug nicht unterschritten werden dürfen.

Das Bundesverfassungsgericht stellte dabei zunächst die Innovationsoffenheit der Grundrechte in diesem Kontext klar:

> Im Zeitpunkt der Schaffung des Grundgesetzes diente das Grundrecht des Art. 13 Abs. 1 GG primär dem Schutz des Wohnungsinhabers vor unerwünschter physischer Anwesenheit eines Vertreters der Staatsgewalt. Seitdem sind neue Möglichkeiten für Gefährdungen des Grundrechts hinzu gekommen. Die heutigen technischen Gegebenheiten erlauben es, in die räumliche Sphäre auch auf andere Weise einzudringen. Der Schutzzweck der Grundrechtsnorm würde vereitelt, wenn der Schutz vor einer Überwachung der Wohnung durch technische Hilfsmittel, auch wenn sie von außerhalb der Wohnung eingesetzt werden, nicht von der Gewährleistung des Absatzes 1 umfasst wäre.[606]

Und nahm dann Bezug zur Notwendigkeit des heimlichen Vorgehens bei einer Überwachung. Alleine aus der Heimlichkeit ergibt sich für das Bundesverfassungsgericht noch keine Grundrechtsverletzung. „Wird jemand zum Objekt einer Beobachtung, geht damit nicht zwingend eine Missachtung seines Wertes als Mensch einher."[607] Es muss aber stets der Kernbereich privater Lebensgestaltung gewahrt bleiben:

> Würde der Staat in ihn eindringen, verletzte dies die jedem Menschen unantastbar gewährte Freiheit zur Entfaltung in den ihn betreffenden höchstpersönlichen Angelegenheiten. Selbst überwiegende Interessen der Allgemeinheit können einen Eingriff in diesen absolut geschützten Kernbereich privater Lebensgestaltung nicht rechtfertigen […].[608]

---

604 BGBl. I S. 610.
605 BGBl. I S. 845.
606 BVerfGE 109, 279 (309).
607 BVerfGE 109, 279 (313).
608 BVerfGE 109, 279 (313).

Sodann nimmt das Bundesverfassungsgericht ausdrücklich zu inneren menschlichen Vorgängen und dem Bedürfnis nach vertraulicher Kommunikation Stellung und spricht sich für deren grundgesetzliche Anerkennung über den besonderen Schutz der Wohnung als geschützten Bereich aus:

> Zur Entfaltung der Persönlichkeit im Kernbereich privater Lebensgestaltung gehört die Möglichkeit, innere Vorgänge wie Empfindungen und Gefühle sowie Überlegungen, Ansichten und Erlebnisse höchstpersönlicher Art zum Ausdruck zu bringen, und zwar ohne Angst, dass staatliche Stellen dies überwachen. Vom Schutz umfasst sind auch Gefühlsäußerungen, Äußerungen des unbewussten Erlebens sowie Ausdrucksformen der Sexualität. Die Möglichkeit entsprechender Entfaltung setzt voraus, dass der Einzelne über einen dafür geeigneten Freiraum verfügt. Auch die vertrauliche Kommunikation benötigt ein räumliches Substrat jedenfalls dort, wo die Rechtsordnung um der höchstpersönlichen Lebensgestaltung willen einen besonderen Schutz einräumt und die Bürger auf diesen Schutz vertrauen. Das ist regelmäßig die Privatwohnung, die für andere verschlossen werden kann. Verfügt der Einzelne über einen solchen Raum, kann er für sich sein und sich nach selbst gesetzten Maßstäben frei entfalten. Die Privatwohnung ist als „letztes Refugium“ ein Mittel zur Wahrung der Menschenwürde. Dies verlangt zwar nicht einen absoluten Schutz der Räume der Privatwohnung, wohl aber absoluten Schutz des Verhaltens in diesen Räumen, soweit es sich als individuelle Entfaltung im Kernbereich privater Lebensgestaltung darstellt.[609]

Die Menschenwürde gibt den Schutz sowohl des Alleinseins des Menschen mit sich selbst als auch die Möglichkeit, mit anderen zu kommunizieren, vor. Ein kommunikativer Sozialbezug alleine schließt die Zuordnung zum absolut geschützten Kernbereich privater Lebensführung nicht aus. Es kommt dabei entscheidend auf die soziale Bedeutung der Gesprächssituation und der Art und Intensivität der sozialen Beziehung zwischen kommunizierenden Menschen im konkreten Einzelfall an.[610]

(c) Das enthaltene Sondervotum

Insoweit stimmt die abweichende Meinung der Richter *Jaeger* und *Hohmann-Dennhardt* mit der Senatsmehrheit, die ebenfalls den Schutz der Menschenwürde in der Unverletzlichkeit der Wohnung nach Art. 13 Abs. 1 GG verankert sieht, überein:

> Zur Persönlichkeitsentfaltung bedarf es Rückzugsräume, in denen der Einzelne ohne Angst vor Überwachung sich selbst zum Ausdruck bringen und mit Vertrauten über persönliche Ansichten und Empfindungen kommunizieren kann. Gerade in einer Welt,

---

609 BVerfGE 109, 279 (313 f.).
610 BVerfGE 109, 279 (319).

> in der es technisch möglich geworden ist, so gut wie jede Bewegung und Kommunikation einer Person zu verfolgen und aufzuzeichnen, dient die Privatwohnung dem Einzelnen mehr denn je als letztes Refugium, in dem sich die Freiheit seiner Gedanken unbeobachtet manifestieren kann. Sie ist damit als Ort Mittel zur Wahrung der Menschenwürde.[611]

Sie schicken allerdings noch deutlich mahnende Worte hinterher

> Inzwischen scheint man sich an den Gedanken gewöhnt zu haben, dass mit den mittlerweile entwickelten technischen Möglichkeiten auch deren grenzenloser Einsatz hinzunehmen ist. Wenn aber selbst die persönliche Intimsphäre, manifestiert in den eigenen vier Wänden, kein Tabu mehr ist, vor dem das Sicherheitsbedürfnis Halt zu machen hat, stellt sich auch verfassungsrechtlich die Frage, ob das Menschenbild, das eine solche Vorgehensweise erzeugt, noch einer freiheitlich-rechtsstaatlichen Demokratie entspricht. Umso mehr ist Art. 79 Abs. 3 GG streng und unnachgiebig auszulegen, um heute nicht mehr den Anfängen, sondern einem bitteren Ende zu wehren.[612]

(d) Einordnung

Damit kommt durch das Urteil insgesamt ein grundgesetzlicher Achtungsanspruch der inneren Vorgänge des Menschen zum Ausdruck, der nicht per se durch einen Sozialbezug endet. Somit kann dieses Urteil insgesamt für die weitere Auseinandersetzung mit der Beurteilung von Selbstgesprächen herangezogen werden, da sich die Richter auch der abweichenden Meinung im konkreten Fall in den dabei relevanten Fragen nicht gegenteilig äußern.

b. Die Selbstgespräch-Entscheidungen des Bundesgerichtshofs

Damit lässt sich der Blick auf die beiden Entscheidungen des Bundesgerichtshofs zu Selbstgesprächen und die Verwertbarkeit deren Aufzeichnung im Strafprozess wenden.

(1) BGH, Urteil vom 10. August 2005 – 1 StR 140/05[613]

Die erste der beiden Entscheidungen bildet die sog. Krankenzimmer-Entscheidung des Bundesgerichtshofs.

611 BVerfGE 109, 279 (382).
612 BVerfGE 109, 279 (391).
613 BGHSt 50, 206.

(a) Gegenstand der Entscheidung

In diesem durch den Bundesgerichtshof entschiedenen Fall stand eine Verurteilung wegen Mordes in erster Instanz im Zentrum. Als Beweismittel diente dem erkennenden Gericht dabei unter anderem eine mittels akustischer Wohnraumüberwachung angefertigte Aufnahme eines Selbstgesprächs während eines stationären Krankenhausaufenthalts des Angeklagten. Dieser bedauerte darin, das Opfer, welches durch einen Schlag mit einem kantigen Gegenstand zu Tode kam, nicht durch einen Schuss in den Kopf getötet zu haben: „Sehr aggressiv, sehr aggressiv, sehr aggressiv! In Kopf hätt i eam schießen sollen, in Kopf hätt i eam schießen sollen, selber umgebracht … in Kopf hätt i eam schießen sollen."[614] Daraus wurde geschlossen, dass sich der Angeklagte dabei mit einer alternativen Tötungsmethode gedanklich befasst hat. Dem erkennenden Gericht verhalf mitunter dieses Indiz zur Überzeugung, dass er der Täter gewesen ist. In der Revision beim Bundesgerichtshof wird ein Verwertungsverbot für die Aufzeichnung des Selbstgesprächs erfolgreich geltend gemacht.

(b) Entscheidungsgründe

Der Bundesgerichtshof rechnete dieses Selbstgespräch dem über Art. 13 Abs . 1 GG i.V.m. Art. 1 Abs. 1 GG und Art. 2 Abs. 1 GG geschützten unantastbaren Kernbereich privater Lebensgestaltung zu, woraus sich ein absolutes Verwertungsverbot[615] ableitet. Die Einordnung dieser Unverwertbarkeit fußt dabei auf mehreren Komponenten. Zum einen ist der räumliche Schutz über Art. 13 Abs. 1 GG von Bedeutung:

> Er umfaßt zur Gewährleistung einer räumlichen Sphäre, in der sich das Privatleben ungestört entfalten kann, alle Räume, die der allgemeinen Zugänglichkeit durch eine Abschottung entzogen und zur Stätte privaten Wirkens gemacht sind.[616]

Der darin enthaltene Begriff der Wohnung ist also weit auszulegen und erstreckt sich auch auf das Krankenzimmer, in dem sich der Angeklagte zum Zeitpunkt der Aufnahme befand. Zum anderen ist entscheidend, dass es sich um ein Selbstgespräch handelte, wobei sich das Bundesverfassungsgericht dabei einer

---

614 BGHSt 50, 206 (209).

615 Vgl. § 100c Abs. 4 StPO in der zum Zeitpunkt dieses Urteils geltenden Fassung. Mittlerweile ist der darin angeordnete Kernbereichsschutz durch das Gesetz zur effektiveren und praxistauglicheren Ausgestaltung des Strafverfahrens v. 17.08.2017 in die eigenständige Vorschrift des § 100d StPO ausgelagert worden, BGBl. I 2017 S. 3202.

616 BGHSt 50, 206 (211).

Definition aus der Psychologie bedient. Anders als das „Zwiegespräch" hat das Gespräch mit sich selbst keinen Sozialbezug und ist diesem Kernbereichsschutz zuzurechnen:

> Das Gespräch mit sich selbst ist gekennzeichnet durch unwillkürlich auftretende Bewußtseinsinhalte und hat persönliche Erwartungen, Befürchtungen, Bewertungen, Selbstanweisungen sowie seelisch körperliche Gefühle und Befindlichkeiten zum Inhalt (Wenninger [Hrsg.], Lexikon der Psychologie, Stichwort „Selbstkommunikation", Band 4, S. 133). Das Selbstgespräch hat somit ausschließlich höchstpersönlichen Charakter und berührt aus sich heraus nicht die Sphäre anderer oder der Gemeinschaft.[617]

(c) Einordnung

Diese Verknüpfung zwischen dem Menschenwürdegehalt und dem räumlichen Schutzbereich des Art. 13 GG fußt auf der Entscheidung des Bundesverfassungsgerichts über den „großen Lauschangriff".[618] Darin verschmolz es die grundrechtlich geschützte private Sphäre mit der räumlichen derart, dass ein absolut geschützter Kernbereich der privaten Lebensführung sich auch auf das Umfeld der Wohnung ausdehnt.[619]

In Anerkennung der Kommunikationsbedürftigkeit des sozialbezogenen Menschen fällt auch grundsätzlich das nichtöffentlich, also innerhalb eines geschützten räumlichen Bereichs gesprochene Wort darunter. Neben der Erforderlichkeit eines gewissen räumlichen Schutzraumes kommt es für die Einordnung eines Gesprächs dabei maßgeblich auf die Art und den Inhalt desselben an. Hinsichtlich der Art eines Gesprächs ist dabei explizit zwischen dem Zwiegespräch und dem Selbstgespräch zu differenzieren. Wobei ersteres dann aus dem Kernbereich herausfällt, wenn es dem Inhalt nach einen hinreichenden Sozialbezug aufweist.[620] Letzteres ist hingegen strenggenommen nicht als kommunikativer Akt einzuordnen und damit alleine auf Grund der Art des Gesprächs, stets einen ausschließlich höchstpersönlichen Charakter aufweist, ohne, dass es dabei noch auf dessen Inhalt ankommt.[621]

---

617 BGHSt 50, 206 (213).

618 BVerfGE 109, 279.

619 Siehe dazu die Behandlung des Urteils des Bundesverfassungsgerichts vom 03.03.2001 (Az.: 1 BVR 2378/98, 1084/99) zum sog. großen Lauschangriff unter Kap. 4: B. II.2.a.(2).

620 Etwa bei der Unterhaltung nur in Bezug auf eine konkrete Straftat BVerfGE 109, 279 (319).

621 BGHSt 50, 206 (213).

Dabei ist jedoch zu beachten, dass für die Qualifikation eines Gesprächs als Selbstgespräch ein notwendiger Rückgriff auf den Inhalt desselben denkbar erscheint mit der Konsequenz, dass für die Bestimmung der Art eines Gesprächs dessen Inhalt mittelbar einzubeziehen sein kann.

(2) BGH, Urteil vom 22. Dezember 2011 – 2 StR 509/10[622]

In einem weiteren Urteil bestätigte der Bundesgerichtshof seine Rechtsprechung hinsichtlich der strafprozessualen Unverwertbarkeit von Aufzeichnungen von Selbstgesprächen und erweiterte die räumlich geschützte Sphäre über die der eigenen Wohnung hinaus.

(a) Gegenstand der Entscheidung

Im konkreten Fall ging es um die Verwertbarkeit eines im Pkw eines Beschuldigten aufgezeichneten Selbstgesprächs, welches als Indiz für die Täterschaft diente. Dem Beschuldigten wurde vorgeworfen, seine Ehefrau mit zwei weiteren Mitbeschuldigten ermordet zu haben. In den aufgezeichneten Selbstgesprächen äußerte sich der Beschuldigte zur Tat und sprach über die Tötung des Opfers.[623]

(b) Entscheidungsgründe

Der Bundesgerichtshof ordnete diese im Pkw geführten Selbstgespräche als zum absolut geschützten Kernbereich gehörend ein und unterwarf die entsprechenden Aufzeichnungen einem strafprozessualen Verwertungsverbot. Damit erweiterte er im Vergleich zum Urteil von 2005[624] den Anwendungsbereich dieser Rechtsprechung zum einen räumlich auf andere Orte als die Wohnung, im konkreten Fall eben dem Pkw, zum anderen in persönlicher Hinsicht auch auf die unzulässige Verwendung gegenüber Mitbeschuldigten.

Von Bedeutung ist hier die Klarstellung durch den Bundesgerichtshof, dass die Unverwertbarkeit im Einzelfall stets ein Ergebnis einer umfänglichen Abwägung darstellt, bei der die Zuordnung zum absolut geschützten Kernbereich von einer Vielzahl von Faktoren abhängt:

> Dazu zählen die Eindimensionalität der „Selbstkommunikation", die Nichtöffentlichkeit der Äußerungssituation, die mögliche Unbewusstheit der Äußerungen im

---

622 BGHSt 57, 71.

623 BVerfGE 109, 279 (73 f.), z.B. „wir haben sie totgemacht".

624 BGHSt 50, 206.

Selbstgespräch, die Identität der Äußerung mit den inneren Gedanken beim Selbstgespräch und die Flüchtigkeit des gesprochenen Wortes.[625]

Ein entscheidendes Kriterium stellt die „Identität der Äußerung mit den inneren Gedanken" dar. Nun ist es freilich nicht möglich, diese Identität zu überprüfen, jedoch ist bei einem Selbstgespräch schlicht davon auszugehen, dass diese vorliegt. Der BGH folgert daraus: „Das möglicherweise unbewusste ‚laute Denken' beim nichtöffentlich geführten Selbstgespräch nimmt sodann an der Gedankenfreiheit teil."[626]

(c) Einordnung

Der entscheidende Umstand der Selbstgesprächssituation als unkontrolliertes Heraustreten des eigentlich inneren Monologs und die damit einhergehende (staatliche) Zugriffsmöglichkeit ändert für den Bundesgerichtshof nichts daran, dass sämtliche unter diesen Umständen getätigte Äußerungen dem absolut geschützten Kernbereich privater Lebensführung unterfallen.

3. Stellungnahme zur Einordnung eines Selbstgesprächs durch die Rechtsprechung

Der Bundesgerichtshof gewichtet in beiden Entscheidungen über die strafprozessuale Verwertbarkeit eines heimlich aufgezeichneten Selbstgesprächs die Äußerungssituation deutlich stärker als die anderen relevanten Komponenten, des Ortes und des Inhalts der Äußerung. Dabei verweist es stets auf Wertungen des Bundesverfassungsgerichts, die es in seiner Tagebuchentscheidung[627] aufgestellt hat. Diese Priorisierung wird teilweise kritisiert und als Abweichen von eben dieser verfassungsrichterlichen Rechtsprechung verstanden.[628] Entscheidend aber bleibt die Einordnung eines Selbstgesprächs als eine vom Schutzbereich der Gedankenfreiheit umfasste Handlung. Ebenso ist bei sämtlichen anderen wie auch immer gearteten technischen Zugriffen[629] auf die inneren Gedanken und deren Ergebnis grundsätzlich unwiderleglich zu vermuten, dass sie mit den inneren Gedanken identisch sind, solange eine exakte Überprüfung

---

625 BGHSt 57, 71 (75).

626 BGHSt 57, 71 (75).

627 Vgl. die Verweise des BGH auf BVerfGE 80, 367 (dazu sogleich), BGHSt 57, 71 (74 ff.).

628 Vgl. etwa *Warg* NStZ 2012, 237 (240).

629 Entsprechend beginnend bei untauglichen Versuchen, wie dem Polygraphen, bis hin zu dem hypothetisch als „echtes" Gedankenlesen beschriebenen Möglichkeiten.

nicht möglich ist. Fehlt es darüber hinaus an einer dem Selbstgespräch notwendig innewohnenden freiwilligen oder unfreiwilligen Äußerung, also dem Heraustreten der Gedanken aus der Gedankenwelt bzw. dem forum internum, muss jedenfalls eine Abwägung stets zu Gunsten des absolut geschützten Kernbereichs ausfallen.

Betrachtet man die in den beiden Urteilen vorgelegene Ausgangssituation einer Aufzeichnung eines Selbstgesprächs im Rahmen einer akustischen Überwachung eines Beschuldigten, mag man von einem womöglich sehr geringen Anwendungsbereich im praktischen Leben ausgehen. Schließlich müssen für die Möglichkeit eines derartigen Eingriffs gleich mehrere Umstände kumulieren. Jemand muss akustisch überwacht werden und zudem Selbstgespräche führen, und beides muss zeitlich und örtlich zusammenfallen. Doch durch den technischen Fortschritt ergeben sich weitere Möglichkeiten des staatlichen Zugriffs auf innere Gedanken von Menschen, sei es durch ein Abhören von Smartphones, die quasi überall dabei sind, Alexas in Wohnungen etc., sodass ein Abhören technisch theoretisch jederzeit möglich ist.[630] Oder der Verwendung von Brain-Computer Interfaces, die als Gehirnchip irgendwann so verbreitet wie heute Smartphones sein könnten und damit einen direkten Blick in den Kopf ermöglichen und bei deren Überwachung es nicht mehr darauf ankommt, ob die Gedanken verlautbart werden.[631]

III. Das Tagebuch

In den Entscheidungen zum Selbstgespräch wird stets auf einen maßgeblichen Beschluss des Bundesverfassungsgerichts zur strafprozessualen Verwertbarkeit von Tagebucheinträgen verwiesen. Die darin gemachten Ausführungen lassen sich ebenfalls für das Grundrecht auf Gedankenfreiheit fruchtbar machen. Daneben gibt es mehrere Entscheidungen des Bundesverfassungsgerichts und des Bundesgerichtshofs, die sich konkret mit Tagebüchern beschäftigen.

---

630 Vgl. die Spionagesoftware „Pegasus", mit der Smartphones heimlich in Wanzen umgewandelt werden können, *Baars/Flade/Mascolo*, Tagesschau.de, 19.07.2021, online: www.tagesschau.de/investigativ/ndr-wdr/spaeh-software-pegasus-smartphone-101.html (Abruf am 22.11.2023).

631 Vgl. zu den bereits heute angewandten Möglichkeiten zum „Blick in den Kopf" auch Kap. 1: D.III.

1. *Grundsätzlich zum Tagebuch*

Tagebuchaufzeichnungen stellen Gedankengänge des Verfassers in verkörperter, meist schriftlicher Form dar. Sie sind nicht für die Öffentlichkeit bestimmt, sondern dienen dem Verfasser, sich mit seinem inneren Befinden auseinanderzusetzen. Es werden dabei Gefühle und Meinungen sowie Erlebnisse und Erfahrungen festgehalten, stellen also intime Aufzeichnungen dar.[632] Man kann ein Tagebuch somit als schriftlich niedergelegte innere Gedanken verstehen. Allerdings ist die Form eines Tagebuchs als Schriftstück buchstäblich nicht festgeschrieben. Genau wie das klassische Tagebuch lassen sich auch digitale Formen, Sprachmemos etc. darunter fassen. Ein bestimmtes Medium zu verwenden, wird durch die Rechtsprechung nicht diktiert, wenngleich sämtliche Entscheidungen zu schriftlichen Aufzeichnungen stattfanden. Entscheidend ist, dass die Auswertung von Tagebüchern mit einem Zugriff auf die Gedankenwelt des Verfassers vergleichbar ist und die Wertungen des Bundesverfassungsgerichts für die Einordnung des Eingriffs in die Gedankenfreiheit in Form des Gedankenlesens herangezogen werden können. Abzugrenzen sind die hier gemeinten echten Tagebuchaufzeichnungen von Aufzeichnungen, die nur in der Form eines Tagebuchs gefasst sind, aber nicht zu dem Zweck, sich mit sich selbst auseinanderzusetzen, sondern bewusst als solche deklariert werden, um ihren Inhalt, gleich welcher Art, geheimzuhalten.[633]

2. *Rechtsprechung*

In einer Vielzahl von Entscheidungen haben sich sowohl der Bundesgerichtshof als auch das Bundesverfassungsgericht mit Tagebüchern in ihren Entscheidungen befasst. Diese werden in chronologischer Reihenfolge behandelt.

a. *BGH, Urteil vom 21. Februar 1964 – 4 StR 519/63*[634]

In diesem Verfahren wendete sich die wegen Meineids Verurteilte gegen diese Entscheidung, die sich im Kern auf die Verwertung ihrer Tagebuchaufzeichnungen stützte.

---

632 Vgl. bereits die Charakterisierung des BGH 1964, BGHSt 19, 325 (327); *Renka* 2016, S. 21, m.w.N.

633 Dazu die Behandlung der zweiten Tagebuch-Entscheidung des Bundesverfassungsgericht in Kap. 4: B.III.2.d.

634 BGHSt 19, 325; für den Sachverhalt der Entscheidung, siehe BGH NJW 1964, 1139.

(1) Gegenstand der Entscheidung

Die Lehrerin hatte ein intimes Verhältnis mit einem verheirateten, ihr übergeordneten Hauptlehrer derselben Schule angefangen. Darüber machte sie sich tagebuchähnliche Aufzeichnungen. Nach Beendigung dieser Beziehung fing sie eine neue intime Beziehung mit einem ebenfalls verheirateten anderen Mann an. Dieser fand diese Tagebuchaufzeichnungen und nahm sie mit Wissen der Lehrerin an sich. Nachdem auch diese Beziehung beendet war, forderte die Lehrerin ihre Tagebücher zurück, was der Mann zunächst verweigerte. Als er mithilfe eines rechtsanwaltlichen Schreibens zur Herausgabe aufgefordert wurde, gelang dieses Schreiben der Ehefrau des Mannes zur Kenntnis, welche diese an die Staatsanwaltschaft weitergab. Dadurch wurde der Hauptlehrer wegen Unzucht mit Abhängigen, § 174 Nr. 2 StGB a.F., angeklagt und die Lehrerin sagte als Zeugin aus, dass sie keine sexuelle Beziehung zum Angeklagten gehabt hätte, was zu einem Freispruch führte. In einem weiteren Verfahren gegen die Lehrerin stellte sich auf Grund der Verwertung ihrer Tagebuchaufzeichnungen heraus, dass sie über die sexuelle Beziehung zu dem Hauptlehrer im Verfahren gegen ihn unter Eid falsche Angaben gemacht hat.[635]

(2) Entscheidungsgründe

Der Bundesgerichtshof sah in der Verwertung der Tagebuchaufzeichnungen eine Verletzung des allgemeinen Persönlichkeitsrechts der Verfasserin an. Er rechnete die Inhalte der Intimsphäre der Angeklagten zu, woraus sich ein Beweisverwertungsverbot ergebe. Dabei stützte der Bundesgerichtshof seine Argumentation auf einen Vergleich mit vorangegangenen Entscheidungen zu heimlichen Tonbandaufnahmen eines Gesprächspartners, was diesen ebenfalls in seinem allgemeinen Persönlichkeitsrecht verletze, da dadurch in dessen Intimsphäre eingegriffen werde.[636] Das Recht konkretisiere sich dahingehend, dass man „ohne Gefühle des Mißtrauens und Argwohns“ Gespräche führen können müsse, da ein Bedürfnis nach vertrauensvollem Gedankenaustausch in der menschlichen Natur liege.[637]

Der Bundesgerichtshof zieht daraus den folgenden Schluss:

> Diese Grundsätze müssen erst recht gelten, wenn jemand Meinungen, Gefühle, Erlebnisse und Erfahrungen für sich selber festhält, ohne daß sie, von seltenen,

635 BGH NJW 1964, 1139 (1140 f.).

636 BGHZ 27, 284 und BGHSt 14, 359.

637 BGHSt 19, 325 (327).

> selbstbestimmten Ausnahmen abgesehen, zur Kenntnis anderer gelangen sollen. Bei Gesprächen verfolgt jedermann mit seinen Äußerungen immerhin einen Kundgebungszweck, wenn auch nur in begrenzter Weise gegenüber den Gesprächspartnern. Aufzeichnungen intimer Art sind jedoch regelmäßig von vornherein nicht zur Kenntnis Anderer bestimmt. Müßte ihr Verfasser befürchten, daß sie gegen seinen Willen gelesen und gar benutzt werden, so könnte dies die freie Entfaltung seiner Persönlichkeit erheblich behindern. Es muß jedermann freistehen, etwa Empfindungen, Gefühle, Ansichten und Erlebnisse beliebig für sich festzuhalten ohne den Argwohn und die Befürchtung, daß solche Aufzeichnungen unbefugterweise verwertet werden.[638]

Im Weiteren füllt er diese grundsätzlichen Erkenntnisse inhaltlich aus, indem er klar macht, dass es keine Strafverfolgung um jeden Preis geben darf, sondern hinsichtlich des Vorliegens eines selbstständigen Verwertungsverbotes eine Interessensabwägung vorzunehmen ist. Dabei ist zum einen der Umstand miteinzubeziehen, dass es sich bei Tagebuchaufzeichnungen um Inhalte mit höchstpersönlichem Charakter handelt und zum anderen die Schwere der aufzuklärenden Straftat gegenüberzustellen.[639] Diese Abwägung zwischen dem „Interesse am Schutz des eigenen Geheimbereichs und dem Interesse des Staates an der Strafverfolgung“[640] fiel im konkreten Fall zu Gunsten eines Beweisverwertungsverbotes aus. Bei nur scheinbaren Tagebuchaufzeichnungen, die keinen intimen Inhalt haben,[641] bei der Aufklärung besonders gewichtiger Straftaten oder zur Entlastung Dritter kann die Entscheidung hingegen anders ausfallen.[642]

(3) Einordnung

Damit erkennt der Bundesgerichtshof erstmals grundsätzlich den Schutz tagebuchartiger Aufzeichnungen im Kontext strafprozessualer Verwertung an. Einen unantastbaren Kernbereich hat er aber dahingehend noch nicht zugestanden, da für ihn eine Abwägung stets vorzunehmen ist, wenngleich sie regelmäßig zu Gunsten der Tagebuchaufzeichnungen ausfallen wird. Die Entscheidung wurde zwar vielfach kritisiert, insbesondere weil sich dadurch für die Strafverfolgungsbehörden gravierende Abgrenzungsschwierigkeiten böten[643] und dass der gemachte „erst recht“-Schluss dahingehend hinke, dass bei der heimlichen Aufzeichnung des Gesprächs eine Täuschung des Aufgezeichneten vorliege,

---

638 BGHSt 19, 325 (327 f.).
639 BGHSt 19, 325 (331 f.).
640 BGHSt 19, 325 (332).
641 Vgl. die angeführten Beispiele, BGHSt 19, 325 (331).
642 BGHSt 19, 325 (333).
643 *Händel* NJW 1964, 1139 (1144); sowie *Sax* JZ 1965, 1 (3 f.).

wohingegen der Tagebuchverfasser sich bewusst für eine (schriftliche) Aufzeichnung entscheiden würde.[644] Beide Kritikpunkte sind allerdings im Ergebnis nicht haltbar, da zum ersten die dadurch zwar erhöhten Anforderungen letztlich der Einhaltung eines rechtmäßigen staatlichen Handelns dienen und zum zweiten in beiden Fällen eine willentliche Entäußerung stattgefunden hat.[645] Derjenige, der mit jemanden spricht, muss sich genauso darüber sorgen, von diesem heimlich aufgezeichnet zu werden, wie derjenige, der ein Tagebuch schreibt, dass es in fremde Hände gelangt.

b. BVerfG, Beschluss vom 14. Juli 1964 – 1 BvR 352/64[646]

Im selben Jahr wie der Bundesgerichtshof befasste sich auch das Bundesverfassungsgericht in einem Eilverfahren zum Erlass einer einstweiligen Anordnung mit der Frage, ob die Verwertung tagebuchartiger Aufzeichnungen das allgemeine Persönlichkeitsrecht des Verfassers verletzt.

(1) Gegenstand der Entscheidung

Auch hier ging es um eine Verurteilung, diesmal wegen uneidlicher Falschaussage, die sich im Wesentlichen auf Tagebuchaufzeichnung und nicht abgesandten Briefen stützte, die die Unrichtigkeit der Aussage des Beschwerdeführers belegten. Das erkennende Gericht hat diese Dokumente schlicht zur Verwertung herangezogen, ohne eine Abwägung mit den grundrechtlich geschützten Interessen des Beschwerdeführers vorzunehmen.

(2) Entscheidungsgründe

Das Bundesverfassungsgericht stellte in diesem Fall fest:

> Die […] Frage, ob und inwieweit die Verwertung von Tagebuchaufzeichnungen und nicht abgesandten Privatbriefen mit Rücksicht auf den Schutz der Intimsphäre des Verfassers und der freien Entfaltung der Persönlichkeit im Strafverfahren zulässig ist bedarf einer eingehenden Prüfung.[647]

Deswegen setze es die Vollstreckung des Strafurteils aus und teilte so die vom Bundesgerichtshof eingeschlagene Linie der Anerkennung des grundrechtlichen Schutzes tagebuchartiger Aufzeichnungen. Eine Hauptsacheentscheidung

---

644 *Händel* NJW 1964, 1139 (1140).
645 Vgl. umfassend *Laber* 1995, S. 11 f.; *Renka* 2016, S. 96 ff.
646 BVerfGE 18, 146.
647 BVerfGE 18, 146 (147).

erging nicht, da die Verfassungsbeschwerde in der Hauptsache zurückgenommen wurde.[648]

(3) Einordnung

Durch die Rücknahme der Hauptsache entfiel die Möglichkeit einer tiefgreifenderen Auseinandersetzung mit dieser Frage durch das Bundesverfassungsgericht zu diesem Zeitpunkt. Ein großartiges Mehr an Erkenntnis lässt sich aus der vorgenommenen Entscheidung nicht ziehen, sie verdeutlicht aber die grundsätzliche Anerkennung eines geschützten Bereichs menschlicher Gedanken, die in Tagebüchern niedergelegt wurden.

c. BGH, Urteil vom 9. Juli 1987 – 4 StR 223/87[649] (BGH-Tagebuch II)

In dieser Entscheidung bot sich für den Bundesgerichtshof zum zweiten Mal die Möglichkeit, zu der strafprozessualen Verwertbarkeit von tagebuchartigen Aufzeichnungen Stellung zu nehmen.

(1) Gegenstand der Entscheidung

Im zu Grunde liegenden Fall wurde der Angeklagte wegen Mordes an einer ihm unbekannten Frau verurteilt. Er tötete die auf einer abgelegenen Wiese in Bauchlage liegende, ein Sonnenbad nehmende Frau, indem er ihr mit einem scharfkantigen Schlagwerkzeug, das vermutlich ein scharfes Beil war, unvermittelt viermal auf den Hinterkopf schlug. Der Angeklagte bestritt seine Täterschaft im Prozess. Unter Heranziehung von Indizien konnte sich das erkennende Gericht jedoch von seiner Täterschaft überzeugen. Dabei wurden Tagebuchaufzeichnungen verwertet, die dieser auf Anraten eines Psychologen im Vorfeld der Tat vorgenommen hatte und auf losen Zetteln angefertigt worden waren.[650] Sie enthielten unter anderem Gewaltphantasien über die Begehung von Straftaten an Frauen, was maßgeblich zur Überzeugungsbildung des erkennenden Gerichts über Täterschaft des Angeklagten herangezogen wurde. Gegen diese Verwertung wendete sich der Angeklagte in seiner Revision.[651]

---

648 So *Rohlf* 1980, S. 72, Fn. 17; vgl. auch *Laber* 1995, S. 21; sowie *Renka* 2016, S. 102 f.
649 BGHSt 34, 397.
650 Notizen im Wortlaut, siehe BVerfGE 80, 367 (368 f.).
651 BGHSt 34, 397 (397 f.).

(2) Entscheidungsgründe

Der Bundesgerichtshof nahm in diesem Fall, anders als noch in seiner ersten Entscheidung, an, dass die Tagebuchaufzeichnungen verwertet werden durften. Der Angeklagte werde dadurch nicht in seinem allgemeinen Persönlichkeitsrecht aus Art. 2 Abs. 1 i.V.m. Art. 1 Abs. 1 GG verletzt. Dies ergebe sich aber nicht bereits aus dem Umstand, dass der Angeklagte seine Aufzeichnungen unverschlossen aufbewahrte, obwohl er zusammen mit seinen Eltern in einem Haus wohnte. Alleine der Wille, sie geheimzuhalten, der sich daraus ergibt, dass er sie zuvor niemanden gezeigt hat, reicht aus, dass sie dem Schutzbereich seiner Privatsphäre zuzuordnen sind.[652] Auch hat der Angeklagte nicht auf den Persönlichkeitsrechtsschutz an den Aufzeichnungen verzichtet, indem er sich mit deren Sicherstellung einverstanden erklärt habe, da der rechtlich unerfahrene und zu diesem Zeitpunkt auch unverteidigte Angeklagte sich weder der Bedeutung dieser Zustimmung bewusst war, noch in der schlichten Zustimmung der Sicherstellung bereits ein Verzicht auf den grundrechtlichen Schutz bei der weiteren Verwertung liegt.[653]

In der ersten Tagebuchentscheidung des Bundesgerichtshofs hat er die Unterscheidung zwischen Tagebuchinhalten mit persönlichem Charakter, die dem Persönlichkeitsrechtsschutz unterfallen, und sonstigen Inhalten, die keinen solchen Charakter aufweisen, sich beispielsweise nur mit der Begehung einer Straftat befassen, und dem Schutzbereich nicht unterfallen, aufgestellt.[654] In diesem Fall ordnete der Bundesgerichtshof die Aufzeichnungen eindeutig einem höchstpersönlichen Charakter zu, obwohl der Angeklagte sich darin auch geistig mit der Begehung von Straftaten an Frauen auseinandersetzte. Das Tatgericht sah darin noch einen Grund, den höchstpersönlichen Charakter zu verneinen, sie also „nicht ‚in den Mantel des unantastbaren Persönlichkeitsschutzes gehüllt […] werden, weil der Angeklagte sich darin geistig mit der Begehung von Straftaten an Frauen' auseinandergesetzt habe".[655] Der Bundesgerichtshof merkte dazu an, dass sich der Angeklagte darin gerade auch mit sich selbst und seinem Frauenproblem und der damit einhergehenden inneren Spannung, schwere Straftaten zu begehen, auseinandergesetzt habe, sodass die Aufzeichnungen insgesamt einen höchstpersönlichen Charakter aufweisen.[656]

---

652 BGHSt 34, 397 (399).

653 BGHSt 34, 397 (400).

654 BGHSt 19, 325 (331).

655 So die diesbezüglich vom BGH selbst zitierte Stelle des LG Dortmund, BGHSt 34, 397 (399).

656 BGHSt 34, 397 (400).

Mit der Frage der Unantastbarkeit der Intimsphäre des allgemeinen Persönlichkeitsrechts setzte sich der Bundesgerichtshof allerdings im weiteren Verlauf seiner Entscheidung nicht vertieft auseinander. Er stellt unter Verweis auf die Tonband-Entscheidung des Bundesverfassungsgerichts,[657] worin ein unantastbarer Kernbereich privater Lebensführung auf Grund der jedem Einzelnen zustehenden Intimsphäre beschrieben wurde, lediglich allgemein fest, dass der Persönlichkeitsschutz mit dem staatlichen Interesse an einer funktionsfähigen Rechtspflege jedenfalls dann abzuwiegen sei, wenn es um die Aufklärung schwerer Straftaten gehe.[658] Dabei schlug die konkrete Abwägung auf Grund des Gewichts der begangenen Straftat zu Gunsten einer Verwertbarkeit aus:

> Die bei dem Angeklagten sichergestellten Unterlagen dienten der Aufklärung eines Mordes, also einer der schwersten Straftaten, die das Strafgesetzbuch kennt. Die Tagebuchaufzeichnungen waren zwar nicht das einzige Beweismittel; sie waren aber für die Entscheidung von nicht unerheblicher Bedeutung, weil sie einen Einblick in die innere Verfassung des Angeklagten vor der Tat gestatteten und geeignet waren, einerseits Tatmotive aufzuzeigen und andererseits auf entlastende Umstände hinzuweisen.[659]

(3) Einordnung

Für den Bundesgerichtshof scheint damit ein absoluter Schutz der Intimsphäre nicht gegeben zu sein, wenn es um die Aufklärung schwerer Straftaten geht. Dies wurde auch entschieden kritisiert.[660] Abgesehen von der Einräumung einer Abwägungsoffenheit im Hinblick auf die Verwertung von Tagebuchaufzeichnungen, stellt der Bundesgerichtshof allerdings gewisse Leitlinien zur grundrechtlichen Einordnung von Tagebuchaufzeichnungen dar, denen zuzustimmen ist. Erstens stellt der Bundesgerichtshof klar, dass Tagebuchaufzeichnungen einen Einblick in die „innere Verfassung" ihres Urhebers gewähren und sie dem Schutz des allgemeinen Persönlichkeitsrechts grundsätzlich unterfallen. Damit erkennt er zum einen den grundrechtlichen Schutz (trotz) einer Verschriftlichung der inneren Gedanken an und zum anderen konkludent erst recht die Relevanz des vorgelagerten gedanklichen Prozesses, aus dem heraus sich der Grundrechtsgehalt bis in die Sphäre der Außenwelt ableitet. *Amelung* stimmt dem eingeräumten Stellenwert zu, leitet ihn allerdings aus der Gewissensfreiheit ab.[661] Er präzisiert, dass Tagebuchaufzeichnungen letztlich „nichts anderes als

---

657 BVerfGE 34, 238.
658 BGHSt 34, 397 (401).
659 BGHSt 34, 397 (401).
660 Vgl. Renka, Selbstkommunikation, S. 118 f.; *Laber* 1995, S. 36 f., jeweils m.w.N.
661 *Amelung* NJW 1988, 102 (1004).

die Projektionen des forum internum auf das Papier“ sind und sich nur durch den „Papierverbrauch“ von einem „rein gedanklich geführte Gewissensdialog“ unterscheiden, da in beiden Fällen keinerlei Sozialbezug besteht.[662] Damit verweist *Amelung* letztlich auf den durch die Gewissensfreiheit kodifizierten Bereich der Gedankenfreiheit, wenngleich er sodann aber nicht ausschließen will, dass durch die „Entäußerung (der inneren Gedanken) im Tagebuch“ sich doch eine Abwägungsoffenheit ergeben könnte.[663]

Zweitens stellte der Bundesgerichtshof hinsichtlich einer Verwirkung des grundrechtlichen Schutzes entscheidend auf den Geheimhaltungswillen des Verfassers ab. Damit bestätigt er die Gewichtung des inneren Willens hinsichtlich der Schutzwürdigkeit von Gedankeninhalten und zwar auch und gerade für verschriftlichte Gedankeninhalte. Entscheidend ist, inwieweit ein Sozialbezug durch den Gedankeninhaber hergestellt werden soll. Das ist vergleichbar mit der Entscheidung einer Person, ihre inneren Gedanken kommunikativ mitzuteilen und der entsprechenden Achtung der Entscheidung dies nicht tun zu wollen.[664]

d. BVerfG, Beschluss vom 14. September 1989 – 2 BvR 1062/87[665] (BVerfG-Tagebuch II)

Das Bundesverfassungsgericht befasste dabei mit der Verfassungsbeschwerde gegen die zweite Tagebuchentscheidung des Bundesgerichtshofs, der in seiner Entscheidung im Ergebnis die Verwertbarkeit der Tagebuchaufzeichnungen zur Aufklärung eines Mordes in einer Abwägung als zulässig erachtete.[666] Konkret ging es damit erneut um die Frage, ob die strafprozessuale Verwertung der Tagebuchaufzeichnungen den Beschwerdeführer in seinem allgemeinen Persönlichkeitsrecht verletzt.

---

662 Ebenda.

663 Ebenda, S. 1005, Klammerzusatz durch den Verfasser.

664 Dazu die Behandlung von Art. 5 GG, dessen Bestandteil auch die negative Meinungsfreiheit ist, in Kap. 3: B.V.5.a.

665 BVerfGE 80, 367.

666 Zur zweiten Tagebuchentscheidung des Bundesgerichtshofs vom 09.07.1987 (Az.: 4 StR 223/872) ausführlich, Kap. 4: B.III.2.c.

(1) Entscheidungsgründe

In der Entscheidung des Bundesverfassungsgerichts konnte auf Grund einer Stimmengleichheit im Senat keine Grundrechtsverletzung festgestellt werden.[667] Die Seltenheit einer solchen Entscheidung des Bundesverfassungsgerichts zeigt auf, wie umstritten die Behandlung von Tagebüchern ist, und gebietet, sich sowohl mit der die Entscheidung tragenden Teil, als auch dem enthaltenen Sondervotum auseinanderzusetzen. Vorangestellt können für die hier der Untersuchung zu Grunde liegende Fragestellung die Gemeinsamkeiten der beiden Ansichten vorangestellt werden.

(a) Übereinstimmende Feststellungen

Einigkeit besteht über die zur Bestimmung des unantastbaren Kernbereichs privater Lebensgestaltung notwendigen Voraussetzungen. Zum einen bedarf es eines Geheimhaltungswillens des Lebenssachverhaltes. Zum anderen muss dieser auch inhaltlich höchstpersönlichen Charakter haben. Bereits in diesem zweiten Punkt wird der vom Bundesgerichtshof angenommenen Abwägungsoffenheit auch von höchstpersönlichen Inhalten eine Absage erteilt. Allerdings sieht das Bundesverfassungsgericht Aufzeichnungen „über die Planung bevorstehender oder Berichte über begangene Straftaten“[668] nicht als dem unantastbaren Kernbereich zugehörig an. Somit wird zumindest eine erste inhaltliche Sichtung für die Entscheidung, ob die Aufzeichnungen dem absoluten Kernbereich unterfallen oder nicht, unumgänglich, wenngleich das Bundesverfassungsgericht dabei „größtmögliche Zurückhaltung“ fordert.[669] Erst wenn feststeht, dass die Aufzeichnungen nicht zum Kernbereich gehören, steht die Frage nach der Verwertbarkeit einer Abwägung zwischen dem allgemeinen Persönlichkeitsrecht einerseits und andererseits dem Interesse an einer effektiven Strafrechtspflege offen. Uneinigkeit besteht jedoch über die Einordnung von Tagebuchaufzeichnungen unter diesen Kernbereich.

(b) Die Entscheidung tragende Ansicht[670]

Für die Zulässigkeit einer Verwertung und damit gegen die Einordnung in den absolut geschützten Kernbereich persönlicher Lebensgestaltung votierten die

---

667 Vgl. § 15 Abs. 4 S. 3 BVerfGG; in der Entscheidung noch als § 15 Abs. 3 S. 3 BVerfGG angegeben, aber durch Gesetz v. 16.07.1998 (BGBl. I S. 1823) wurde der bisherige Abs. 3 zu Abs. 4, BVerfGE 80, 367 (376).

668 BVerfGE 80, 367 (375).

669 BVerfGE 80, 367 (375).

670 BVerfGE 80, 367 (376 ff.).

Richter *Träger*, *Klein*, *Kruis* und *Paul Kirchhof*. Diese Zuordnung sei entscheidend bereits dadurch ausgeschlossen, dass die Gedanken schriftlich in den Tagebuchaufzeichnungen niedergelegt wurden. Damit seien sie willentlich aus dem „beherrschbaren Innenbereich" entlassen worden und der „Gefahr eines Zugriffs preisgegeben" worden.[671] Zudem würden sie darüber hinaus einen Inhalt aufweisen, der „über die Rechtssphäre ihres Verfassers hinausweist und ‚Belange der Allgemeinheit nachhaltig berührt.'"[672] Es wird zwar gesehen, dass konkret vorliegende Aufzeichnungen keinen konkreten Bezug zu Straftaten haben, wie deren Planung oder Schilderung nach Ausführung, es bestünde aber eine derart enge Verknüpfung der Schilderungen mit der später begangenen Straftat, dass sie einer Abwägung offenstünden.[673] Diese Verknüpfung wird in den weiteren Erörterungen dargelegt und im Wesentlichen darauf, dass

> sie die wachsende Geneigtheit des Beschwerdeführers zu einer Gewalttat gegen eine Frau und seine Auseinandersetzung mit dieser seelischen Spannungslage wiedergeben, die Wurzel der Tat selbst bloß. Außerdem schildern sie teilweise Vorgänge, die nach der eigenen Einschätzung des Verfassers beinahe schon zu einer Gewalttat geführt haben und die ersichtlich mit erheblichen Gefahren für unbeteiligte Dritte verbunden waren. Damit befassen sie sich mit einem Sachverhalt, der nach den tatrichterlichen Feststellungen die Vorgeschichte der Straftat, ihre wesentlichen Ursachen und auch ihre Auslösung erklärt und damit erst den Schlüssel zum Verständnis des eigentlichen Tatgeschehens liefert.[674]

Also für die strafrechtliche Aufarbeitung unerlässlich sind, was in rechtsstaatlicher Sicht selbstverständlich nicht nur zur Belastung, sondern auch zur Entlastung des Täters führen kann.[675]

Sowohl das schriftliche Niederlegen der Gedanken, die diese aus dem beherrschbaren Innenbereich entlässt – wodurch der oben genannte Geheimhaltungswille entfällt –, als auch der Inhalt, der über die Rechtssphäre des Verfassers hinausgeht, sind entscheidend dafür, dass hier die Tagebuchaufzeichnungen nicht absolut geschützt sind. Mit der Folge, dass eine Verwertung, die einen Eingriff in das allgemeine Persönlichkeitsrecht des Angeklagten darstellt, nur zulässig ist, wenn diese in einer Abwägung hinter Belangen der Allgemeinheit, hier die Aufklärung einer schweren Straftat, zurücktritt.[676] Dies bejahten

671 BVerfGE 80, 367 (376).
672 BVerfGE 80, 367 (376).
673 BVerfGE 80, 367 (376 ff.).
674 BVerfGE 80, 367 (377).
675 BVerfGE 80, 367 (379).
676 BVerfGE 80, 367 (379 f.).

die Richter schließlich im konkreten Fall unter Berücksichtigung des besonderen Gewichts der hier aufzuklärenden Straftat und kamen dabei letztlich zum selben Ergebnis wie zuvor der Bundesgerichtshof, wenngleich auch durch eine andere Begründung im Ausgangspunkt.

(c) Das Sondervotum[677]

Die vier unterlegenen Richter *Franßen*, *Böckenförde*, *Mahrenholz* und *Graßhof* ordneten die Tagebuchaufzeichnungen im vorliegenden Fall hingegen in den absolut geschützten Kernbereich privater Lebensführung ein. Bereits die Art und Weise der Aufbewahrung der Tagebuch-Notizen spreche dafür. Sie deutet auf den Geheimhaltungswillen des Angeklagten hin, den es zu achten gelte. Zudem dienten sie ihrem Verfasser nur zur Auseinandersetzung mit dem eigenen Selbst. Diese Wertung geht nicht bereits dadurch verloren, dass sie aufgeschrieben werden:

> So gewiß es ist, daß die Gedanken frei sind – und deshalb frei bleiben müssen von staatlichem Zwang und Zugriff, wenn nicht der Mensch im Kernbereich seiner Persönlichkeit getroffen werden soll –, so gewiß muß gleicher Schutz für das schriftlich mit sich selbst geführte Gespräch gelten, bei dem das andere Ich durch die Niederschrift zum Sprechen gebracht und damit als Gegenüber besser verstanden wird.[678]

Damit erteilten die Richter der Annahme, dass durch die Verschriftlichung der Schutz verloren ginge, eine Absage. Es könne demnach nicht entscheidend auf die äußere Form abgestellt werden und die Perpetuierung in Papierform den entscheidenden Unterschied machen.

Zudem sind die gemachten Aufzeichnungen auch inhaltlich ausschließlich von höchstpersönlichem Charakter. Der Bezug zu einer konkreten Straftat sei erst im Nachhinein entstanden. Für die Bewertung des Inhalts muss aber auf den Zeitpunkt ihrer Niederschrift abgestellt werden. Ansonsten könnten später eintretende Umstände von außen kommend den im Zeitpunkt ihrer Niederschrift vorhandenen höchstpersönlichen Bezug nachträglich entfallen lassen. Es müsse damit immer damit gerechnet werden, dass der Kernbereichsschutz später entfiele, sodass eine Auseinandersetzung mit dem eigenen Ich immer nur unter der Drohkulisse des staatlichen Zugriffs stattfinden könnte. Damit wäre dem Verfasser die nötige Souveränität über die Disposition der eigenen Gedanken letztlich ganz entzogen:

---

677 BVerfGE 80, 367 (380 ff.).
678 BVerfGE 80, 367 (381).

> Ließe man die bloße Möglichkeit, Erkenntnisse über die Persönlichkeitsstruktur des Tatverdächtigen zu gewinnen, ausreichen, um privaten Aufzeichnungen im Strafverfahren den absoluten Schutz zu versagen, so wäre die Unterscheidung zwischen Kernbereich und Abwägungsbereich für das Strafverfahren praktisch aufgehoben. Da grundsätzlich jede Erkenntnis über den psychischen Zustand eines Verdächtigen geeignet ist, zusätzliche Hinweise sowohl auf seine Schuldfähigkeit als auch darauf zu geben, ob er die Tat begangen haben könnte oder nicht, wäre allein der Verdacht geeignet, den absoluten Schutz des Kernbereichs der Privatsphäre zu beseitigen.[679]

Schließlich könne das Argument, die aus der Verwertung der Tagebuchaufzeichnungen gewonnenen Erkenntnisse würden nicht nur gegen, sondern auch zu Gunsten eines Angeklagten genutzt werden, nicht tragen. Es sei vergleichbar mit dem Schweigen eines Angeklagten. Auf Grund des nemo tenetur-Grundsatzes kann das Schweigen eines Angeklagten nicht zu seinen Lasten gewertet werden. Ebenso, wie er davor geschützt ist, sich nicht zur Sache äußern zu müssen, darf er sich davor bewahren, sich im Strafprozess mit seiner schriftlich niedergelegten inneren Persönlichkeit befassen zu müssen. Durch das Schuldprinzip müsse die Schuld des Angeklagten durch das Gericht festgestellt werden und dürfe nicht dafür verwandt werden, ein Eindringen in den Kernbereich damit zu rechtfertigen, die Schuld eines Angeklagten möglichst genau zu bestimmen, um ein gerechtes Urteil fällen zu können.[680]

Letztlich sind die Aufzeichnungen dem absolut geschütztem Kernbereich privater Lebensgestaltung zuzuordnen, so dass eine strafprozessuale Verwertung unzulässig ist. Die Richter fügten noch an, dass dies in solchen Fällen dann generell gelte, also sowohl zur Be- als auch Entlastung eines Angeklagten.[681]

(2) Stellungnahme

Die hier geschehene paritätische Uneinigkeit des Bundesverfassungsgerichts hinsichtlich der Einordnung von Tagebuchaufzeichnungen zeigt bereits, welch schmaler Grat eine Bewertung in diesem Bereich darstellt. Letztlich überzeugt die Wertung des Sondervotums der unterlegenen Richter sowohl im konkreten Fall als auch in Bezug auf die abstrakt zu berücksichtigenden Wertungen bei der Einordnung von Tagebuchaufzeichnungen in den absolut geschützten Kernbereich privater Lebensführung.

---

679 BVerfGE 80, 367 (382).
680 BVerfGE 80, 367 (382 f.).
681 BVerfGE 80, 367 (383).

Der Vergleich mit dem Selbstgespräch leuchtet ein, da es einer Person genauso dazu dienen kann, sich mit der eigenen Persönlichkeit und inneren Gedankenwelt auseinanderzusetzen wie die schriftliche Aufarbeitung. Beide Prozesse sind, wenn sie von einem Geheimhaltungswillen getragen sind, nicht für die Außenwelt bestimmt. Damit liegt der einzige Unterschied in der Flüchtigkeit des Wortes bei einem Selbstgespräch einerseits und der schriftlichen Perpetuierung der Gedanken in einem Tagebuch andererseits. Würde man diesen Unterschied genügen lassen, würde der Staat den Menschen erstens ein Verfahren, sich mit sich selbst zu befassen, aufoktroyieren, indem er ein anderes der Geheimsphäre entreißt. Zweitens ist die vielbeschworene Flüchtigkeit des gesprochenen Wortes, wie bereits bei der Auseinandersetzung mit den Selbstgesprächs-Entscheidungen dargelegt, ein trügerischer Schluss. Auch der, der nur spricht, muss damit rechnen, dass sein gesprochenes Wort mitgehört oder aufgezeichnet wird. Jedenfalls genauso wie der, der ein Tagebuch schreibt und es für sich verwahrt, damit rechnen muss, dass dessen Inhalt anderen zur Kenntnis gelangt. Berücksichtigt man dann noch die vorgerückte Technisierung des Alltags, werden die Unterschiede marginal. Nahezu in jeder Situation ist man von einem technischen Gerät umgeben, das das Potential in sich trägt, als Abhörgerät instrumentalisiert zu werden; genauso ist der Zugriff erleichtert möglich, wenn jemand einen PC nutzt, um sein Tagebuch hineinzutippen oder als Mischform zu diktieren und entweder als Sprachmemo oder in Text konvertiert zu speichern.[682] Dagegen erscheint die Nutzung von Stift und Papier geradezu antiquiert und gerade deswegen womöglich dem fremden Zugriff nach heutigen Maßstäben stärker entzogen als das gesprochene Wort.[683]

Schließlich ist die Argumentation der die Entscheidung tragenden Ansicht, dass die Verwertung der intimen Aufzeichnungen auch zu Gunsten des Angeklagten herangezogen wird, ein Trugschluss. Die Argumentation der unterlegenen Richter dahingehend ist diesbezüglich nochmal hervorzuheben, dass in Bezug auf das Schuldprinzip, welches dem Staat die Erforschung des strafrechtlich zu beurteilenden Sachverhalts aufgibt, nicht von einem diesbezüglichen „Müssen" auf ein entsprechendes „Dürfen" geschlossen werden kann.[684]

Der Maßgabe der die Entscheidung tragenden Ansicht, dass der grundrechtliche Schutz nur für Aufzeichnungen von tatsächlich höchstpersönlichem Charakter gegeben ist, ist hingegen zuzustimmen. Dies ist dann der Fall, wenn die

---

682 Vgl. BVerfGE 120, 274 (335 f.).
683 Dazu die Stellungnahme zu den Selbstgesprächsentscheidungen unter Kap. 4: B.II.3.
684 So auch *Gleis* JZ 1991, 112 (116).

Aufzeichnungen tatsächlich Tagebuchcharakter haben, also die schriftlich niedergelegten inneren Gedanken im Sinne eines verkörperten forum internum entsprechen. Es kann nicht sein, dass jegliche Schriften durch die Betitelung als Tagebuch oder dem „Verstecken" in der Form eines Tagebuchs dem staatlichen Zugriff entzogen werden können. Beispielsweise würde eine Liste von begangenen Straftaten in einem Schreibheft mit der Aufschrift „Mein Tagebuch" nicht ausreichen.[685] Dadurch wäre Missbrauch Tür und Tor geöffnet. Solche Aufzeichnungen nehmen aber nicht an der Gedankenfreiheit teil. Allerdings wird durch diese Differenzierung eine gewisse inhaltliche Auswertung notwendig. Dies mit einer Aufgabe eines absolut geschützten Kernbereichs gleichzustellen, ist aber auf Grund der praktischen Erwägungen zur Ausräumung jeglichen Missbrauchspotentials nicht nachvollziehbar.[686] Eine Antastung des Kernbereichs ist mit der bloßen Auswertung auf die Frage der Zugehörigkeit noch nicht gegeben, wenngleich mit dem Bundesgerichtshof in Übereinstimmung dabei ein hohes Maß an Zurückhaltung geboten ist. Zudem sind durch die dann mögliche Verwertbarkeit durch die Gerichte nur die Erkenntnisse, die den Kernbereich nicht antasten, als alleinige Tatsachengrundlage heranzuziehen und eventuell darüber hinaus zu Tage getretene unverwertbare intime Erkenntnisse bei der Beurteilung auszunehmen. Das ist aber den Gerichten zweifelsfrei zuzutrauen.

Die inneren Gedanken unterfallen damit nach der Auslegung des Bundesgerichtshofs und des Bundesverfassungsgerichts stets dem absolut geschütztem Kernbereich privater Lebensgestaltung und sind von der Verfassung uneingeschränkt geschützt. Offen, und wie gezeigt, schwierig bleibt durch die Tagebuchentscheidungen die Grenzziehung, ab wann ein Gedanke diesen Charakter, z.B. durch Entäußerung oder schriftlicher Niederlegung, verliert. Die Einordnung alleine auf die schriftliche Niederlegung zu reduzieren stellt jedenfalls nach heutigen Maßgaben keine hinreichende Abgrenzung mehr dar. Die inhaltliche Bewertung ist hingegen zumindest dahingehend präzisiert, dass Inhalte ohne höchstpersönlichen Charakter definitiv nicht zum Kernbereich zu zählen sind.[687]

IV. Fazit für die Eingriffskategorie des Gedankenlesens

Die Auswertung der Rechtsprechung hat gezeigt, dass Formen des Gedankenlesens vielfach den Bundesgerichtshof und das Bundesverfassungsgericht

---

685 So auch *Renka* 2016, S. 131 f.

686 So aber *Dammann* 2011, S. 72.

687 Vgl. die folgenden Entscheidungen des BGH, BGH NJW 1994, 1970; BGH, NStZ 2000, 383, mit Anmerkung *Jahn*.

beschäftigt haben. War es bei der Polygraphie die Annahme der Funktionsfähigkeit eines Lügendetektors als Ausgangspunkt für die rechtliche Bewertung, die Definition des Selbstgesprächs als unwillkürlich verlautbarter innerer Monolog oder die Gleichsetzung von Tagebuchaufzeichnungen mit der schriftlichen Niederlegung der inneren Gedankenwelt. Trotz der Einfachheit der behandelten Methoden zum Zugriff auf gedankengleiche Inhalte, die einem beim Begriff des Gedankenlesens ins Auge springen, hat die Beurteilungsweise der Rechtsprechung es ermöglicht, entsprechende Schlussfolgerungen zu extrahieren und allgemeingültige Kriterien herzuleiten.

Die Lügendetektorentscheidungen haben gezeigt, dass ein Zugriff auf die Gedankenwelt eines Menschen durch die Verwendung technischer Geräte nur mit dessen Zustimmung erfolgen kann. Zudem verbietet der Menschenwürdegehalt der Gedankenfreiheit einer uneingeschränkten, vollständigen Auswertung zuzustimmen. Vielmehr bedarf es der Kontrollmöglichkeit des Zustimmenden bzw. der klaren vorherigen Festlegung des konkreten Umfangs.

Die Selbstgesprächsentscheidungen haben dies bestätigt und zudem einen Schutz der Gedankenfreiheit vor einem derartigen Zugriff auch über die Grenzen des Inneren hinaus dargelegt. Besonders ist dies bei unwillkürlichen Offenlegungen der inneren Gedankenwelt der Fall. Damit wird die Souveränität über die Verfügbarkeit der eigenen Gedanken deren Inhaber zugeschrieben.

Die Tagebuchentscheidungen haben den Menschenwürdekern der Gedankenfreiheit nochmals bestätigt. Die Festlegung der Beurteilungskriterien des subjektiven Geheimhaltungswillens und der objektiven Beurteilung des Inhalts zum Schutzbereich der Gedankenfreiheit ist dem zu entnehmen. Der Geheimhaltungswille wird durch die verwendete Form indiziert. So deutet die unwillkürliche Aussprache eines Selbstgesprächs auf den Geheimhaltungswillen hin. Die Verschriftlichung ist hingegen kein definitives Kriterium. Wobei aufgezeigt wurde, dass es auch kein klares Ausschlusskriterium gegen die Annahme des erforderlichen Geheimhaltungswillens sein kann. Die Form innerer Gedanken hingegen ist auf Grund ihrer Formlosigkeit, da sie ja nur gedacht sind, zweifelsfrei ein die Geheimhaltung festlegender Umstand. Die Bewertung auf inhaltlicher Ebene scheidet bei rein inneren Gedanken hingegen aus. Sie ist nicht mehr erforderlich, wenn die Form bereits zweifelsfrei für einen absoluten Schutz spricht. Bei verkörperten Gedanken kann hingegen darauf abgestellt werden, um einen Missbrauch des Schutzes der Gedankenfreiheit vorzubeugen.

Die Absolutheit des Schutzes der Gedankenfreiheit ist dagegen nochmals prägnant darzustellen. Bedeutet der absolute Schutz der Intimsphäre einen Entzug der Verfügungsmacht auch des Rechteinhabers, kann dies bei Gedanken nicht streng durchgehalten werden. Die Möglichkeit, innere Gedanken zu kommunizieren, ist ebenso grundrechtlich geschützt. Damit ist dem Grundrechtsträger gewährleistet, seine inneren Gedanken aus dem Schutzbereich der Gedankenfreiheit durch Kommunikation bzw. handelnder Ausführung zu entlassen. Gerade weil dies möglich und diese Möglichkeit auch noch grundrechtlich geschützt ist, wäre die Verneinung der Dispositionsbefugnis der inneren Gedanken zur Wahrung eines absoluten Schutzes systemwidrig. Die Grenze bildet dabei allerdings die Menschenwürde dahingehend, dass eine Zustimmung zur vollständigen Offenlegung, die über das natürlich mögliche Maß grundrechtlich geschützter Offenbarungsmöglichkeit hinausgeht, und die Notwendigkeit der Kontrolle des Gedankeninhabers über den Gedankenleseprozess als solchen.

C. Gedankenmanipulation

Nun soll der Eingriff in die Gedankenfreiheit in Form der Gedankenmanipulation genauer betrachtet werden. Dabei soll zunächst kurz die abstrakte Beschreibung des Szenarios der Gedankenmanipulation repetiert werden. Es sind Fälle gemeint, in denen die autonome Bildung von Gedanken wesentlich beeinflusst wird, bestehende Gedanken verändert oder unterdrückt bzw. gelöscht werden.[688]

Nun ist es freilich derzeit nicht möglich, dass jemand die Gedanken eines anderen Menschen unmittelbar steuert. Es gibt zwar Experimente, die genau das untersuchen und in denen versucht wird, dass ein Mensch bzw. ein Computer die Gedanken eines anderen Menschen steuert.[689] Die Möglichkeit dazu bietet sich etwa durch ein Brain-to-Brain-Interface, welches erstmals 2013 erfolgreich zwischen zwei Menschen angewendet wurde.[690] Dabei werden zwei Personen durch ein EEG, wodurch Informationen aus dem Gehirn ausgelesen werden können, und einem TMS,[691] womit sich die ausgelesenen Informationen bzw. Bewegungsimpulse an das angeschlossene Gehirn übertragen lassen, verbunden. Damit lässt sich dann z.B. ein Mausklick ausführen, der von einer Person zur anderen übertragen wurde. Nach Vorstellung des das obige Experiment durchführenden Wissenschaftlers *Andrea Stocco* soll diese Technologie künftig etwa dazu verwendet werden können, dass ein Passagier in einem Flugzeug durch das

---

688 So bereits zu Beginn des Kapitels.

689 Sog. Brain-to-Brain- Interface bzw. Brain-Computer-Interface, vgl.

690 Zum Rao/Stocco-Experiment, vgl. den Bericht auf der Website der University of Washington von *Armstrong/Ma* UW News, 27.08.2013, online: www.washington.edu/news/2013/08/27/researcher-controls-colleagues-motions-in-1st-human-brain-to-brain-interface/ (Abruf am 22.11.2023).

691 Transkarnielle Magnetstimulation.

Bodenpersonal gelenkt, die Landung durchführen kann, wenn die Piloten dazu nicht in der Lage sind.[692] Allerdings gelingt diese Gehirnverbindung so allenfalls unter Laborbedingungen, sodass eine praktische Missbrauchsgefahr derzeit quasi ausgeschlossen ist.[693] Ebenso verhält es sich mit einem Brain-Computer-Interface, welches prinzipiell vergleichbar funktioniert, nur ein menschliches Gehirn mit einem Computer anstelle eines anderen Menschen verbindet.[694] Allerdings ist nicht abzustreiten, dass an solchen Technologien geforscht wird und besonders im medizinischen Bereich bereits eingesetzt werden,[695] aber auch das US-Militär[696] und Tech-Unternehmen, wie Elon Musks Neuralink,[697] Microsoft[698] und Meta[699] an dieser Technologie Interesse haben.

Neben diesen unmittelbaren Formen der Gedankenmanipulation gibt es auch weniger direkte, mittelbare Möglichkeiten der Beeinflussung des menschlichen Geistes. Angefangen bei der klassischen Werbung über weiterentwickelte Formen des Microtargeting bis hin zu Formen des Nudging ist ein breites Spektrum beeinflussender Sachverhalte denkbar.

Deshalb ist er erforderlich, zunächst sich allgemein mit den Grundcharakteristika von Gedankenmanipulation zu befassen.

---

692 *Armstrong/Ma* UW News, 27.08.2013, online: www.washington.edu/news/2013/08/27/researcher-controls-colleagues-motions-in-1st-human-brain-to-brain-interface/ (Abruf am 22.11.2023).

693 Vgl. ebenda.

694 So etwa das Fraunhofer-Institut für Naturwissenschaftlich-Technische Trendanalysen (INT) auf seiner Website, online: www.int.fraunhofer.de/de/geschaeftsfelder/corporate-technology-foresight/Brain-Computer-Interfaces.html (Abruf am 22.11.2023).

695 So *Petersen* NDR Info, 11.05.2021, online: www.ndr.de/nachrichten/info/Mehr-Teilhabe-durch-Brain-Computer-Interfaces,braincomputerinterfaces100.html (Abruf am 22.11.2023).

696 *Tullis*, MIT Technology Review, 16.10.2019, online: www.technologyreview.com/2019/10/16/132269/us-military-super-soldiers-control-drones-brain-computer-interfaces/ (Abruf am 22.11.2023).

697 Vgl. bereits zuvor Fn. 105.

698 Siehe dazu die Research-Website von Microsoft zum Thema BCI, online: www.microsoft.com/en-us/research/project/brain-computer-interfaces/ (Abruf am 22.11.2023).

699 Siehe dazu exemplarisch den Bericht auf der Website „Tech at Meta“ vom 14.07.2021, online: tech.fb.com/bci-milestone-new-research-from-ucsf-with-support-from-facebook-shows-the-potential-of-brain-computer-interfaces-for-restoring-speech-communication/ (Abruf am 22.11.2023).

I. Grundlegendes zur Gedankenmanipulation

Das Bundesverfassungsgericht erachtet Manipulation dem allgemeinen Sprachgebrauch nach als eine „Beeinflussung von Menschen durch andere“, die „ohne oder gegen ihren Willen“ erfolgt.[700] Damit lässt sich, neben dem offenkundigen Willenserfordernis, an den Begriff der Beeinflussung anknüpfen. Gedankenmanipulation beinhaltet also die Beeinflussung fremder Gedanken. Allerdings kann die bloße Beeinflussung nicht ausreichen, um darin bereits einen Grundrechtseingriff zu sehen. Die wechselseitige gedankliche Beeinflussung ist gerade Kern jedes kommunikativen Verhaltens.[701] Damit kann nicht jede Beeinflussung der Gedankenwelt einer Person gleichzeitig ein Eingriff in die Gedankenfreiheit darstellen. Insofern ist es geboten, den grundsätzlich weit verstandenen modernen Eingriffsbegriff einzuschränken. Spricht für diesen zwar die Möglichkeit, im Wege einer ausdifferenzierten Verhältnismäßigkeitsprüfung eine gerechte Lösung eines konkreten Falles auf Rechtfertigungsebene herzustellen – anstelle der Alles-oder-nichts-Entscheidung auf der Stufe des Eingriffs –, muss man jedoch einen dadurch aufkommenden Rechtfertigungsdruck berücksichtigen. Würde man uneingeschränkt jede Beeinflussung der Gedankenwelt einer Person als Grundrechtseingriff kategorisieren, der zwar noch keine Verletzung desselben darstellen muss, würde doch nahezu jedes staatliche Handeln unter diesem Verdacht gestellt.

1. *Begriff der Beeinflussung*

Betrachtet man den Begriff der Beeinflussung, wurde festgestellt, dass diese „durch einen anderen“ erfolgt. Damit kann man die Motivation des Beeinflussenden hinterfragen. Wieso will jemand beeinflussen? In unserer auf Handlungen ausgerichteten Welt wird jede Beeinflussung zumindest mittelbar das Ziel verfolgen, eine gewisse Handlung beim Beeinflussten zu forcieren. Bei Wirtschaftswerbung soll der Empfänger bewogen werden, ein bestimmtes Produkt zu kaufen, im Wahlkampf wird darum geworben, dass der Wähler sein Kreuz „an der richtigen Stelle“ macht, und Warnungen sollen ein bestimmtes Verhalten unterbinden. Die Ausgangslage einer Handlung ist ihr Handlungswille, der wiederum ein geistiges Produkt eines Denkvorgangs ist.[702] Somit zielt eine Beeinflussung auf diesen jeder Handlung vorgelagerten Prozess. Sowohl das

---

700 BVerfGE 105, 279 (299).

701 *Wendt*, in: von Münch/Kunig 2021, GG, Art. 5 Rn. 34.

702 Vgl. Kap. 3: B.V.2.a. und b.

Denken als auch der konkrete Handlungswille nehmen aber am Schutzbereich der Gedankenfreiheit teil.

Eine Annäherung an den Begriff der Beeinflussung als typischen Zugriff auf die Gedankenwelt im Sinne der Gedankenmanipulation lässt sich deskriptiv vornehmen. Typische Formen der Beeinflussung von Handlungen kennt das Recht durch die Begriffe der Gewalt, Täuschung, Drohung und Belästigung. Daher sollen diese näher betrachtet werden, um den Begriff der Beeinflussung juristisch zu kategorisieren.

a. Gewaltbegriff

Gewalt definiert sich prägnant als „körperlich wirkender Zwang". Durch Gewalt wird also jemand gezwungen, eine bestimmte Handlung vorzunehmen oder zu unterlassen. Dabei wird sie in zwei Kategorien untergliedert, der „vis absoluta" und der „vis compulsiva".

(1) Vis absoluta

Der Begriff des vis absoluta beschreibt einen körperlichen Zwang, der den Willen eines Menschen ausschließt. Typische Beispiele für Formen von absoluter Gewalt sind zum einen der Gefesselte und zum anderen der Betäubte.[703] Dabei wird allerdings klar, dass eine Unterscheidung angezeigt ist. Mag sich der Gefesselte zwar nicht körperlich bewegen können, sind seine Gedanken dennoch frei, wie schon das in diesem Kontext so oft erwähnte Volkslied, „Die Gedanken sind frei", verlautbart:

Und sperrt man mich ein
Im finsteren Kerker,
Das alles sind rein
Vergebliche Werke;
Denn meine Gedanken
Zerreißen die Schranken
Und Mauern entzwei:
Die Gedanken sind frei.

Damit stellt dieser rein körperlich wirkende Zwang keinen Eingriff in die Gedankenfreiheit dar.

Der Betäubte hingegen ist bewusstlos, so dass er sich zwar auch nicht bewegen kann, wie der Gefesselte, dies aber darauf beruht, dass ihm die Möglichkeit

703 Vgl. die beispielhafte Aufzählung zu den Ausprägungen absoluter Gewalt durch *Eisele*, in: Schönke/Schröder, StGB, Vorbemerkung zu den §§ 234 bis 241a, Rn. 13.

genommen wurde, überhaupt einen Handlungswillen zu bilden. Damit greift diese Form der Gewalt auch in die Gedankenfreiheit ein. Der Willensausschluss ist damit als intensivste Form von Beeinflussung zu qualifizieren.

(2) Vis compulsiva

Die vis compulsiva ist die willensbeugende Gewalt.[704] Diese Form der Gewalt zielt darauf ab, dass sich derjenige, der sie erfährt, ihr beugt. Das stellt eine bewusste, wenn auch nicht gewollte Willensentscheidung dar. Die bleibende Freiheit, einen eigenen Willensentschluss herbeizuführen, bleibt das Ergebnis eines in sich freien Denkprozesses. Mag zwar die Entscheidung, sich dem einen entgegenstehenden körperlichen Zwang nicht zu beugen, irrational sein – man denke an die klassische Raubsituation, der Entscheidung „Geld oder Leben" –, so bleibt sie doch im Sinne der Gedankenfreiheit eine freie Entscheidung. Dies ist ebenso vergleichbar mit Fällen der Drohung, Bedrängung, Überredung und Überzeugung. Die dabei vorgenommene Einwirkung auf den Geist des Gegenübers berührt diesen letztlich nicht in seiner eigenen freien Überzeugungsbildung.

b. Begriff der Täuschung

Die Täuschung definiert sich als die Einwirkung auf das Vorstellungsbild eines anderen Menschen.[705] Ihr Ziel ist die Erregung eines Irrtums bei ihren Adressaten, der wiederum dazu ausgenutzt werden soll, eine bestimmte Handlung auszulösen. Irrt ein Mensch, hat er eine falsche Vorstellung von der Wirklichkeit. Diese Fehlvorstellung entspricht einer unbewusst falschen Einschätzungsgrundlage für den weiteren Denk- und Willensbildungsprozess. Damit ist die Gedankenfreiheit zwar nicht ausgeschlossen, aber doch in unbewusst andere Bahnen gelenkt.

2. Einordnung

Damit lässt sich festhalten, dass Willensbeugungen, die eine bewusste Entscheidung darstellen, da sie von ihrem Adressaten erkannt und abgewogen wird, keine Beeinflussung der Gedankenfreiheit darstellen. Bei vis compulsiva, Drohungen, Bedrängungen etc., bleibt eine bewusste Willensbildung und

---

704 Dazu ebenda, Rn. 15 ff.

705 Vgl. zum strafrechtlichen Begriff der Täuschung etwa *Perron*, in: Schönke/Schröder, StGB, § 263, Rn. 6 ff.; aber auch weitgehend gleichgestellt mit dem des Zivilrechts, vgl. *Armbrüster*, in: MüKo BGB, Bd. 1, § 123, Rn. 1 ff.

anschließende Handlung frei. Bei vis absoluta ist zu unterscheiden. Diese kann sowohl das forum internum unberührt lassen und sich rein auf die körperliche Sphäre auswirken als auch zu einem völligen Willensausschluss führen. Ist ersterer Fall keine Beeinflussung der Gedankenfreiheit, stellt der zweite Fall die intensivste Form einer Gedankenbeeinflussung dar. Allerdings ist dies stets auch mit einer körperlichen Einwirkung verbunden. Diese ist in ihrer grundrechtlichen Einordnung nicht der damit einhergehenden geistigen Wirkung untergeordnet, sodass ein ausreichender grundrechtlicher Schutz über die an die körperliche Unversehrtheit anknüpfenden Grundrechte gegeben sein wird. Täuschungen hingegen verursachen eine Fehlvorstellung bei ihrem Adressaten. Dieses Erzeugen einer unbewusst falschen Tatsachenbasis beeinträchtigt den freien Gedankenbildungsprozess. Eine Beeinflussung der Gedankenwelt liegt damit vor, wenn die Gedankenbildung unbewusst eingeschränkt wird.

II. Darstellung der Manipulationsmöglichkeiten

Die Manipulationsmöglichkeiten menschlicher Gedanken sind vielfaltig. Sie lassen sich jedoch in unmittelbare und mittelbare Formen untergliedern. Sind erstere derzeit allenfalls Zukunftsmusik, bilden mittelbare Beeinflussungsmöglichkeiten ein breites Feld an Varianten, die auch die rechtswissenschaftliche Fachliteratur seit jeher beschäftigt und durch die Digitalisierung neue Potentiale hinzugewonnen hat.

1. Unmittelbare Gedankenmanipulation

Zunächst sollen die Formen unmittelbarer Gedankenmanipulation dargestellt werden und in die Gedankenfreiheit eingeordnet werden. Die Reinform einer Gedankenmanipulation würde die Fremdsteuerung des menschlichen Geistes bzw. das Einpflanzen fremder oder die Unterdrückung eigener Gedanken durch eine andere Person oder einen Computer etc. bedeuten. Dies erinnert zugegebenen stark an Science-Fiction-Filme wie Inception von *Christopher Nolan*. Darin wird dargestellt, wie durch modernste Technik, sog. „Traum-Sharing", unbemerkt in die Träume anderer Personen eingedrungen wird, deren innere Gedanken extrahiert werden und neue Gedanken eingepflanzt werden können.[706] Dass dabei die Gedankenfreiheit in Form des Gedankenlesens und der Gedankenfreiheit verletzt wird, leuchtet ein. Nun ist diese Technologie nicht real und kann so, auch in näherer Zukunft, nicht umgesetzt werden. Allerdings gibt es bereits

706 *Christopher Nolan* 2010, „Inception", Warner Bros. Entertainment.

Forschungen zur Fremdsteuerung des menschlichen Geistes, die zumindest die Richtung einer unmittelbaren Gedankenmanipulation einschlagen.

a. Rao/Stocco-Experiment

Dieses Experiment wurde bereits oben angesprochen und soll nun nochmal dargestellt werden, weil es dabei zum ersten Mal gelungen ist, eine Handlung eines Menschen durch die Gedankenkraft eines anderen Menschen fernzusteuern. Der Versuchsaufbau gestaltete sich dabei so, dass *Rajesh Rao* als „Sender" mit einem EEG[707] ausgestattet wurde, das dessen Gehirnströme aufzeichnete. Diese stellte sich dabei nur gedanklich vor, mit dem Finger der rechten Hand durch einen Tastenklick einen Kanonenschuss auszulösen, nämlich dann, wenn auf dem Videospiel, das auf einem Bildschirm betrachtet wurde, ein Ziel getroffen werden würde.

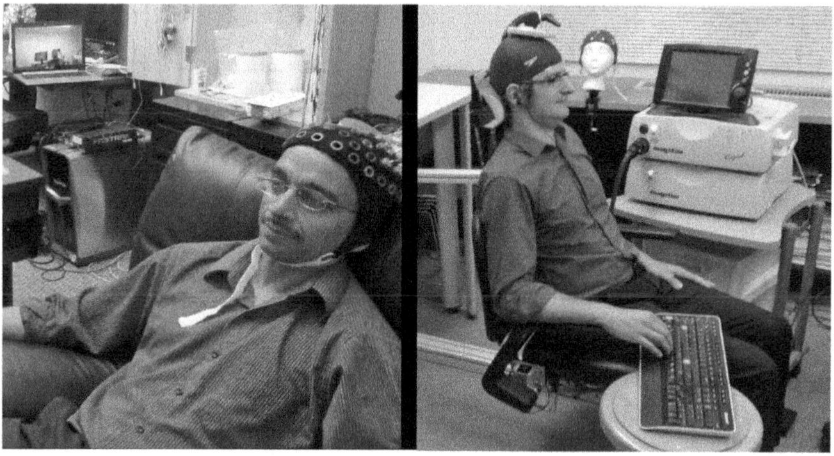

Quelle: University of Washington

Andrea Stocco war als „Empfänger" mit einem TMS[708] ausgestattet, das motorische Zentrum seines Gehirns entsprechend der durch das EEG aufgezeichneten Hirnströme stimulierte. Mittels einer Internetverbindung und einer

707 Siehe dazu insgesamt Kap. 1.
708 Ebenda.

entsprechenden Software wurden die beiden Probanden so miteinander zusammengeschlossen. Die nachfolgende Darstellung zeigt den Versuchsaufbau.

Damit gelang es tatsächlich, bei *Andrea Stocco* (rechts im Bild) einen Tastenklick auszulösen und das im Computerspiel anvisierte Ziel zu treffen.[709]

Betrachtet man den Versuchsaufbau anhand der dazu veröffentlichten Grafik, wird deutlich, dass hierbei nicht unmittelbar der Gedanke eines Menschen in das Gehirn eines anderen Menschen übertragen wurde.

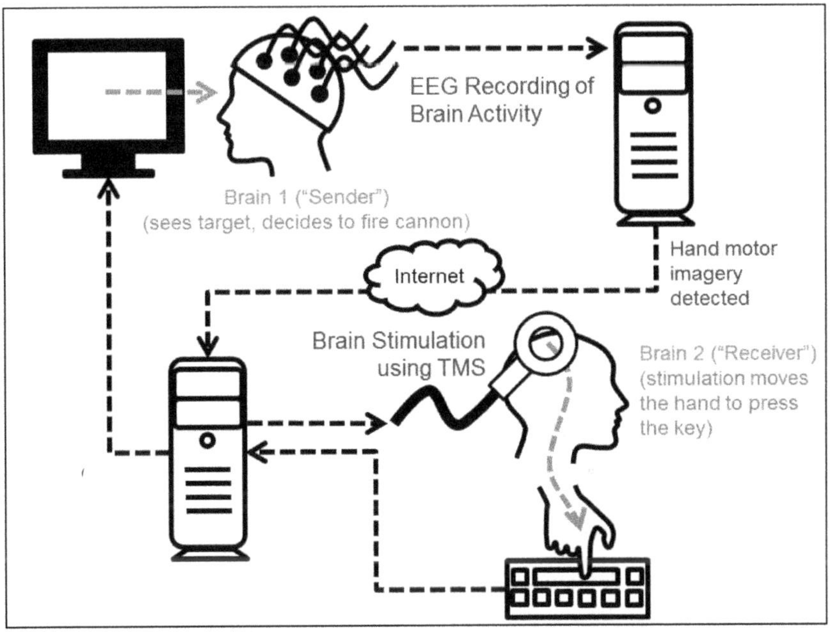

Quelle: University of Washington

Vielmehr wurde durch eine bewährte Technologie des EEG eine Gehirnaktivität gemessen und diese als Signal zur Auslösung eines entsprechenden Impulses mittels eines TMS übertragen. Die Gedanken eines Menschen wurden damit nicht ferngesteuert. Allerdings planen die Forscher auch das demnächst vorzunehmen. Vergleicht man diesen Versuchsaufbau mit der Entwicklung, die

709 Ein Videomitschnitt des Experiments ist abrufbar unter: www.youtube.com/watch?v=rNRDc714W5I (Abruf am 22.11.2023).

Computer in den letzten Jahrzehnten vollzogen haben, kann man sich ausmalen, was geschieht, wenn diese Technologie einen vergleichbar rasanten Fortschritt erlebt. Das dann Mögliche würde der Reinform unmittelbarer Gedankenmanipulation entsprechen.

b. Abgrenzung am Beispiel des Neuro-Enhancement

Neuro-Enhancement ist ein auch juristisch vielbehandelter Themenkomplex, der die fortschreitenden Entwicklungen im Bereich der Neurowissenschaften als Grundlage hat. Die immer bessere Kenntnis um die Funktionsweise des menschlichen Gehirns ermöglicht es, neue Methoden der Beeinflussung des menschlichen Geistes real werden zu lassen.

> Neuro-Enhancement (NE) bezeichnet die medizinisch nicht indizierte Verbesserung von menschlichen Gehirnleistungen durch pharmakologische, genetische, elektromagnetische oder andere von außen auf das Gehirn wirkenden Maßnahmen.[710]

Die sich mit diesem Thema befassende wissenschaftliche Literatur ist ebenso vielfältig wie umfangreich. Eine ausführliche Befassung mit diesem Thema ist im Rahmen dieser Arbeit nicht möglich. Dennoch soll anhand dieses Beispiels die Verortung unmittelbarer Eingriffe auf die Gedankenfreiheit dargestellt werden, da dabei aufgezeigt werden kann, welche Punkte zu erwägen sinnvoll ist.[711]

Eine Herausforderung für die grundrechtliche Bewertung von Zugriffen auf Gehirnfunktionen mittels Neuro-Enhancement durch die Zuführung von bestimmten Stoffen oder Medikamenten ist insofern nicht gegeben, da diese „konventionell erfassbaren Einwirkungen auf die körperliche Integrität“[712] letztlich dem Schutzbereich des Rechts auf körperliche Unversehrtheit aus Art. 2 Abs. 2 S. 1 GG zuordenbar sind.[713] Eine Erfassung über das Recht der Gedankenfreiheit ist damit weder notwendig noch geboten, da die Einwirkungen auf den Körper sich in die gedankliche Beeinflussung umsetzen, sodass für einen eigenständigen Schutz der Gedankenfreiheit über den bereits durch das Recht auf körperliche Unversehrtheit abgedeckten Bereich kein Raum ist.

Anders kann dies durch Zugriffe auf die Gedankenwelt ohne den Einsatz körperlich eingreifender Methoden aussehen. Die rein „neurotechnischen

---

710 So die prägnante Definition von *Lindner* MedR 2010, 463 (463).

711 Umfassend zum Thema Neuro-Enhancement, vgl. *Hildt/Franke* 2013; *Schütz/Hildt/Hampel* 2016.

712 *Albers*, in: Lindner 2016, S. 87.

713 So auch *Lindner* MedR 2010, 463 (466 f.).

Manipulationen von Gehirnaktivitäten"[714] erfordern nicht den unmittelbar körperlichen Eingriff, um vergleichbare Wirkungen zu erzielen. Vielmehr reichen Stimuli des Gehirns aus, die beispielsweise durch Magnetismus erreicht werden können.[715] Auch wird die Verwendung von Oxytocin, ein Stoff, der geruchlos ist und sich so unbemerkt über die Atemluft verbreiten und durch Einatmen eine Wirkung im Gehirn auslöst, die Menschen vertrauensselig werden lassen, hat eine so geringe körperliche Eingriffswirkung, dass deren Verwendung beispielsweise nicht dem Tatbestand des § 223 StGB unterfällt.[716] Deshalb ist hier potentiell eine Anwendungsmöglichkeit der Gedankenfreiheit gegeben. Allerdings lässt sich auch dabei eine Differenzierung vornehmen. Wirkt sich der Zugriff auf den Geist, der nicht mit einem Eingriff in den Körper verbunden ist, so auf die Gedankenwelt der Person aus, dass diese ein psychisches Leiden entwickelt, stellt die so entstandene psychische Beeinflussung gleichwohl wieder einen pathologischen Zustand dar, der über Art. 2 Abs. 2 S. 1 GG erfassbar und abgedeckt ist.[717] Zugriffe auf den Geist, die aber keinen solchen pathologischen Zustand hervorrufen, lassen sich nicht zweifelsfrei über das Recht auf körperliche Unversehrtheit erfassen. *Merkel* argumentiert bei der Frage, inwieweit solche Zugriffe auf den Geist eines Menschen durch §§ 223 ff. StGB geschützt sind:

> Es gibt keine „rein seelischen Leiden". Alle Bewusstseinszustände haben neuronale, also physiologische Grundlagen. Veränderungen im Mentalen ohne solche im Neuronalen gibt es nicht. Jede seelische Beeinträchtigung ist zugleich eine körperliche – des Gehirns.[718]

Diese Verknüpfung zwischen Gehirn und Geist lässt sich nicht leugnen. Geistige Zustände und Gedanken finden ihre Repräsentation durch neuronale Muster im Gehirn.[719] Allerdings entsprechen diese neuronalen Gehirntätigkeiten, die der körperlichen Sphäre zuordenbar sind, dem gewöhnlichen körperlichen Funktionsumfang des Gehirns. Eine geistige Beeinflussung ohne körperliche Zwangswirkung, die weder zu einem Eingriff in die körperliche Integrität, noch zu einem geistig pathologischen Zustand führt, kann damit nicht unter den

714 *Albers*, in: Lindner 2016, S. 87.

715 Vgl. oben unter Kap. 4: C.II.1.a.; vgl. auch *Lindner*, MedR 2010, 463 (Fn. 15); zur Tiefen Hirnstimulation umfassend *Prütting* 2014.

716 Vgl. *Merkel* ZStW 2009, 919 (949 f.). mit Verweisen auf wissenschaftliche Studien zur Wirkung des Neuropeptids Oxytocin.

717 Dazu Kap. 3: B.V.2.c.

718 *Merkel* ZStW 2009, 919 (948).

719 Dazu umfassend Kap. 1.

Begriff der körperlichen Unversehrtheit gefasst werden. Das will auch *Merkel* so verstanden wissen, indem er klarstellt, dass es nicht sein könne, dass durch eine Ausweitung des Tatbestandes der Körperverletzung jede Beleidigung, Nötigung, Bedrohung und betrugsrelevante Täuschung gleichzeitig auch eine Körperverletzung darstellen würde.[720] Er sieht es aber als Anregung, diesen von ihm als strafrechtlich behandeltes Problem künftig zu klären.[721]

Merkel unterbreitet indes selbst einen Lösungsvorschlag zum strafrechtlichen Schutzdefizit hinsichtlich des Rechtsgutes, wie er es bezeichnet, der „mentalen Selbstbestimmung".[722] Der „Bewusstseinsfriede" sei auf Grund der modernen neurotechnischen Bedrohungen ebenso schutzwürdig wie der Hausfriede. Vom Rang her schreibt er der mentalen Selbstbestimmung die eines Grundrechts zu und fordert deren Aufnahme als eigenständiges Grundrecht in das Grundgesetz. Dabei reißt er noch kurz die Vermutung an, dass einzelne Aspekte davon bereits durch die vorhandenen Grundrechte geschützt sind. Er verweist dabei auf die Glaubens- und Gewissensfreiheit, die subjektiven Seiten des Art. 5 GG und das allgemeine Persönlichkeitsrecht zum Schutz einer „mentalen Integrität".[723] Gerade der Zuordnung zum allgemeinen Persönlichkeitsrecht attestiert *Merkel* dabei eine Konturenlosigkeit, die für einen konkreten Schutz nichts hergebe, und lässt es damit bewenden, indem er sich im Weiteren wieder explizit dem Strafrecht zuwendet und einen speziellen Straftatbestand formuliert.[724] Eine weitere Aufarbeitung der grundrechtlichen Beurteilung dieses Problems bietet er damit nicht. Beachtlich bleibt aber einerseits sein eindringlicher Appell, die Problemstellung auch auf grundrechtlicher Ebene einer Lösung zuzuführen, und andererseits seine Vermutung der bereits in den normierten Grundrechten verortbare Teilabdeckung entsprechender Schutzbereiche und die Forderung nach einer Normierung eines eigenständigen Grundrechts. Hinsichtlich der grundrechtlich geschützten Teilbereiche kann ihm dabei, wie gezeigt, uneingeschränkt zugestimmt werden. Die Schaffung eines normierten Grundrechts auf mentale Integrität bzw. Selbstbestimmung braucht es indes nicht, da das entsprechende Rechtsgut durch das Grundrecht der Gedankenfreiheit abgedeckt ist und es sich aus dem Grundgesetz eigenständig als Fragmentgrundrecht herleiten lässt. Dennoch würde auch eine Klarstellung des Verfassungsgebers durch

---

720 *Merkel* ZStW 2009, 919 (948).

721 Ebenda.

722 Ebenda, S. 950 ff.

723 Ebenda, S. 950, Fn. 57.

724 Ebenda, S. 950 ff.

eine ausdrückliche Normierung des Grundrechts auf Gedankenfreiheit nicht schaden. Jedenfalls bedarf es aber einer Ausfüllung des Schutzgehalts durch die praktische Anwendung des Grundrechts.

c. *Einordnung unmittelbarer Formen der Gedankenmanipulation*

Es wurde gezeigt, dass eine unmittelbare Gedankenmanipulation derzeit nicht in einer Form möglich ist, dass sie eine praktische Relevanz aufweisen würde. Die technischen Möglichkeiten sind dennoch beeindruckend und lassen nicht den Schluss zu, dass unmittelbare Eingriffsmöglichkeiten auch in Zukunft keine große Rolle spielen werden. Allerdings sind für die Fälle von Gedankenmanipulation, die sich einer Methode bedienen, die auf einen physischen Zugriff auf den Körper des Menschen, den sie beeinflussen sollen, angewiesen sind, bereits die diese Körperlichkeit schützenden Grundrechte in der Lage einen entsprechenden Schutz zu gewährleisten. Andere Formen direkter Gedankenmanipulation, die nicht mit einem körperlichen Zugriff verbunden sind, lassen sich dagegen so nicht regulieren. Deshalb bleibt für diese Formen ein Rückgriff auf die Gedankenfreiheit in jedem Fall notwendig.

2. *Mittelbare Gedankenmanipulation*

Neben den unmittelbaren Zugriffen auf die menschliche Gedankenwelt gibt es auch mittelbare Gedankenmanipulationen. Diese sind nicht auf modernste neurowissenschaftliche und technische Entwicklungen angewiesen, sondern ergeben sich durch die geistige Beeinflussbarkeit der Menschen.

a. *Ausgangspunkt Denkmuster*

Den Ausgangspunkt für die Beeinflussung der menschlichen Gedankenwelt, auch ohne unmittelbaren Zugriff darauf zu erhalten, bildet die Funktionsweise des menschlichen Denkens selbst. Die äußeren Einflüsse werden über die Sinneswahrnehmungen aufgenommen und im Gehirn verarbeitet. Dabei hat das Gehirn Methoden entwickelt, mit der schieren Informationsflut umzugehen, was man als Denkmuster bezeichnen kann, die bei allen Menschen im Wesentlichen gleich ablaufen.[725] Die Ausnutzung dieser Denkmuster durch selektive Einwirkung auf die menschlichen Sinne führen zu Manipulationen der Gedankenwelt.[726]

---

725 Vgl. dazu insgesamt Kap. 1 und insb. der zweite Stichpunkt in Kap. 1 a.E.

726 Zu Denkmustern und deren Manipulierbarkeit gibt es zahlreiche Abhandlungen aus dem Bereich der (populärwissenschaftlichen) Psychologie, die einen guten Einblick in

Als kleinen Einblick in das, was mit der Thematik vermittelt werden soll, lässt sich der Text im Dreieck der folgenden Grafik lesen.

Quelle: Erstellung der Grafik durch den Autor

Die Kunst der Täuschung liegt dabei buchstäblich darin, dass die meisten Leser das zweite „der" überlesen haben werden. Die Darstellung beruht auf einer klassischen optischen Täuschung, die in zahlreichen Variationen im Internet zu finden ist.[727] Dies zeigt auf einfachste Weise, dass das, was rein optisch wahrnehmbar ist, auch bewusst wahrgenommen wird. Alle Betrachter der obigen Grafik sind des Lesens mächtig, und wahrscheinlich gerade deshalb wurden die Wörter so gelesen, dass sie grammatikalisch auch einen Sinn ergeben, da das gerade der Erwartung entspricht.[728]

In der obigen optischen Täuschung wurde ein Wort „unsichtbar" gemacht. Der Effekt lässt sich aber auch umkehren und sinnhafte Worte entstehen durch die Leistung des Gehirns, obwohl eigentlich nur ein Buchstabensalat zu sehen ist:

Nach eienr Stidue der Uinverstiaet Cmabridge ist es eagl, in wlehcer Reiehnfogle die Bchustebaen in Woeretrn vokrmomen.

Der Satz ist lesbar und zeigt die Leistungsfähigkeit des Gehirns an einem banalen Beispiel auf. Und wenn man nun dessen Inhalt vernimmt, scheint es auch zu überzeugen, erstens konnte man ihn tatsächlich lesen und zweitens hat schließlich die renommierte Universität Cambridge die Studie dazu durchgeführt. Damit ist schon die nächste Täuschung auf Grund eines Denkmusters

die vielen bekannten Anwendungsfälle liefern, vgl. z.B. *Hell/Fiedler/Gigerenzer* 1993; *Dobelli* 2011 und 2012; *Burck* 2019.

727 Vgl. *Dean*, Mighty Optical Illusions, 25.10.2006, online: www.moillusions.com/eye-to-brain-coordination/ (Abruf am 22.11.2023).

728 Eine Darstellung zahlreicher optischer Täuschungen findet sich in *Ditzinger* 2013.

verbunden. Der sog. „Authority Bias“[729] beschreibt, dass Menschen Autoritäten Glauben schenken, auch wenn es weder rational noch moralisch begründet ist. Eine drastische Zuspitzung dieses Denkfehlers konnte 1961 im Milgram-Experiment[730] beobachtet werden. Dabei wurde den Probanden aufgegeben, einer anderen Person, die ihnen hinter einer Glasscheibe gegenübersaß, Stromschläge in ansteigender Intensität zu versetzen. In Wirklichkeit floss kein Strom, aber ein Schauspieler täuschte dies glaubwürdig vor. Wenn die Probanden den Versuch abbrechen wollten, sagte *Stanley Milgram* in der Rolle als den Versuch leitenden Professors, dass sie weitermachen sollen, da das Experiment dies verlange. Die Mehrheit machte daraufhin auf Grund des Autoritätsgehorsams weiter bis zur maximal möglichen Stromstärke.

Wie sich das Gehirn noch täuschen lässt, zeigten *Christopher Chabris* und *Daniel Simons* 1999 mit ihrem Gorilla-Experiment zur selektiven Wahrnehmung.[731] Darin ließen sie einen Mann im Gorillakostüm durch eine Szene laufen, in der Menschen Basketball spielen. Aufgabe der Probanden war es, die Pässe mit dem Basketball zu zählen. Die Hälfte der Teilnehmer, die die Pässe zählten, haben den Gorilla nicht wahrgenommen.[732]

Wie Menschen sich durch Kommunikation beeinflussen lassen, zeigten *Carl Hovland* und *Walther Weiss* mit ihrem Experiment zum sog. Schläfereffekt.[733] Sie zeigten Soldaten der amerikanischen Armee amerikanische Propagandafilme und befragten sie danach zu ihrer Einstellung zum Krieg. Die Filme hatten dabei keine große Auswirkung darauf, da sie klar als propagandistische Werke erkannt wurden. Mehrere Wochen später wurden die Soldaten nochmal dazu befragt, und ihre Einstellung zum Krieg hat sich positiv verändert. Die Propagandafilme hatten ihre Wirkung entfaltet. Erklärt wurde das damit, dass das Wissen um die Quelle der Information schneller vergessen wird als die Information selbst. Die Information überlebt ihre Quelle, und damit geht die Skepsis, die man unglaubwürdigen Quellen gegenüber für gewöhnlich hegt, verloren, und

---

729 Vgl. dazu *Dobelli* 2011, S. 37 ff.

730 *Milgram* 2012; eine kurze Beschreibung zum Milgram-Experiment findet sich ebenfalls bei *Dobelli* 2011, S. 38.

731 *Chabris/Simons* 2011.

732 Das Video zum Experiment ist online abrufbar unter: www.youtube.com/watch?v=vJG698U2Mvo (Abruf am 22.11.2023).

733 *Hovland/Lumisdaine/Sheffield* 1949; dazu auch *Bernau* FAZ-online, 01.04.2013, online: www.faz.net/aktuell/finanzen/meine-finanzen/2.2465/denkfehler-die-uns-geld-kosten-58-die-botschaft-hoer-ich-wohl-12131341.html (Abruf am 22.11.2023); *Dobelli* 2012, S. 81 ff.

die Botschaft verfängt. *Dobelli* formuliert prägnant, dass „die Informationen aus einer unglaubwürdigen Quelle mit der Zeit an Glaubwürdigkeit (gewinnen)."[734] Dieser Effekt lässt sich nicht nur bei Propaganda, sondern auch in der Werbeindustrie nutzen und beeinflusst die Einstellung zu einem Sachverhalt.

Diese Darstellung verschiedenster Denkmuster und wie sie ausgenutzt werden können, ließe sich nahezu endlos fortsetzen. Es konnte aber durch die gebotene Darstellung verdeutlicht werden, dass eine Manipulation der menschlichen Gedankenwelt auch ohne technische und invasive Eingriffe stattfinden kann und Auswirkungen auf die Gedanken, den Willen und letztlich damit auch Handlungen nehmen kann.

b. Unabdingbarkeit rechtlich wertender Betrachtung am Beispiel des UWG

Der Staat ist durch Rechtsetzung gehalten, die Ausnutzung der oben genannten Denkmuster zu regulieren. Dazu gehört das Feld der klassischen Werbung, die zwischen Wirtschaftsunternehmen und ihren Kunden stattfindet und eine Kaufentscheidung herbeiführen soll. Einen einfachgesetzlichen Niederschlag hat diese Regulierungsbedürftigkeit im Gesetz gegen den unlauteren Wettbewerb (UWG) gefunden. Dort ist es nach § 4a Abs. 1 Nr. 3 UWG unlauter und damit unzulässig, wenn die „Entscheidungsfreiheit" durch „unzulässige Beeinflussung" „erheblich beeinflusst wird". Es wird also die Entscheidungsautonomie der Marktteilnehmer geschützt.[735] Dies ist aber nicht nur der Fall, wenn eine unbewusste Beeinflussung stattfindet, sondern auch in Fällen, in denen eine rationale Entscheidung völlig in den Hintergrund tritt.[736] Sie muss zumindest „erheblich beeinträchtigt" sein. Dabei ist eine wertende Betrachtung angezeigt, die zwischen einem zulässigen Appell an das Gegenüber bestimmte Faktoren bei der Entscheidung zu berücksichtigen und der Hervorrufung irrationalen Verhaltens unterscheidet.[737] Dies wird insbesondere durch eine Abwägung des Zwecks, des Mittels und der Zweck-Mittel-Relation vorgenommen,[738] wie sie vergleichbar auch aus der Verwerflichkeitsprüfung im Strafrecht beim Tatbestand der Nötigung, § 240 Abs. 2 StGB, vorgenommen wird.[739] Ebenso verhält es sich mit dem

---

734 *Dobelli* 2012, S. 82.

735 *Raue*, in: MüKoUWG, § 4a, Rn. 78.

736 So der BGH, NJW 2014, 3373 (3374); NJW 2015, 3508 (3509); GRUR 2013, 301 (304); GRUR 2010, 455 (456).

737 *Raue*, in: MüKoUWG, § 4a, Rn. 83.

738 Ebenda.

739 *Fischer* 2022, § 240, Rn. 40 ff.

Verbot irreführender Werbung aus §§ 5, 5a UWG, bei dem die Irreführung im Sinne einer Täuschung gegeben ist, wenn sie ein relevantes Maß erreicht hat.[740] Dieses Relevanzerfordernis implementiert die hypothetische Alternativbetrachtung des Verhaltens ohne die Irreführung und führt sie einem wertenden Vergleich zu. Hätte die in die Irre geführte Person ohne diese Beeinflussung ebenso gehandelt, wird die Irreführung als irrelevant erachtet. Zur Ausfüllung dieser hypothetischen Betrachtung wird sich am Verbraucherleitbild orientiert. Das stellt einen durch die Judikatur festgelegten objektiven Maßstab für die einheitliche Beurteilung der notwendigen Wertung dar.[741]

Die Beeinflussungsmöglichkeiten sind dabei gerade durch den Einsatz von Algorithmen zur Verhaltenssteuerung in eine neue Dimension gerückt.[742] Durch die vermehrte Verlagerung des Lebens in digitale Räume kann die gesellschaftliche Wahrnehmung durch Informationsintermediäre umfassend durch Selektion der dargebotenen Inhalte vorgenommen werden.[743] Dies muss nicht zwingend intentional auf die Forcierung bestimmter Wertvorstellungen ausgerichtet sein, sondern kann sich als Nebeneffekt aus dem banalen Ziel, die Nutzungsdauer der Kommunikationsplattformen zu maximieren, indem ein wohliges, weil mit den eigenen Ansichten konformes Kommunikationsmilieu geschaffen wird.[744] *Eli Pariser* hat diesbezüglich den Begriff der „Filter Bubble" eingeführt.[745] Problematisch ist dabei vor allem die Erkennbarkeit einer dadurch ausgelösten Fremdsteuerung.[746] Die erforderliche wertende Betrachtung wird dadurch erschwert, da der konkrete Anknüpfungspunkt schwer fassbar ist.

740 *Ruess*, in: MüKoUWG, § 5, Rn. 207.

741 Ausführlich zum Verbraucherleitbild, vgl. *Ruess*, in: MüKoUWG, § 5, Rn. 70 ff.; der eine Darstellung anhand der einzelnen Entscheidungen des EuGH zum europäischen Verbraucherleitbild vornimmt.

742 Vgl. zur Möglichkeit der Verhaltensteuerung durch Algorithmen, *Hoffmann-Riem* AöR 2017, 1; die damit einhergehende Regulierungskomplexität aufzeigend, *Boehme-Neßler*, NJW 2017, 3031; konkret am Beispiel von Behavioral Microtargeting *Ebers*, MMR 2018, 423.

743 Vgl. *Schulz/Dankert* 2016; zur Einflussnahme von Suchmaschinen auf den Meinungsbildungsprozess *Hartl* 2017, insb. S. 38 ff.; *Pille* 2016.

744 *Hoffmann-Riem* AöR 2017, 1 (13).

745 *Pariser* 2011.

746 So *Hoffmann-Riem* AöR 2017, 1 (6).

III. Konkretisierung des staatlichen Einflussbereichs

Staatliche Einflussbereiche auf die individuelle Gedankenwelt sind in vielfältiger Weise möglich. Zur Konkretisierung bietet sich die Betrachtung entlang der Gewaltenteilung an. Jede Staatsgewalt hat ihre Möglichkeiten und Formen, die Gedankenwelt der Menschen zu beeinflussen.

Die Judikative wirkt im Gerichtsverfahren auf die Prozessbeteiligten ein, aber auch umgekehrt.[747] Des Weiteren zeigen die prozessualen Ausschlussgründe durch Befangenheit[748] ebenso wie die Regulierung der Vernehmungssituation im Strafrecht, besonders durch die Eingrenzung des § 136a StPO verdeutlicht, dass das Potential staatlicher Beeinflussung besteht. Die Legislative erlässt Rechtsakte, die eine Lenkungswirkung entfalten. *Ingold* beschreibt diese Beeinflussungswirkung als immanent:

> Da jede Rechtsnorm strukturell darauf angelegt sein muss, auf das Rechtsbewusstsein der Rechtsanwender und Bürger einzuwirken, um ihre Befolgung sicherzustellen, wird durch Normsetzung stets deren „Gesinnung" adressiert. Zwar mögen derartige Rechtsbindungen regelmäßig nicht unmittelbar subjektive Werturteile begründen oder verändern, sondern wertungsbezogen unspezifisch auf das Bewusstsein einwirken. Dennoch wird deutlich, dass die notwendigerweise zunächst auf „geistiger" Ebene einsetzende Anwendung oder Befolgung von Rechtsnormen nicht trennscharf anhand dieser Unterscheidung gehandhabt werden kann.[749]

Einen Grenzfall der Erkennbarkeit entsprechender Einflussnahme bildet (staatliches) Nudging.[750] Sog. Nudges sind nicht volle bzw. unbewusste Handlungsanreize, aber stellen keine klassisch verbindlichen Ver- bzw. Gebote dar.[751] *Honer* findet die deutsche Übersetzung von Nudging treffend:

> Anstelle rechtlich durchsetzbarer Ge- und Verbote schubst der Staat den Bürger in die (vermeintlich) richtige Richtung, belässt diesem aber eine Möglichkeit zum Umkehren.[752]

Diese Form der staatlichen Lenkung sieht *Kirchhof* deswegen dann als rechtsstaatlich vertretbar an, wenn sie offen geschieht und sich in ihrer einflussnehmenden

---

747 Vgl. die umgekehrte Betrachtung beeinflussender Wirkungen auf die richterliche Entscheidungsfindung *Sommer* ZRP 2017, 60.

748 § 42 ZPO, § 24 StPO etc.

749 *Ingold* 2011, S. 61.

750 Nach *Thaler/Sunstein* 2020.

751 So *Kirchhof* ZRP 2015, 136 (136).

752 *Honer* DÖV 2019, 940 (941).

Intensität an den Grundsatz der Verhältnismäßigkeit hält.[753] Fraglich ist aber, ob die einzuräumende Intensitätsgrenze, bei der die Möglichkeit des autonomen Umkehrens stets dadurch zu wahren ist, dass der Staat mit „offenen Karten" spielt.[754] Womöglich lassen sich aber auch verdeckte Maßnahmen der Beeinflussung rechtfertigen.

Staatliches Exekutivhandeln tritt in zahlreichen Variationen auf und kann in ebenso vielfältiger Weise auf die menschliche Gedankenwelt einwirken. Ein wesentlicher Bereich stellt das staatliche Informationshandeln dar. Dies beschränkt sich allerdings nicht auf offen kommunizierte Öffentlichkeitsarbeit, sondern kann auch in Gestalt der Verbreitung von Desinformation stattfinden. Gerade die staatliche Desinformationstätigkeit bietet sich dabei besonders an, um die Grenzen des zulässigen Staatshandelns im Sinne eines Eingriffs in die Gedankenfreiheit durch Gedankenmanipulation aufzuzeigen.

1. Akte der Exekutive am Beispiel staatlicher Desinformationstätigkeit

Das Feld staatlicher Informationshandlungen eignet sich zur Darlegung des exekutiven Beeinflussungspotentials, da die Materie insbesondere durch *Ingolds* Bearbeitung zum Desinformationsrecht einen Anknüpfungspunkt für staatliche Eingriffe in Form der Gedankenmanipulation in das Grundrecht der Gedankenfreiheit ermöglicht und vornehmlich auf dem Gebiet staatlicher Exekutivgewalt ihren Niederschlag findet, der auf ein gewisses Maß an Verdeckung angewiesen ist.

Ingold definiert Desinformation grundlegend für seine rechtliche Einordnung als „die Etablierung unwahrhaftiger Daten zwecks Verhaltens- oder Meinungsmanipulation im Rahmen eines Kommunikationszusammenhangs".[755] Damit verknüpft er die Unwahrheit der kommunizierten Information mit der „manipulativen Intention" des Desinformanten, der damit sich letztlich schlicht einer „Lüge" bedient, um ein bestimmtes Verhalten zu forcieren. Dies differenziert er für die Ebene staatlicher Desinformation anhand von weiteren Kategorien der konkreten Handlungsform, ihrer Zielrichtung, des Senders und Empfängers und des konkret verwendeten Mittels weiter aus.[756]

---

753 *Kirchhof* ZRP 2015, 136 (137).
754 Ebenda.
755 *Ingold* 2011, S. 27.
756 Ebenda, S. 28 ff.

Einen großen Anwendungsbereich sieht er in aktiven staatlichen Handlungen zum Zwecke der Desinformation. Damit ist sowohl die staatliche Informations- bzw. Auskunftstätigkeit als auch die aktive staatliche Zensur, jeweils mit desinformierender Wirkung, gemeint, da in beiden Fällen eine Verschlechterung des ursprünglichen Informationsstatus hergestellt wird.[757] *Die Kategorie des Unterlassens, die er vom aktiven Tun klassisch durch die Bewertung des Schwerpunktes der Vorwerfbarkeit abgrenzt, dient ihm im Kern zur Begründung eines Ausschlusses des Vorliegens staatlicher Desinformation. Ein solcher Ausschluss von Desinformationshandeln durch Unterlassen ist beispielsweise dann gegeben, wenn keine rechtliche Veröffentlichungspflicht gegeben ist, denn dann stellt das staatliche Schweigen lediglich eine „Nicht-Information" dar.*[758] *Zudem kann eine offen stattfindende Informationsvorenthaltung ebenfalls nicht als Desinformation subsumiert werden, da bei dieser erst gar keine Manipulation vorliegt.*[759] *Liegt etwa ein Akteneinsichtsrecht vor, wäre nicht bereits die (rechtswidrige) Vernichtung bzw. Veränderung von Akten(teilen), sondern erst die Zugangsgewährung zum so verminderten bzw. veränderten Aktenbestand ohne den Hinweis auf diese Vorgänge als Desinformation zu qualifizieren, da erst durch den Zugang ein konkretes Kommunikationsverhältnis entsteht.*[760] *Eine weitere Hinweispflicht ergibt sich zudem bei Sachverhalten, die sich im zeitlichen Verlauf als mittlerweile (ursprünglich nicht vorwerfbar) falsch herausgestellt haben. In der fehlenden Richtigstellung läge damit die Vorwerfbarkeit des Unterlassens, das ebenfalls bei Akteneinsichtnahme in einem Kommunikationsprozess niederschlägt.*[761]

Ingold differenziert weiter anhand der „final-unmittelbaren Steuerung"[762] von Menschen, die „auf eine unmittelbare Verhaltenslenkung beim Empfänger der Maßnahmen ausgerichtet"[763] ist. Dabei werden Extrembeispiele von Terrorismusabwehrmaßnahmen, wie die Inszenierung eines Terroranschlags zur Einschleusung eines V-Manns in eine terroristische Vereinigung mit dem „Ziel der Manipulation des finalen Handelns"[764] oder falsche Angaben zur aktuellen Gefährdungslage, um Terroristen, aber auch die Bevölkerung „in Sicherheit (zu)

757 Ebenda, S. 28 f.

758 Ebenda, S. 29, besonders Fn. 4, in dem die Informationsfreiheitsgesetze des Bundes und der Länder als Beispiel für staatliche Informationspflichten verwiesen wird.

759 Ebenda, S. 30.

760 Ebenda.

761 Ebenda, S. 31.

762 Ebenda, S. 31 f.

763 Ebenda, S. 31.

764 Ebenda.

wiegen",[765] also zu Zwecken der Gefahrenabwehr, angeführt. Weiter kann eine finale Zielsetzung in der Vorbeugung von Entführungsfällen durch die fälschliche Angabe, dass kein Lösegeld gezahlt worden sei, gesehen werden.[766] Diese eindeutig auf eine konkrete Handlungswirkung abzielenden Desinformationspreisgaben grenzt er zu nur mittelbar auf eine solche Wirkung gerichtete Vorgehensweisen und nennt dazu den Anwendungsfall „klassische(r) (Kriegs-) Propaganda".[767] Die damit verfolgte Wirkung ist die Erzeugung eines generellen „Meinungsklimas" und nicht auf eine unmittelbare Handlungsauswirkung gerichtet. Durch digitale Kommunikationsstrategien lässt sich diese intendierte Breitenwirkung zwar zweifelsfrei noch verstärken. *Ingold* nennt die Informationsüberversorgung aber als Negativbeispiel. Sie wird zur Verschleierung unliebsamer Inhalte eingesetzt und als „information overload" bezeichnet.[768] Dadurch kann sogar die Auffindbarkeit mittels der Nutzung von Suchmaschinen, wie Google, so erschwert werden, dass sie praktisch scheitert.[769] Die damit ausgenutzte „Aufnahmeschwäche" der Adressaten reicht jedoch für sich genommen nicht aus; es braucht darüber hinaus auch einen „Wahrhaftigkeitskonflikt", also die Unwahrheit der so verbreiteten Tatsachen.[770]

Zudem ist die erzielte bzw. erzielbare Wirkung der Desinformation anhand des Desinformationssubjektes zu unterscheiden; weist ein Handeln der Bundes- oder Landesregierungen „typischerweise eine gesteigerte Breitenwirkung"[771] auf, beschränkt sie sich auf Ebene des Verwaltungshandelns auf einen begrenzten Adressatenkreis.[772] Ebenso hängt die Wirkung vom konkreten Bezugsobjekt der Desinformation ab. So zeigt *Ingold* am Beispiel der Emser Depesche[773] auf, dass eine auf internationaler bzw. völkerrechtlicher Ebene angesiedelte Desinformationskampagne eine entsprechend große Wirkung auf die öffentliche Meinung als auch auf andere Staaten haben kann.[774]

---

765 Ebenda; es wird die Verhinderung von Massenpaniken als finales Ziel einer falschen Darstellung der Sicherheitslage gegenüber der Bevölkerung als Beispiel genannt, S. 32.

766 Ebenda, S. 32.

767 Ebenda.

768 Ebenda, S. 33.

769 Vgl. *Döring* 2003, S. 83; *Plake/Jansen/Schuhmacher* 2001, S. 130; zitiert nach *Ingold* 2011, S. 33, dort Fn. 19.

770 *Ingold* 2011, S. 34.

771 Ebenda, S. 35.

772 Ebenda.

773 Dazu *Huber* 1988, S. 718 ff.

774 *Ingold* 2011, S. 35 f.

Schließlich unterscheidet *Ingold* anhand des verwendeten Desinformationsmittels. Dabei werden eigene Kommunikationsakte, z.B. die Massenkommunikation, und die Verhinderung fremder Wahrkommunikation, etwa durch Aktenmanipulation, und in speziellen Fällen auch Gesetze, nämlich dann, wenn sie eine unwahre Tatsachenlage behaupten oder andere Kommunikationsvorgänge unter Strafe stellen, unterschieden.[775]

Im Ergebnis stellt *Ingold* dabei die Vielfältigkeit potentieller Formen staatlichen Desinformationshandelns heraus und ordnet es sodann in die grundrechtlichen Schutzbereiche ein. Dabei sieht er die Meinungsbildungsfreiheit, sofern man deren Schutz durch Art. 5 Abs. 1 GG bejaht, die Meinungsäußerungs- und positiver wie negativer Informationsfreiheit des Art. 5 Abs. 1 S. 1 GG und in entsprechenden Fällen auch die speziellen Medienfreiheiten aus Art. 5 Abs. 1 S. 2 GG als relevant an.[776] Grundrechtseingriffe durch Desinformation stehen dabei einer Rechtfertigungsmöglichkeit offen und dabei unter dem jeweiligen grundrechtlichen Gesetzesvorbehalt.[777]

Einen Eingriff in die „Geistesfreiheit" im Sinne der Wunsiedel-Entscheidung,[778] also deren Ableitung aus Art. 5 Abs. 1 GG, ist für *Ingold* jedoch insgesamt abzulehnen, die strikte Trennung zwischen forum internum und forum externum sei praktisch nicht durchzuhalten.[779] Vielmehr würden auf Ebene des Grundgesetzes über die Menschenwürde alle extremen Einwirkungen äquivalent der in § 136a Abs. 1 StPO genannten Fälle, die bei Desinformationshandlungen die Ausnahme absolute darstellen, ausgeschlossen,[780] und das Zensurverbot aus Art. 5 Abs. 1 S. 3 GG greife als absolutes Desinformationsverbot ein.[781] Zudem ergebe sich ein Verbot finaler wahlbezogener Desinformation aus dem Demokratieprinzip aus Art. 20 Abs. 1 GG.[782]

Entscheidend für die Regulierung sei auf den rechtsstaatlich erforderlichen Vorbehalt des Gesetzes abzustellen, der nicht durch eine Stützung auf Generalklauseln erfüllt werde, wodurch ohne konkrete Rechtsgrundlagen nur eine Desinformation durch Unterlassen ohne Aufklärungspflicht zulässig ist.[783] Alleine

---

775 Ebenda, S. 37 ff.
776 Ebenda, S. 40 ff.
777 Ebenda, insb. S. 55 ff.
778 Zu dieser Entscheidung ausführlich Kap. 3: B.V.5.b.(2).
779 *Ingold* 2011, S. 60 f.
780 Ebenda, S. 58 f.
781 Ebenda, S. 63 f.
782 Ebenda, S. 69 ff.; insb. S. 72 f.
783 Ebenda, S. 93 ff.

die Nichtoffenlegung der eigentlichen Intention ist dabei kein stetes Kriterium für eine Unverhältnismäßigkeit. Es bleibt aber die Möglichkeit, entsprechende Rechtsgrundlagen zu schaffen und so der staatlichen Desinformation einen breiteren Anwendungsspielraum zu schaffen.[784] Dadurch würde aber das Vertrauen in die Richtigkeit staatlicher Information sowohl abstrakt als auch konkret derart gesenkt, dass eine Einhaltung der verfassungsrechtlichen Maßgaben ein rechtmäßiges staatliches Desinformationshandeln faktisch ausschließt.[785]

2. *Stellungnahme*

Die Abhandlung *Ingolds* bestätigt die Komplexität staatlicher Beeinflussungsformen und gibt gleichzeitig brauchbare Bewertungskriterien vor, die eine Gewichtung der Eingriffsintensität staatlichen Desinformationshandelns ermöglicht. Dabei ist hervorzuheben, dass sowohl ein aktives, bewusst nach außen gerichtetes Informationshandeln als auch ein passives Unterlassen, z.B. in der bewussten Nichtaufklärung unwahrer Tatsachen, liegen kann. Für die tatsächlich handlungsbezogenen Fälle bietet sich die Möglichkeit, über die einfachgesetzliche Regulation einen rechtlichen Rahmen zu schaffen. Dass dies geschieht, bezweifelt zwar *Ingold*, weil er die auf Vertrauen angewiesene Wirkweise von Desinformationshandlungen konterkariert sieht. Es bleibt aber dennoch zweifelsfrei möglich oder wird eben nicht eingehalten.[786] Jedenfalls bei der Beurteilung der Verfassungsmäßigkeit eines einfachen Gesetzes zur staatlichen Desinformation kann die Gedankenfreiheit als Maßstab mitwirken. Seine Ausführungen zur „Geistesfreiheit" stehen dabei nicht entgegen. Zum einen bemisst sich das von ihm für die Geistesfreiheit zugemessene Verständnis allein anhand des Gehalts, den das Bundesverfassungsgericht diesem in seiner Wunsiedel-Entscheidung zugeschrieben hat. Dieser bezieht sich streng auf den in Art. 5 GG enthaltenen Gehalt der Meinungsfreiheit und steht dem Grundrecht auf Gedankenfreiheit nicht gleich.[787] Die Bedenken hinsichtlich eines generellen Verbots auf den Zugriff der inneren Sphäre, welches dieser Entscheidung innewohnt, sind aber zuzustimmen. Allerdings wird hier die Ansicht vertreten, dass sich eine bessere Lösungsmöglichkeit über das Grundrecht der Gedankenfreiheit herstellen lässt, als diese mit dem Argument, eine dabei erforderliche Trennung zwischen innerer Einstellung und äußerem Verhalten sei nicht durchzuhalten, gänzlich

784 So im Ergebnis *Ingold* 2011, S. 101.

785 Ebenda, S. 101 f.

786 So *Ingold* selbst im letzten Absatz seines Textes, S. 102.

787 Vgl. Kap. 3: B.V.5.b.(2).

abzulehnen. Dabei zeigt sich gerade an der von *Ingold* selbst dargestellten Fallgruppe nicht finaler Desinformationshandlungen, dass deren Greifbarkeit, ohne den Weg über die Auseinandersetzung des Verhältnisses der inneren zur äußeren Sphäre zu beschreiten, nur schwerlich möglich ist. Jedenfalls ist man dann auf die einzelnen, das forum internum schützenden Gewährleistungsgehalte, Grundrechte zurückgeworfen, was eine einheitliche und konsistente Lösung dieses Komplexes noch schwieriger werden lässt. Ebenso lässt sich auf diese Weise eine Einordnung der Desinformation durch Unterlassung vornehmen. Dabei ist zwar stets eine wertende Entscheidung zu treffen, die nicht trennscharf allgemein festgelegt werden kann, sondern sich stets am konkreten Fall bemessen muss. Vor einer wertenden Betrachtung schreckt aber auch *Ingold* nicht zurück. Seine Unterscheidung zwischen verschiedenen Desinformationssubjekten ist ebenfalls mit einem wertenden Element versehen. So mag es zutreffen, dass staatstragende Desinformationskampagnen eine große Zahl von Menschen betreffen. Allerdings macht es in Bezug auf die innere Sphäre eines Individuums keinen Unterschied, ob viele Menschen beeinflusst werden oder eben nur eine Person betroffen ist. Die von *Ingold* so vorgenommene Wertung mag dem konkreten Bezug zu Desinforationshandlungen geschuldet sein, die eben typischerweise eine flächige Wirkung entfalten, wenn sie gesellschaftlich bedeutende Themen betreffen. Eine Verstärkung der Wirkung einer Beeinflussung auf die Gedankenwelt hingegen macht für den individuellen Grundrechtsträger dabei aber keinen so großen Unterschied und kann, abhängig vom staatlichen Interesse, auch und gerade individualbezogen von Bedeutung sein.

IV. Bewertung der Eingriffsschwellen

Durch die bisherigen Ausführungen hat sich gezeigt, dass ein Eingriff in Form der Gedankenfreiheit nicht bereits in jeder Beeinflussung der Gedankenwelt liegen kann. Das erinnert an die Problematik in Art. 12 Abs. 1 GG. In der wirtschaftlich orientierten Gesellschaft wirkt sich nahezu jede Regelung einschränkend auf die Berufsfreiheit aus.[788] Ebenso wirkt sich quasi jedes staatliche Handeln zumindest auch auf die Gedankenwelt der Menschen aus. Damit ist es sinnvoll, einen ebenso restriktiven Ansatz für die Feststellung eines Eingriffs in die Gedankenfreiheit in Form der Gedankenmanipulation zu erwägen, wie er bei Art. 12 GG vorgenommen wird. Hinsichtlich der Berufsfreiheit werden ein enger Zusammenhang mit der Berufsausübung und eine objektiv gegebene „berufsregelnde

---

788 Vgl. *Kämmerer*, in: von Münch/Kunig 2021, GG, Art. 12, Rn. 89 ff.

Tendenz" gefordert.[789] Danach bedarf es zur Erreichung einer Eingriffsqualität eine tatsächlich spürbare Auswirkung auf den Schutzbereich der Berufsfreiheit.[790] Das Objektivitätserfordernis zielt darauf ab, dass gerade keine staatliche Intention dieser Auswirkung gegeben sein muss.[791] Dies wird der Problematik bei der Gedankenfreiheit, dass eine beeinflussende Wirkung in allem Handeln gesehen werden kann, ebenso gerecht. Überträgt man diesen Gedanken darauf, wird deutlich, dass Beeinflussungen nur dann zu einem Eingriff im Sinne einer Gedankenmanipulation zählen können, wenn ihnen eine gewisse Intensität zukommt. Dabei kann auf die vorgenommene Definition der Gedankenmanipulation aufgebaut werden, wonach es einer wesentlichen Beeinflussung bedarf. Die Frage nach einer Überschreitung dieser erforderlichen Wesentlichkeitsschwelle kann allerdings nicht streng schematisch erfolgen. Die Darstellung der verschiedenen Fallgruppen, in denen sich Beeinflussendes staatliches Handeln zeigen kann, erlaubt nur eine wertende Betrachtung dieser Wesentlichkeitsschwelle. Allerdings kann diese ebenfalls rein objektiv festgestellt werden. Eine Intention auf Seiten des Staates ist nicht speziell nachzuweisen. Ansonsten wären alle nicht final auf eine Beeinflussung gerichteten Sachverhalte von einer Einordnung in die Gedankenfreiheit faktisch ausgeschlossen. Als Maßstab bietet sich auf Grund der Herleitung der Gedankenfreiheit über die speziellen Grundrechte auch ein Vergleich mit diesen an. Es kann deshalb bei der Beurteilung der Wesentlichkeit einer Beeinflussung hypothetisch danach gefragt werden, ob bei einer nicht rein gedanklich beeinflussenden Wirkung auch ein Eingriff in die handlungsorientierten Freiheitsgrundrechte gegeben wäre. Es kann danach keinen Unterschied machen, ob eine Handlung aktiv verboten oder auf Grund gedanklichen Einwirkens gar nicht erst gewollt wird. Dabei kann der Vergleich freilich nicht streng formalistisch gesehen werden, sondern es ist die objektive Möglichkeit, einer Auswirkung der geistigen Beeinflussung von einigem Gewicht als ausreichend zu erachten. Das kann aber auch ohne jede Handlungsbeeinflussung der Fall sein, wenn der rein geistigen Betätigung ein eigenständiger Wert von Verfassungsrang zukommt, wie es beispielsweise bei Art. 4 GG zum Ausdruck kommt. Nur so können Zugriffe rein auf das forum internum, die nicht in einer Umsetzung in die Außenwelt münden, vom Eingriffsbegriff erfasst werden.

---

789 BVerfGE 13, 181 (185 f.); 70 191 (214); 95, 267 (302); 111, 191 (213).
790 BVerfGE 13, 181 (185 f.); 81, 108 (121 f.).
791 *Kämmerer*, in: von Münch/Kunig 2021, GG, Art. 12, Rn. 92.

V. Zusammenfassung zur Gedankenmanipulation

Für die Eingriffsform der Gedankenmanipulation lässt sich somit festhalten, dass diese eine wesentliche Beeinflussung der inneren geistigen Vorgänge eines Menschen darstellen muss, die hypothetisch vergleichbar mit einem Eingriff in die Handlungsfreiheiten oder als rein innere Vorgänge einen äquivalenten Wert von Verfassungsrang beinhalten. Die so angesetzte Eingriffsschwelle ist einerseits erforderlich, damit nicht jedes staatliche Handeln immer auch gleich als Eingriff in die Gedankenfreiheit zu qualifizieren ist. Dabei ist es andererseits auch hinnehmbar, dass die Wesentlichkeit durch eine wertende Betrachtung ermittelt wird. Dies stellt einen Ausgleich zwischen der durch die Komplexität der Beteiligung des menschlichen Denkens am Leben hervorgerufenen niedrigen Zugriffsschwelle und dem Interesse an einem äquivalent der Bedeutung der inneren Sphäre orientierten Schutzniveau dar.

D. Zusammenfassung zu den Eingriffen in die Gedankenfreiheit mit abschließender Beurteilung der Rechtfertigungsmöglichkeit

Abschließend lässt sich bei der Kategorisierung der Eingriffsmöglichkeiten in die Gedankenfreiheit die Frage nach einer Rechtfertigungsmöglichkeit aufwerfen. Dabei kommt erneut die Unterscheidung zwischen Eingriffen in Form des Gedankenlesens einerseits und andererseits der Gedankenmanipulation zu tragen.

Wie anhand der Analyse der Rechtsprechung zu Fällen des Gedankenlesens gezeigt werden konnte, ist dabei einheitlich die uneingeschränkte Zuordnung des forum internum zum absolut geschützten Kernbereich privater Lebensgestaltung vorgenommen worden.[792] Die Abgrenzung des Schutzes außerhalb des forum internum ist für die Beurteilung von Fällen des Gedankenlesens nicht von entscheidender Bedeutung. Die Frage, wieweit dieser Kernbereich auch außerhalb der rein geistigen Sphäre reicht, ist dafür nicht relevant. Jedenfalls kann die Gedankenfreiheit vor Fällen des Gedankenlesens als ebenfalls absolut geschützt gesehen werden. Dabei ist aber zu berücksichtigen, dass durch die Möglichkeit der freiwilligen Entäußerung der Gedankeninhalte auch die Gestattung eines Zugriffs auf diese Gedankeninhalte zu gewähren ist. Somit ist die Möglichkeit Zustimmung zu Gedankenlesevorgängen eröffnet, die wiederum

792 Zusammenfassend Kap. 4: B.IV.

die Qualifizierung als Eingriff ausschließt oder jedenfalls diesen rechtfertigt. Die Grenze bildet dabei die Menschenwürde.[793] Zudem bedarf es danach auch der entsprechenden Kontrollierbarkeit durch den Grundrechtsträger.

Bei Eingriffen in Form der Gedankenmanipulation konnte gezeigt werden, dass diese durch die Schaffung einer Wesentlichkeitsschwelle einzudämmen sind. Damit lässt sich zugleich schließen, dass Eingriffe auch gerechtfertigt werden können. Bei der Rechtfertigung ist dabei zu fragen, nach welchen Maßstäben diese zu beurteilen ist. Generell unterscheidet man dabei zwischen drei Einschränkungsmöglichkeiten: Den einfachen und qualifizierten Schrankenvorbehalt, sowie vorbehaltslos gewährte Grundrechte, bei denen ein Eingriff dennoch unter gewissen Voraussetzungen gerechtfertigt werden kann.[794] Sowohl der einfache als auch der qualifizierte Schrankenvorbehalt sind in den jeweiligen Grundrechten als Einschränkungsmöglichkeit ausdrücklich normiert. Diese Normierung ist bei einem nicht ausdrücklich normierten Grundrecht wie dem der Gedankenfreiheit freilich nicht vorhanden. Somit ist die Gedankenfreiheit als vorbehaltslos gewährtes Grundrecht zu qualifizieren.

Grundrechte, die keinen normierten Gesetzesvorbehalt enthalten, sind dennoch grundsätzlich nicht uneingeschränkt gewährleistet. Die Problematik der Einschränkbarkeit vorbehaltslos gewährleisteter Grundrechte wird regelmäßig durch eine verfassungsimmanente Herleitung von Schranken gelöst. Es wird jedoch eine Ausnahme vertreten, die zu keiner Beschränkung führt. Bei der Glaubensfreiheit nach Art. 4 GG wird vertreten, dass sich diese Schrankenproblematik nicht stelle, da es sich bei diesem Grundrecht um ein reines Innenrecht des forum internum beziehe.[795] Damit wäre diese Ansicht auch auf die Gedankenfreiheit zu übertragen. Diese Auffassung stützt sich dabei jedoch ebenfalls auf die Überzeugung des historischen Verfassungsgebers, der keine Einschränkungsmöglichkeit des forum internum angenommen hat und deshalb die Einschränkungsproblematik umgehen konnte. Nach der hier konsequent vertretenen Auffassung ist diese Ansicht durch Eingriffsmöglichkeiten auch in das forum internum überholt und es ist konkret auf die Einschränkbarkeit einzugehen.

Genau von der entgegengesetzten Richtung könnte man argumentieren, dass, wenn man als Eingriffsschwelle eine wesentliche Beeinträchtigung fordert, dann auch auf Grund der Wesentlichkeitstheorie ein Parlamentsvorbehalt und damit

---

793 Vgl. die Behandlung der Menschenwürde in Kap. 3: B.V.1.

794 Vgl. *Kingreen/Poscher* 2022, § 6, Rn. 361 ff. (S. 93 ff.).

795 *Di Fabio*, in: Dürig/Herzog/Scholz, GG Art. 4, Rn. 76.

ein einfacher Schrankenvorbehalt verbunden sein muss.[796] Dies würde aber neben einem Rechtfertigungsdruck, der mit der Wesentlichkeitsschwelle einzudämmen versucht wurde, zu einem Normierungsdruck führen. Jede Form staatlichen Handelns, das nicht auf eine gesetzliche Grundlage zur Einschränkung der Gedankenfreiheit gestützt ist, würde damit wiederum als nicht gerechtfertigter Eingriff darin gesehen werden können. Somit erscheint es zielführend sich der sich aus der fehlenden Normierung ergebenden Schrankenlosigkeit hinzugeben.

Bei schrankenlos gewährleisteten Grundrechten wird eine Übertragung der normierten Schranken, insbesondere des Art. 2 Abs. 1 GG, der sog. Schrankentrias diskutiert.[797] Diese wird jedoch überwiegend abgelehnt, da eine Übertragung dieser Schrankenregelung zu einer zu starken Einschränkung der schrankenlos gewährleisteten Grundrechte führen würde und damit verfassungsrechtlich nicht gewollt sein kann. Die starke Einschränkungsmöglichkeit in Art. 2 Abs. 1 GG hängt mit dem weiten Anwendungsbereich der allgemeinen Handlungsfreiheit zusammen. Ein weiter Schutzbereich erfordert eine weitgehende Einschränkungsmöglichkeit desselben. Das trifft auf die anderen Freiheitsgrundrechte, die spezieller sind als die allgemeine Handlungsfreiheit, gerade nicht zu, da sie einen enger definierten Schutzbereich haben.

In Bezug auf die Gedankenfreiheit kann das Argument eines eng definierten Schutzbereichs, vergleichbar mit anderen Freiheitsrechten, nicht gelten. Ebenso wie die allgemeine Handlungsfreiheit hat auch die Gedankenfreiheit einen enorm großen Schutzbereich. Dennoch ist der besonders ausgeprägte Menschenwürdegehalt der Gedankenfreiheit zu berücksichtigen. Daraus ergibt sich ein erhöhtes Rechtfertigungserfordernis als bei der allgemeinen Handlungsfreiheit, vergleichbar mit dem des allgemeinen Persönlichkeitsrechts. Schließlich sind „spezielle Handlungen“ über den grundrechtlichen Schutz der „speziellen Grundrechte“ explizit stärker als nur durch die allgemeine Handlungsfreiheit geschützt. Somit wäre auf Grund des weiten Schutzbereichs der allgemeinen Handlungsfreiheit, welche ohnehin durch die subsidiäre Anwendung eingedämmt wird, eine Schrankenübertragung aus Art. 2 Abs. 1 GG zwar denkbar, solange die besondere Menschenwürdeausprägung, vergleichbar mit dem des allgemeinen Persönlichkeitsrechts, vorgenommen wird. Dies würde dann zu aber zu einer entsprechend strengeren Verhältnismäßigkeitsprüfung führen.

---

796 Vgl. dazu *Kotzur*, in: von Münch/Kunig 2021, GG, Art. 20, Rn. 155 f.; *Kingreen/Poscher* 2022, § 6, Rn. 380 (S. 98).

797 Vgl. dazu *Di Fabio*, in: Dürig/Herzog/Scholz, GG, Art. 2 Abs. 1, Rn. 47.

Jedenfalls durch kollidierendes Verfassungsrecht ist eine Einschränkung möglich.[798] Dabei sind die Grundrechte Dritter und andere Rechtsgüter von Verfassungsrang derart miteinzubeziehen, dass ein möglichst schonender Ausgleich zwischen den entgegenstehenden Verfassungsrechtspositionen stattfindet. Schließlich darf kein verbürgtes Grundrecht völlig hinter einem anderen zurücktreten. Dieser überwiegend für schrankenlos normierte Grundrechte vertretenen Auffassung kann auch auf das Grundrecht der Gedankenfreiheit übertragen werden. Die Gedankenfreiheit kann somit durch kollidierendes Verfassungsrecht eingeschränkt werden. Die Einschränkung misst sich aber wiederum am Grundsatz der Verhältnismäßigkeit.

---

798 *Kingreen/Poscher* 2022, § 6, Rn. 396 (S. 86).

Gesamtergebnis

Mit der Arbeit konnte gezeigt werden, dass ein Grundrecht auf Gedankenfreiheit dem Grundgesetz zu entnehmen ist. Dabei ist insbesondere auf den historischen Verfassungsgeber abzustellen, der in den Beratungen zum Grundgesetz die positive Normierung der Gedankenfreiheit diskutiert hat. Dabei wurde sich grundsätzlich für die Schutzwürdigkeit der menschlichen Gedanken ausgesprochen, jedoch von einer Aufnahme in den Grundrechtskatalog abgesehen. Die Väter und Mütter des Grundgesetzes waren zur Überzeugung gelangt, dass in die Gedanken gar nicht eingegriffen werden könne. Insofern wurde von einer Normierung abgesehen. Nach heutigem Kenntnisstand ist es jedoch mittlerweile sehr wohl möglich, in die menschliche Gedankenwelt einzugreifen, sei es durch neurowissenschaftliche Gerätschaften oder psychologische Verfahren, sei es in Form des Gedankenlesens oder der Gedankenmanipulation. Die faktische Nichtnormierung beruht also auf einem historischen Irrtum bzw. der Nichtberücksichtigung des Eintritts zukünftiger Entwicklungen. Wäre dem historischen Verfassungsgeber dieser Umstand bewusst gewesen, hätte er nach dessen Bekundungen um den Wert der Gedankenfreiheit eine ausdrückliche Normierung vorgenommen. Zudem finden sich in den einzelnen, ausdrücklich normierten Grundrechten Schutzbereichsteile, die zu einem Schutz der Gedankenfreiheit beitragen. Bedenkt man daneben, dass die Grundrechte dynamisch und entwicklungsoffen ausgestaltet sind, lässt sich ein Schutz der menschlichen Gedankenwelt in Form der Gedankenfreiheit aus einer Gesamtanalogie der fragmentarisch in den einzelnen Grundrechtsgewährleistungen verteilten Gehalte begründen. Der Schutzgehalt ist dann entsprechend der Ansicht, dass die Gedankenfreiheit durch diese umfänglich geschützt sei, anhand der aktuellen Eingriffspotentiale zu einem einheitlichen und vollständigen Grundrecht aufzufüllen. Dabei kann es an der lückenschließenden Funktion des allgemeinen Persönlichkeitsrechts ausgerichtet werden, das Veränderungen durch die Schaffung spezieller Ausprägungen entgegentritt.

Die Gedankenfreiheit stellt sich grundsätzlich als Freiheitsgrundrecht dar, und der Prüfungsaufbau orientiert sich dementsprechend an der Dreigliedrigkeit, bestehend aus Schutzbereich, Eingriff und Rechtfertigung.

Das Grundrecht der Gedankenfreiheit ist in persönlicher Hinsicht ein Jedermannsrecht. Es ist in persönlicher Hinsicht damit für alle natürlichen Personen von deren Geburt bis zum Tode eröffnet. Bei natürlichen Personen kann sich die Frage nach der zeitlichen Dauer der Grundrechtsberechtigung stellen.

Grundsätzlich beginnt diese mit der Vollendung der Geburt und endet mit dem Tod. Allerdings lässt sich sowohl eine zeitliche Vorverlagerung als auch eine Ausdehnung über den Tod hinaus annehmen. Insofern sich aus medizinischer Sicht bereits gedankliche Aktivitäten des werdenden Lebens ergeben, nehmen diese auch am Schutz der Gedankenfreiheit teil. Das Denken endet hingegen definitorisch mit dem Tod. Allerdings ist der Zugriff auf Gedanken, z.B. durch tagebuchartige Erfassungen, nach wie vor möglich. Dennoch ist ihr Bezugsobjekt, der Mensch, der seine Gedanken ohne gewollten Sozialbezug perpetuiert hat, nicht mehr existent. Ein postmortaler Schutz über die Gedankenfreiheit ist deshalb nicht gegeben.

Der Grundrechtsschutz ist grundsätzlich auf Individualpersonen zugeschnitten. Bei Personenmehrheiten behalten die einzelnen Personen diesen Grundrechtsschutz. Für die Frage, ob auch die Personenmehrheit an sich grundrechtsberechtigt ist, muss dies auf Grund des Art. 19 Abs. 3 GG verneint werden, da die durch die Gedankenfreiheit gewährte Freiheitssphäre unmittelbar an die physische Existenz angeknüpft. Die Gedankenfreiheit schützt die menschlichen Gedanken, die gerade Ausdruck bzw. Ursprung des Menschseins sind. Somit ist eine Erstreckung auf juristische Personen i.S.d. Art. 19 Abs. 3 GG nicht möglich.

Das Grundrecht der Gedankenfreiheit schützt in sachlicher Hinsicht die menschliche Gedankenwelt. Die Gedankenwelt stellt die Summe aller inneren Vorgänge des menschlichen Bewusstseins dar, also den gesamten Denkprozess, beginnend bei der Informationsaufnahme über die Verarbeitung dieser Informationen, bis hin zu einem fertigen Produkt, des Gedankens, und bis zu dessen willentlicher Umsetzung in die Außenwelt.

Der Mensch ist ein denkendes Wesen und sämtliche Handlungen sind willentliche Vorgänge. Indem jede Handlung auf einen gedanklichen Prozess zurückgeführt werden kann, wäre der über die normierten Grundrechte gewährte Schutz stets durch den der Gedankenfreiheit überlagert. Das birgt die Gefahr eines Aushebelns der vorhandenen Schutzbereichsdogmatik. Vergleichbar ist die Situation mit dem weiten Schutzbereich der allgemeinen Handlungsfreiheit, Art. 2 Abs. 1 GG. Daran angelehnt ist dieser Gefahr ebenfalls durch eine grundsätzliche Subsidiarität der Gedankenfreiheit gegenüber anderen Freiheitsrechten entgegenzuwirken. Damit ist festzuhalten, dass der Schutz der Gedankenfreiheit von Gedanken, die eine Handlung auslösen, durch das diese Handlung schützende Freiheitsgrundrecht insoweit suspendiert wird. Der Schutz durch ein Freiheitsgrundrecht muss jedoch über den der allgemeinen Handlungsfreiheit und die in den speziellen Freiheitsrechten enthaltenen Aspekte der Gedankenfreiheit, welche in dieser zusammenfinden, hinausgehen. Diese Schutzbereichsfragmente gehen in dem einheitlich anwendbaren Grundrecht der Gedankenfreiheit auf.

Die Gedankenfreiheit bleibt ebenso für die Bereiche anwendbar, die nicht durch das die Handlung erfassende Grundrecht abgedeckt werden. Demnach muss die Gedankenfreiheit durch ihren starken Menschenwürdebezug anwendbar bleiben für Gedanken, denen, obwohl sie eine durch Grundrechte geschützte Handlung auslösen, ein neben der Handlung eigenständiger Wert zukommt. Ein solcher eigenständiger Wert ist etwa dann gegeben, wenn die Gedanken zur Persönlichkeitsbildung und -erhaltung beitragen.

Auf der Ebene des Grundrechtseingriffs können sowohl das klassische als auch das moderne Eingriffsverständnis auf das Freiheitsgrundrecht der Gedankenfreiheit übertragen werden. Darüber hinaus lassen sich zwei grundsätzliche Kategorien von Eingriffsformen in die Gedankenfreiheit bilden, deren Unterscheidung die Anwendung dieses Grundrechts erleichtert. Ein Eingriff kann sowohl in Form des Gedankenlesens als auch der Gedankenmanipulation stattfinden. Gedankenlesen meint dabei den unerlaubten Zugriff auf fremde Gedankeninhalte. Gedankenmanipulation bezeichnet jede wesentliche Beeinflussung der Bildung von Gedanken sowie der Veränderung, Unterdrückung oder Löschung bestehender Gedanken.

Eingriffe in Form des Gedankenlesens sind prägnant feststellbar und stellen im Ausgangspunkt jeden Zugriff auf die Gedankenwelt dar. Dieser Zugriff ist nur dann nicht als Eingriff zu werten, wenn der Grundrechtsträger darin einwilligt. Insoweit muss die Einwilligung wirksam und zulässig sein. Sie selbst muss also in ihrer Entscheidung frei und informiert sein, wobei die Grenze durch die Menschenwürde hinsichtlich eines vollständigen Zugriffs gezogen wird. Außerdem ist der Prozess des Gedankenlesens für den Grundrechtsträger kontrollierbar zu gestalten, sodass er entweder währenddessen selbstbestimmt intervenieren kann oder im Vorfeld die Grenzen bestimmt und im Nachgang auf deren Einhaltung kontrollieren konnte.

Speziell bei der Gedankenmanipulation ist zu berücksichtigen, dass die menschlichen Gedanken grundsätzlich durch jede äußere Einwirkung beeinflusst werden können. Das würde dazu führen, dass jede hoheitliche Handlung als ein Eingriff in die Gedankenfreiheit einer anderen Person gewertet werden müsste. Das würde wiederum das Regulativ des Eingriffs *ad absurdum* führen und einen gewissen Rechtfertigungsdruck entstehen lassen.

Man kann diese Ausuferung mit dem gleichgelagerten Problem innerhalb der Berufsfreiheit, Art. 12 GG, vergleichen. Durch unsere kommerzialisierte und wirtschaftsorientierte Welt wirkt sich quasi jedes staatliche Handeln zumindest mittelbar auch auf den Schutzbereich von Art. 12 GG aus. Deshalb wurde für einen Eingriff in die Berufsfreiheit die Notwendigkeit einer berufsregelnden Tendenz des staatlichen Handelns eingeführt, um dieses als Eingriff in die

Berufsfreiheit zu werten. Um diesem Problem für die Gedankenfreiheit entgegenzuwirken, ist ein besonderes Augenmerk auf die Wesentlichkeit in der Definition eines Eingriffs in Form der Gedankenmanipulation zu legen. Damit eine Handlung als ein Eingriff in die Gedankenfreiheit gewertet werden kann, ist eine gewisse Wesentlichkeitsschwelle der Handlung hinsichtlich ihrer beeinflussenden Wirkung zu überschreiten.

Eine Beeinflussung ist als wesentlich zu werten, wenn sie in einer durch die normierten Grundrechte vergleichbaren Weise in den Schutzbereich der Gedankenfreiheit eingreift. Zur Beurteilung dieser äquivalenten Eingriffserheblichkeit ist besonders ihr Effekt auf die durch die normierten Grundrechte eröffneten Schutzbereiche abzustellen. Konkret muss anhand einer wertenden Betrachtung gefragt werden, ob eine gedankliche Beeinflussung Auswirkungen von einigem Gewicht auf Rechtsgüter von Verfassungsrang haben kann. Dazu kann sowohl der mit der Beeinflussungshandlung verfolgte Zweck als auch die konkrete Art der Beeinflussungshandlung sowie dazu verwendete Mittel in die Einschätzung mit einbezogen werden. Ist diese Schwelle überschritten, kann von einem Eingriff in die Gedankenfreiheit in Form der Gedankenmanipulation gesprochen werde.

Ein grundrechtlicher Eingriff in die Gedankenfreiheit in Form des Gedankenlesens ist nicht zu rechtfertigen. Ohne die Zustimmung des Grundrechtsträgers ist jede Form des Gedankenlesens eine Verletzung der Gedankenfreiheit. Eine Ausnahme ist dahingehend zu machen, dass nur für die Frage nach einer Zustimmung auf die Gedankenwelt derart zugegriffen werden kann, wenn die anderweitige Einholung unmöglich ist, also z.B. bei Komapatienten.

Eingriffe in die Gedankenfreiheit in Form der Gedankenmanipulation können hingegen gerechtfertigt werden.

Beim Grundrecht der Gedankenfreiheit fehlt es sowohl an einem einfachen, wie auch einem qualifizierte Schrankenvorbehalt. Diese gesetzliche Vorgabe ist bei einem nicht ausdrücklich normierten Grundrecht wie dem der Gedankenfreiheit schlicht nicht vorhanden. Eine Schrankenübertragung von anderen Grundrechten findet nicht statt. Somit ist die Gedankenfreiheit als vorbehaltslos gewährtes Grundrecht zu qualifizieren. Die Einschränkbarkeit richtet sich nach der Maßgabe praktischer Konkordanz und hat unter Einhaltung des Grundsatzes der Verhältnismäßigkeit stattzufinden.

Hierbei ist zu berücksichtigen, dass der Staat auf Grund seiner Machtposition in der Lage ist, die Gedankenwelt der Menschen massiv zu beeinflussen. Das potentielle Ungleichgewicht gegenüber dem Staat kann durch bestimmte Konditionen ausgeglichen werden. Die Herstellung einer geistigen Waffengleichheit der Grundrechtsträger untereinander ist zu fordern. Dies kann sich in

Transparenz- bzw. Aufklärungspflichten ebenso wie in einer Neutralitätspflicht niederschlagen.

Durch die vorgenommene Herleitung und Aufarbeitung der Charakterisierung des Grundrechts auf Gedankenfreiheit wird dessen praktische Handhabbarkeit ermöglicht. Eine Wirkungsentfaltung lässt sich aber nur durch eine tatsächliche Anwendung erreichen. Dies ist in erster Linie Aufgabe der Gerichte, in relevanten Fällen die Gedankenfreiheit heranzuziehen bzw. in einer Abwägung zu berücksichtigen. Es wurden dafür wesentliche Orientierungspunkte herausgearbeitet. Diese müssen freilich mit weiteren Gesichtspunkten und Wertungen aufgefüllt werden. Die Bezeichnung als Fragmentgrundrecht verdeutlicht die Vielschichtigkeit dieser Aufgabe, welche zugleich einen Auftrag an den wissenschaftlichen Diskurs enthält, ihr nachzugehen. Nur so kann das in der Gedankenfreiheit enthaltene Potential ausgeschöpft und zur Bewältigung zukünftiger technischer Entwicklungen verwendet werden.

In diesem Sinne wäre es nur wünschenswert, wenn dieser, nach *Fabers*, zweite Versuch der Konstatierung eines solchen eigenständigen Grundrechts nicht wieder über ein halbes Jahrhundert im Wesentlichen nur ein Gedankenexperiment bleibt.

Literaturverzeichnis

Ackerman, Joshua M./Nocera, Christopher C./Bargh, John A.: Incidental haptic sensations influence social judgments and decision, Science, 2010, S. 1712–1715 (zit.: *Ackermann/Nocera/Bargh* Science 2010, 1712).

Allen, Anita L.: Uneasy Access: Privacy for Women in a Free Society (New Feminist Perspectives), Rowman & Littlefield, Lanham, Maryland, USA, 1988 (zit.: *Allen* 1988).

Amelung, Knut: Verwendung eines Lügendetektors, Anmerkung zu BVerfG, Beschluß vom 18.08.1981 – 2 BvR 166/81, Neue Zeitschrift für Strafrecht (NStZ), 1982, S. 38–40 (zit.: *Amelung* NStZ 1982, 38).

———, Der Grundrechtsschutz der Gewissenserforschung und die strafprozessuale Behandlung von Tagebüchern, Neue Juristische Wochenschrift (NJW), 1988, S. 1002–1006 (zit.: *Amelung* NJW 1988, 1002).

Augsberg, Ino und Augsberg, Steffen: Kombinationsgrundrechte. Die Verkopplung von Grundrechtstatbeständen als Herausforderung für die Grundrechtsdogmatik, Archiv des öffentlichen Rechts (AöR) 2007, S. 539–581 (zit.: *Augsberg/Augsberg* AöR 2007, 539).

Bak, Peter Michael: Wahrnehmung, Gedächtnis, Sprache, Denken. Allgemeine Psychologie I – das Wichtigste, prägnant und anwendungsorientiert, Springer, Berlin und Heidelberg, 2020 (zit.: *Bak* 2020).

Bear, Mark F./Connors, Barry W./Paradiso, Michael A.: Neurowissenschaften. Ein grundlegendes Lehrbuch für Biologie, Medizin und Psychologie, Springer Spektrum, Berlin und Heidelberg, 4. Auflage 2018 (zit.: *Bear/Connors/Paradiso* 2018).

Beck, Susanne (Hrsg.): Gehört mein Körper noch mir? Strafgesetzgebung zur Verfügungsbefugnis über den eigenen Körper in den Lebenswissenschaften, Nomos, Baden-Baden, 2013 (zit.: *Bearbeiter*, in: Beck 2013).

Beulke, Werner und Swoboda, Sabine: Strafprozessrecht, C.F. Müller, Heidelberg, 15. Auflage 2020 (zit.: *Beulke/Swoboda* 2020).

Blitz, Marc Jonathan und Bublitz, Jan Christoph (Hrsg.): The Law and Ethics of Freedom of Thought, Volume 1. Neuroscience, Autonomy, and Individual Rights, Palgrave Macmillan, Cham, 2021 (zit.: *Bearbeiter*, in: Blitz/Bublitz 2021).

Blum, Nikolaus: Die Gedanken-, Gewissens- und Religionsfreiheit nach Art. 9 der Europäischen Menschenrechtskonvention, Duncker & Humblot, Berlin, 1990 (zit.: *Blum* 1990).

Boehme-Neßler, Volker: Die Macht der Algorithmen und die Ohnmacht des Rechts. Wie die Digitalisierung das Recht relativiert, Neue Juristische Wochenschrift (NJW), 2017, S. 3031–3037 (zit.: *Boehme-Neßler* NJW 2017, 3031).

Bohnert, Joachim/Gramm, Christof/Kindhäuser, Urs/Lege, Joachim/Rinken, Alfred/Robbers, Gerhard (Hrsg.): Verfassung Philosophie – Kirche, Festschrift für Alexander Hollerbach zum 70. Geburtstag, Duncker & Humblot, Berlin, 2001 (zit: *Bearbeiter*, in: FS Hollerbach).

Britz, Gabriele: Freie Entfaltung der Persönlichkeit (Art. 2 I1 GG) – Verfassungsversprechen zwischen Naivität und Hybris?, Neue Zeitschrift für Verwaltungsrecht (NVwZ), 2019, S. 672–677 (zit.: *Britz* NVwZ 2019, 672).

Bromm, Burkhart und Wolf, Henning Jörn (Hrsg.): Von der Freiheit, Schmerz zu spüren, Abhandlungen der Akademie der Wissenschaften in Hamburg, Band 7, De Gruyter, Berlin und Boston, 2017 (zit.: *Bearbeiter*, in: Bromm/Wolf 2017).

Brugger, Winfried: Einschränkung des absoluten Folterverbots bei Rettungsfolter?, Aus Politik und Zeitgeschichte (APuZ), 2006, S. 9–15 (zit.: *Brugger* APuZ 2006, 9).

Bublitz, Jan Christoph: Freedom of Thought in the Age of Neuroscience: A Plea and a Proposal for the Renaissance of a Forgotten Fundamental Right, Archiv für Rechts- und Sozialphilosophie (ARSP), 2014, S. 1–25 (zit.: *Bublitz* ARSP 2014, 1).

———, Der (straf-)rechtliche Schutz der Psyche. Vom Körperverletzungstatbestand zum Grundrecht auf mentale Selbstbestimmung, Rechtswissenschaft (RW), 2011, S. 28–69 (zit.: *Bublitz* RW 2011, 28).

Bublitz, Jan Christoph und Merkel, Reinhard: Crimes Against Minds: On Mental Manipulations, Harms and a Human Right to Mental Self-Determination, Criminal Law and Philosophy (CLP), 2014, S. 51–77 (zit.: *Bublitz/Merkel* CLP 2014, 51).

Büchmann, Georg (Begr.) und Hofmann, Winfried (Bearb.): Der neue Büchmann. Geflügelte Worte. Der klassische Zitatensatz, Uhlstein, München, 5. Auflage 2016 (zit.: *Büchmann*, Geflügelte Worte).

Burck, Eskil: Das manipulierte Gehirn: Psychologie der unbewussten Beeinflussung, BoD – Books on Demand, Norderstedt, 2. Auflage 2019 (zit.: *Burck* 2019).

Chabris, Christopher und Simons, Daniel: Der unsichtbare Gorilla: Wie unser Gehirn sich täuschen lässt, Piper, München, 2011 (zit.: *Chabris/Simons* 2011).

Clausen, Jens und Levy, Neil (Hrsg.): Handbook of Neuroethics, Springer Science+Business Media, Dordrecht, 2015 (zit.: *Bearbeiter*, in: Clausen/Levy 2015).

Costandi, Moheb: 50 Schlüsselideen Hirnforschung, Springer Spektrum, Berlin und Heidelberg, 2015 (zit.: *Costandi* 2015).

Dalakouras, Theoharis: Beweisverbote bezüglich der Achtung der Intimsphäre unter besonderer Berücksichtigung der Grundrechtsproblematik sowie des griechischen Rechts, Duncker & Humblot, Berlin, 1988 (zit.: *Dalakouras* 1988).

Dammann, Ilmer: Der Kernbereich der privaten Lebensgestaltung. Zum Menschenwürde- und Wesensgehaltsschutz im Bereich der Freiheitsgrundrechte, Duncker & Humblot, Berlin, 2011 (zit.: *Dammann* 2011).

Detlefsen, Grischa: Grenzen der Freiheit – Bedingungen des Handelns – Perspektive des Schuldprinzips. Konsequenzen neurowissenschaftlicher Forschung für das Strafrecht, Duncker & Humblot, Berlin, 2006 (zit.: *Detlefsen* 2006).

Ditzinger, Thomas: Illusionen des Sehens. Eine Reise in die Welt der visuellen Wahrnehmung, Springer Spektrum, Berlin und Heidelberg, 2. Auflage 2013 (zit.: *Ditzinger* 2013).

Dobelli, Rolf: Die Kunst des klaren Denkens. 52 Denkfehler, die Sie besser anderen überlassen, Hanser, München, 2011 (zit.: *Dobelli* 2011).

———, Die Kunst des klugen Handelns. 52 Irrwege, die Sie besser anderen überlassen, Hanser, München, 2012 (zit.: *Dobelli* 2012).

von Doemming, Klaus-Berto/Füßlein, Rudolf Werner/Matz, Werner: Entstehungsgeschichte der Artikel des Grundgesetzes [Jahrbuch des öffentlichen Rechts der Gegenwart, Band 1 n.F. (1951)], Mohr Siebeck, Tübingen, 2. Auflage 2010.

Döring, Nicola: Sozialpsychologie des Internet: Die Bedeutung des Internet für Kommunikationsprozesse, Identitäten, soziale Beziehungen und Gruppen, Hogrefe Verlag, Göttingen, 2. Auflage 2003 (zit.: *Döring* 2003).

Dreier, Horst (Hrsg.): Grundgesetz, Kommentar, Band 1, Mohr-Siebeck, Tübingen, 3. Auflage 2013 (zitiert: *Bearbeiter*, in: Dreier GG)

Drexl, Josef: Bedrohung der Meinungsvielfalt durch Algorithmen. Wie weit reichen die Mittel der Medienregulierung?, Zeitschrift für Urheber- und Medienrecht (ZUM), 2017, S. 529–543 (zit.: *Drexl* ZUM 2017, 529).

Droysen, Johann Gustav: Die Verhandlungen des Verfassungs-Ausschusses der deutschen Nationalversammlung, Weidmann, Leipzig, 1849 (zit.: *Droysen* 1849).

Dürig, Günter: Der Grundrechtssatz von der Menschenwürde: Entwurf eines praktischen Wertsystems der Grundrechte aus Art. 1 Abs. I in Verbindung mit Art. 19 Abs. II des Grundgesetzes, Archiv des öffentlichen Rechts (AöR) 1956, S. 117–157 (zit.: *Dürig* AöR 1956, 117).

Duttge, Gunnar: Was bleibt noch von der Wissenschaftsfreiheit? Zur Hypertrophie des Datenschutzes, Neue Juristische Wochenschrift (NJW), 1998, S. 1615–1619 (zit.: *Duttge* NJW 1998, 1615).

Duttge, Gunnar (Hrsg.): Das Ich und sein Gehirn. Die Herausforderung der neurobiologischen Forschung für das (Straf-)Recht [Göttinger Studien zu den Kriminalwissenschaften, Band 7], Universitätsverlag Göttingen, 2009 (zit.: *Bearbeiter*, in: Duttge 2009).

Ebers, Martin: Beeinflussung und Manipulation von Kunden durch Behavioral Microtargeting. Verhaltenssteuerung durch Algorithmen aus der Sicht des Zivilrechts, Multimedia und Recht (MMR), 2018, S. 423–428 (zit.: *Ebers* MMR 2018, 423).

Ellbogen, Klaus: Die Fluchttagebücher Frank Schmökel und ihre Verwertbarkeit im Strafprozess, Neue Zeitschrift für Strafrecht (NStZ), 2001, S. 460–465 (zit.: *Ellbogen* NStZ 2001, 460).

Enders, Christoph: Die Freiheit der Andersdenkenden vor den Schranken des Bundesverwaltungsgerichts: Zum Urteil des BVerwG vom 25.06.2008 – Rudolf Heß-Gedenkmarsch, Juristen Zeitung (JZ), 2008, S. 1092–1099 (zit.: *Enders* JZ 2008, 1092).

Faber, Heiko: Innere Geistesfreiheit und suggestive Beeinflussung, Duncker & Humblot, Berlin, 1968 (zit.: *Faber* 1968).

Feurer, Martina: Psychoanalytische Theorien des Denkens. S. Freud – D.W. Winnicott – P. Aulinger – W. Bion – A. Green, Königshausen & Neumann, Würzburg, 2010 (zit.: *Feurer* 2010).

Fischer, Thomas: Strafgesetzbuch, Kommentar, C.H. Beck, München, 69. Auflage 2022 (zitiert: *Fischer* 2022).

Franzen, Martin/Gallner, Inken/Oetker, Hartmut (Hrsg.): Kommentar zum europäischen Arbeitsrecht, C.H. Beck, München, 4. Auflage 2022 (zit.: *Bearbeiter*, in: Franzen/Gallner/Oetker 2022).

Frister, Helmut: Der Lügendetektor – Zulässiger Sachbeweis oder unzulässige Vernehmungsmethode?, Zeitschrift für die gesamte Strafrechtswissenschaft (ZStW), 1994, S. 303–331 (zit.: *Frister* ZStW 1994, 303).

Gardner, Howard: Dem Denken auf der Spur. Der Weg der Kognitionswissenschaft, Klett-Cotta, Stuttgart, 1989 (zit.: *Gardner* 1989).

Gavison, Ruth: Privacy and the Limits of Law, The Yale Law Journal (YLJ), 1980, S. 421–471 (zit.: *Gavison* YLJ 1980, 421).

Gebauer, Peer: Zur Grundlage des absoluten Folterverbots, Neue Zeitschrift für Verwaltungsrecht (NVwZ), 2004, S. 1405–1414 (zit.: *Gebauer* NVwZ 2004, 1405).

Geis, Max-Emanuel: Der Kernbereich des Persönlichkeitsrechts – Ein Plädoyer für die „Sphärentheorie" –, Juristenzeitung (JZ), 1991, S. 112–117 (zit.: *Geis* JZ 1991, 112).

Gerhold, Sönke Florian: Der Einsatz von Lügendetektorsoftware im Strafprozess – aufgrund des technischen Fortschritts in Zukunft doch rechtmäßig?, Zeitschrift für Internationale Strafrechtsdogmatik (ZIS), 2020, S. 431–439 (zit.: *Gerhold* ZIS 2020, 431).

Goos, Christoph: Innere Freiheit. Eine Rekonstruktion des grundgesetzlichen Würdebegriffs, Vandenhoeck und Ruprecht, Göttingen, 2011 (zit.: *Goos* 2011).

von der Groeben, Hans/Schwarze, Jürgen/Hatje, Armin (Hrsg.): Europäisches Unionsrecht. Vertrag über die Europäische Union. Vertrag über die Arbeitsweise der Europäischen Union. Charta der Grundrechte der Europäischen Union, Band 1, Nomos, Baden-Baden, 7. Auflage 2015 (zit.: *Bearbeiter*, in: von der Groeben/Schwarze/Hatje 2015).

Habermas, Jürgen: Strukturwandel der Öffentlichkeit, Suhrkamp, Berlin, 14. Auflage 2015 (zit.: *Habermas* 2015).

Hamm, Rainer: Monokeltests und Menschenwürde. Zu den BGH-Entscheidungen über den „Lügendetektor" im Strafprozeß (NJW 1999, NJW 1999, 657 und 662), Neue Juristische Wochenschrift (NJW), 1999, S. 922–923 (zit.: *Hamm* NJW 1999, 922).

Händel, Konrad: BGH: Tagebuchaufzeichnungen als unzulässiges Beweismittel, Neue Juristische Wochenschrift (NJW), 1964, S. 1139–1144 (zit.: *Händel* NJW 1964, 1139).

Hartl, Korbinian: Suchmaschinen, Algorithmen und Meinungsmacht. Eine verfassungs- und einfachrechtliche Betrachtung, Springer, Berlin und Heidelberg, 2017 (zit.: *Hartl* 2017).

Hecht, Heiko und Desnizza, Wolfgang: Psychologie als empirische Wissenschaft. Essenzielle wissenschaftstheoretische und historische Grundlagen, Springer, Berlin und Heidelberg, 2012 zit.: *Hecht/Desnizza* 2012).

Heermann, Peter W. und Schlingloff, Jochen (Hrsg.): Münchener Kommentar zum Lauterkeitsrecht (UWG), Band 1, C.H. Beck, München, 3. Auflage 2019 (zit.: *Bearbeiter*, in: MüKoUWG).

Heilfron, Eduard (Hrsg.): Die deutsche Nationalversammlung im Jahre 1919 in ihrer Arbeit für den Aufbau des neuen deutschen Volksstaates, Band 6, Norddeutsche Buchdruckerei und Verlagsanstalt, Berlin, 1919 (zit.: *Heilfron* 1919, Bd. 6).

Hell, Wolfgang/Fiedler, Klaus/Gigerenzer, Gerd (Hrsg.): Kognitive Täuschungen – Fehl-Leistungen und Mechanismen des Urteilens, Denkens und

Erinnerns, Spektrum Akademischer Verlag, Heidelberg, 1993 (zit.: *Hell/Fiedler/Gigerenzer* 1993).

Heller, Christian: Post-Privacy: Prima leben ohne Privatsphäre, C.H. Beck, München 2011 (zit.: *Heller* 2011).

Herrmann, Friederike und Lünenborg, Margret (Hrsg.): Tabubruch als Programm. Privates und Intimes in den Medien, VS Verlag für Sozialwissenschaften, Wiesbaden, 2001 (zit.: *Bearbeiter*, in: Herrmann/Lünenborg 2011).

Herzberg, Rolf Dietrich: Folter und Menschenwürde, Juristen Zeitung (JZ), 2005, S. 321–328 (zit.: *Herzberg* JZ 2005, 321).

Herzog, Roman/Scholz, Rupert/Herdegen, Matthias/Klein, Hans (Hrsg.): Dürig/Herzog/Scholz, Grundgesetz Kommentar, Loseblatt, C.H. Beck, München, verwendeter Werkstand, sofern nicht anders angegeben: 99. EL 2022 (zitiert: *Bearbeiter*, in: Dürig/Herzog/Scholz, GG).

Hildt, Elisabeth und Franke, Andreas (Hrsg.): Cognitive Enhancement. An Interdisciplinary Perspective, Springer, Dordrecht, 2013 (zit.: *Bearbeiter*, in: Hildt/Franke 2013).

Höffe, Otfried: Spinoza: Theologisch-politischer Traktat, Akademie Verlag, München, 2013 (zit.: *Höffe* 2013).

Hoffmann-Riem, Wolfgang: Kommunikationsfreiheiten. Kommentierungen zu Art. 5 Abs. 1 und 2 sowie Art. 8 GG, Nomos, Baden-Baden, 2002 (zit.: *Hoffmann-Riem* 2002).

———, Verhaltenssteuerung durch Algorithmen – Eine Herausforderung für das Recht, Archiv des öffentlichen Rechts (AöR), 2017, S. 1–42 (zit.: *Hoffmann-Riem* AöR 2017, 1).

Höfling, Wolfram: Rechtliche Mittel, Maßstäbe und Schranken der staatlichen Beeinflussung des Ernährungsverhaltens, Zeitschrift für das gesamte Lebensmittelrecht (ZLR) 2006, S. 121–133 (zit.: *Höfling* ZLR 2006, 121).

Hohmann-Dennhardt, Christine: Freiräume – Zum Schutz der Privatheit, Neue Juristische Wochenschrift (NJW), 2006, S. 545–549 (zit.: *Hohmann-Dennhardt* NJW 2006, 545).

Honer, Mathias: Nudging: Keine Herausforderung für die Grundrechtsdogmatik – Zugleich zur sogenannten doppelten Widerspruchslösung für die Organspende, Die Öffentliche Verwaltung (DÖV), 2019, S. 940–948 (zit.: *Honer* DÖV 2019, 940).

Hong, Mathias: Der Menschenwürdegehalt der Grundrechte. Grundfragen, Entstehung und Rechtsprechung, Mohr Siebeck, Tübingen, 2019 (zit.: *Hong* 2019).

Hovland, Carl I./Lumisdaine, Arthur A./Sheffield, Fred D.: Experiments on Mass Communication. Studies in Social Psychology in World War II., Vol. III.; Princeton University Press, 1949 (zit.: *Hovland/Lumisdaine/Sheffield* 1949).

Huber, Ernst Rudolf: Deutsche Verfassungsgeschichte seit 1789: Der Kampf um Einheit und Freiheit 1830 bis 1850, Band 3, Kohlhammer, Stuttgart, 3. Auflage 1988 (zit.: *Huber* 1988).

Ingold, Albert: Desinformationsrecht: Verfassungsrechtliche Vorgaben für staatliche Desinformationstätigkeit, Duncker & Humblot, Berlin, 2011 (zit.: *Ingold* 2011).

Isensee, Josef und Kirchhof, Paul (Hrsg.): Handbuch des Staatsrechts der Bundesrepublik Deutschland Band II: Verfassungsstaat, C.F. Müller, Heidelberg, 3. Auflage 2004 (zit.: *Bearbeiter*, in: Isensee/Kirchhof 2004).

Jahn, Matthias: BGH: Beschlagnahme von Notiz- und Taschenkalendern, Neue Zeitschrift für Strafrecht (NStZ) 2000, S. 383–385 (zit.: *Jahn* NStZ 2000, 383).

Jahn, Matthias und Geck, Elena: Tagebuchfall revisited – Der Bundesgerichtshof, die Gedankenfreiheit und ein Selbstgespräch im Auto, Juristen Zeitung (JZ), 2012, S. 561–567 (zit.: *Jahn/Geck* JZ 2012, 561).

Jarass, Hans D. (Hrsg.): Charta der Grundrechte der Europäischen Union. Kommentar, C.H. Beck, München, 4. Auflage 2021 (zit.: *Jarass* 2021).

Johannes, Paul Christopher: Privatheit in der Rechtsprechung des BVerfG, News-Dienst der Zeitschrift für Datenschutz (ZD-Aktuell) 2018, 06007 (zit.: *Johannes* ZD-Aktuell 2018, 06007).

Kargl, Walter und Kirsch, Stefan: Zur Zulässigkeit eines untauglichen Beweismittels im Strafverfahren - BGHSt 44, BGHST 44, 308, Juristische Schulung (JuS), 2000, S. 537–542 (zit.: *Kargl/Kirsch* JuS 2000, 537).

Kerkmann, Christof/Matthes, Sebastian/Rickens, Christian: Der große Lauschangriff - Wie Amazon, Apple und Google ihre Kunden aushorchen, Handelsblatt Wochenendausgabe 3/4./5. Mai 2019, S. 53–56 (zit.: *Kerkmann/Matthes/Rickens*, Handelsblatt Wochenendausgabe, 3./4./5. Mai 2019).

Kingreen, Thorsten und Poscher, Ralf: Grundrechte. Staatsrecht II, C.F. Müller, Heidelberg, 38. Auflage 2022 (zit.: *Kingreen/Poscher* 2022).

Kirchhof, Gregor: Nudging – zu den rechtlichen Grenzen informalen Verwaltens, Zeitschrift für Rechtspolitik (ZRP), 2015, S. 136–137 (zit.: *Kirchhof* ZRP 2015, 136).

Klimke, Olaf: Der Polygraphentest im Strafverfahren, Neue Zeitschrift für Strafrecht (NStZ), 1981, S. 433–434 (zit.: *Klimke* NStZ 1981, 433).

Kloepfer, Michael: Verfassungsdenken in Schillers „Don Carlos", Neue Juristische Wochenschrift (NJW), 2006, S. 560–565 (zit.: *Kloepfer* NJW 2006, 560).

———, Grundrechte als Entstehenssicherung und Bestandsschutz, C.H. Beck, München, 1970 (zit.: *Kloepfer* 1970).

Knauer, Christoph/Kudlich, Hans/Schneider, Hartmut (Hrsg.): Münchner Kommentar zur Strafprozessordnung, Band 1: §§ 1–150 StPO, C.H. Beck, München, 2014 (zit.: *Bearbeiter*, in: MüKo StPO 2014).

Kolz, Alexander: Das Selbstgespräch im Krankenzimmer und der „Große Lauschangriff", Neue Juristische Wochenschrift (NJW), 2005, S. 3248–3250 (zit.: *Kolz* NJW 2005, 3248).

Kornhuber, Hans H. und Deecke, Lüder: Hirnpotentialänderungen bei Willkürbewegungen und passiven Bewegungen des Menschen: Bereitschaftspotential und reafferente Potentiale, Pflügers Archiv für die gesamte Physiologie des Menschen und der Tiere (Pflügers Arch.), 1965, S. 1–17 (zit.: *Kornhuber/Deecke* Pflügers Archiv 1965, 1).

Kotulla, Michael: Deutsches Verfassungsrecht 1806–1918. Eine Dokumentensammlung nebst Einführungen, Band 1, Gesamtdeutschland, Anhaltische Staaten und Baden, Springer, Berlin und Heidelberg, 2006 (zit.: *Kotulla* 2006).

Kühler, Michael und Rüther, Markus (Hrsg.): Handbuch Handlungstheorien. Grundlagen, Kontexte, Perspektiven, J.B. Metzler, Stuttgart 2016 (zit.: *Bearbeiter*, in: Kühler/Rüther 2016).

Kühne, Jörg-Detlef: Die Reichsverfassung der Paulskirche. Vorbild und Verwirklichung im späteren deutschen Rechtsleben, Luchterhand, Neuwied, 2. Auflage 1998 (zit.: *Kühne* 1998).

Künast, Renate: Regeln für Wahlkämpfe im digitalen Zeitalter. Echte Transparenz im Netz herstellen, Zeitschrift für Rechtspolitik (ZRP), 2019, S. 62–65 (zit.: *Künast* ZRP 2019, 62).

Laber, Birgit: Die Verwertbarkeit von Tagebuchaufzeichnungen im Strafverfahren, Peter Lang, Bern, 1995 (zit.: *Laber* 1995).

Langer, Margit: Informationsfreiheit als Grenze informationeller Selbstbestimmung. Verfassungsrechtliche Vorgaben der privatrechtlichen Informationsordnung, Duncker & Humblot, Berlin, 1992 (zit.: *Langer* 1992).

von Lewinski, Kai: Medienrecht, C.H. Beck, München, 2020 (zit.: *von Lewinski* 2020).

Libet, Benjamin: Unconscious cerebral initiative and the role of conscious will in voluntary action, The Behavioral and Brain Sciences (BBS), 1985, S. 529–566 (zit.: *Libet* BBS 1985, 529).

Lindner, Franz Josef: Die Würde des Menschen und sein Leben – Zum Verhältnis von Art. 1 Abs. 1 S. 1 GG und Art. 2 Abs. 2 S. 1 und 3 GG, Die Öffentliche Verwaltung (DÖV) 2006, S. 577–588 (zit: *Lindner* DÖV 2006, 577).

———, „Neuro-Enhancement“ als Grundrechtsproblem, Medizinrecht (MedR), 2010, S. 463–471 (zit.: *Lindner* MedR 2010, 463).

Lindner, Josef Franz (Hrsg.): Die Neuronale Selbstbestimmung des Menschen. Grundlagen und Gefährdungen, Nomos, Baden-Baden, 2016 (zit.: *Bearbeiter*, in: Lindner 2016).

Löwe, Ewald und Rosenberg, Werner (Hrsg.): Die Strafprozessordnung und das Gerichtsverfassungsgesetz: StPO, Band 4/1: §§ 112–136a, De Gruyter, Berlin, 27. Auflage 2019 (zit.: Bearbeiter, in: Löwe/Rosenberg, StPO).

Lüdemann, Jörn: Edukatorisches Staatshandeln. Steuerungstheorie und Verfassungsrecht am Beispiel der staatlichen Förderung von Abfallmoral, Nomos, Baden-Baden, 2004 (zit.: *Lüdemann* 2004).

von Mangoldt, Herrmann /Klein, Friedrich/Starck, Christian (Begr.)/Huber, Peter M./Voßkuhle, Andreas (Hrsg.): Grundgesetz, Kommentar, Band. 1, C.H. Beck, München, 7. Auflage 2018 (zit.: *Bearbeiter*, in: von Mangoldt/ Klein/Starck, GG).

Mankowski, Peter: Verändert die Neurobiologie die rechtliche Sicht auf Willenserklärungen?, Archiv für die civilistische Praxis (AcP), 2011, S. 153–195 (zit.: *Mankowski* AcP 2011, 153).

Martini, Mario: Das allgemeine Persönlichkeitsrecht im Spiegel der neueren Judikatur des Bundesverfassungsgerichts, Juristische Arbeitsblätter (JA), 2009, S. 839–845 (zit.: *Martini* JA 2009, 839).

Matthes, Jörg: Framing, Nomos, Baden-Baden, 2. Auflage 2022 (zit.: *Matthes* 2022).

Merkel, Reinhard: Neuartige Eingriffe ins Gehirn. Verbesserung der metalen condicio humana und strafrechtliche Grenzen, Zeitschrift für die gesamte Strafrechtswissenschaft (ZStW), 2009, S. 919–953 (zit.: *Merkel* ZStW 2009, 919).

Merten, Detlef und Papier, Hans-Jürgen (Hrsg.): Handbuch der Grundrechte in Deutschland und Europa, Band I: Entwicklung und Grundlagen, C.F. Müller, Heidelberg, 2004 (zit.: *Bearbeiter*, in: Merten/Papier, Bd. I).

———, Handbuch der Grundrechte in Deutschland und Europa, Band VI/ 2: Europäische Grundrechte II, Universelle Menschenrechte, C.F. Müller, Heidelberg, 2009 (zit.: *Bearbeiter*, in: Merten/Papier, Bd. VI/2).

Metzinger, Thomas: Gedankenleser im Kreuzverhör, Gehirn und Geist (GuG), 2006, S. 37–41 (zit.: *Metzinger* GuG 2006, 37).

Meyer, Jürgen und Hölscheidt, Sven (Hrsg.): Charta der Grundrechte der Europäischen Union, Nomos, Baden-Baden, 5. Auflage 2019 (zit.: *Bearbeiter*, in: Meyer/Hölscheidt 2019).

Meyer-Ladewig, Jens/Nettesheim, Martin/von Raumer, Stefan (Hrsg.): EMRK. Europäische Menschenrechtskonvention. Handkommentar, Nomos/Manz/Helbing & Lichtenhahn Verlag, Baden-Baden und Wien, 4. Auflage 2017 (zit.: *Bearbeiter*, in: Meyer-Ladewig/Nettesheim/von Raumer 2017).

Meyer-Mews, Hans: Die „in dubio contra reo"-Rechtsprechungspraxis bei Aussage-gegen-Aussage-Delikten, Neue Juristische Wochenschrift (NJW), 2000, S. 916–919 (zit.: *Meyer-Mews* NJW 2000, 916).

Michael, Lothar und Morlok, Martin: Grundrechte, Nomos, Baden-Baden, 7. Auflage 2020 (zit.: *Michael/Morlock* 2020).

Milgram, Stanley: Das Milgram-Experiment. Zur Gehorsamsbereitschaft gegenüber Autorität, Rowohlt, Hamburg, 22. Auflage 1982.

Morlok, Martin: Selbstverständnis als Rechtskriterium, Mohr Siebeck, Tübingen, 1993 (zit.: *Morlok* 1993).

Muckel, Stefan: Religionspolitik im Namen der Neutralität? – Das Berliner Neutralitätsgesetz auf dem Prüfstand des Grundgesetzes, Die Öffentliche Verwaltung (DÖV), 2021, S. 557–565 (zit.: *Muckel* DÖV 2021, 557).

von Münch, Ingo und Kunig, Philip: Grundgesetz Kommentar, C.H. Beck, München, 6. Auflage 2012 (zit.: *Bearbeiter*, in: von Münch/Kunig 2012).

———, Grundgesetz Kommentar, C.H. Beck, München, 7. Auflage 2021 (zit.: *Bearbeiter*, in: von Münch/Kunig 2021).

Niese, Werner: Narkoanalyse als doppelfunktionelle Prozeßhandlung, Zeitschrift für die gesamte Strafrechtswissenschaft (ZStW), 1951, S. 199–228 (zit.: *Niese* ZStW 1951, 199).

Oettel, Maurice: Smart Human und der Schutz der Gedanken, Datenschutz und Datensicherheit (DuD), 2020, S. 386–389 (zit.: *Oettel* DuD 2020, 386).

Pariser, Eli: The Filter Bubble: What the Internet Is Hiding from You, Penguin Books, London, 2011 (zit.: *Pariser* 2011).

Pille, Jens-Ullrich: Meinungsmacht sozialer Netzwerke, Nomos, Baden-Baden, 2016 (zit.: *Pille* 2016).

Plake, Klaus/Jansen, Daniel/Schuhmacher, Birgit: Öffentlichkeit und Gegenöffentlichkeit im Internet. Politische Potentiale der Medienentwicklung, VS Verlag für Sozialwissenschaften, Wiesbaden, 2001 (zit.: *Plake/Jansen/Schumacher* 2001).

Poscher, Ralf: Die Würde des Menschen ist unantastbar, Juristen Zeitung (JZ), 2004, S. 756–762 (zit.: *Poscher* JZ 2004, 756).

Prütting, Jens: Rechtliche Aspekte der Tiefen Hirnstimulation, Springer, Berlin und Heidelberg, 2014 (zit.: *Prütting* 2014).

Putzke, Holm: Untersuchung mittels eines Polygraphen (Lügendetektor) als ungeeignetes Beweismittel. Entscheidungsbesprechung zu BGH, Beschluss vom 30.11.2010 – 1 StR 509/10, Zeitschrift für das Juristische Studium (ZJS), 2011, S. 557–563 (zit.: *Putzke* ZJS 2011, 557).

Putzke, Holm/Scheinfeld, Jörg/Klein, Gisela/Undeutsch, Udo: Polygraphische Untersuchungen im Strafprozess. Neues zur faktischen Validität und normativen Zulässigkeit des vom Beschuldigten eingeführten Sachverständigenbeweises, Zeitschrift für die gesamte Strafrechtswissenschaft (ZStW), 2009, S. 607–644 (zit.: *Putzke/Scheinfeld/Klein/Undeutsch* ZStW 2009, 607).

Regenbogen, Arnim und Meyer, Uwe (Hrsg.): Wörterbuch der philosophischen Begriffe [Philosophische Bibliothek, Band 500], Felix Meiner Verlag, Hamburg, Jubiläumsausgabe zum 150jährigen Bestehen der „Philosophischen Bibliothek" 2013 (zit.: *Regenbogen/Meyer* 2013, „Begriff").

Renka, Susanne: Zur Verwertbarkeit von Selbstkommunikation im deutschen Strafprozess, Peter Lang, Bern, 2016 (zit.: *Renka* 2016).

Restak, Richard M.: Die großen Fragen – Geist und Gehirn, Springer Spektrum, Berlin und Heidelberg, 2014 (zit.: *Restak* 2014).

Rohlf, Dietwald: Der grundrechtliche Schutz der Privatsphäre. Zugleich ein Beitrag zur Dogmatik des Art. 2 Abs. 1 GG, Duncker & Humblot, Berlin, 1980 (zit.: *Rohlf* 1980).

Rössler, Beate: Der Wert des Privaten, Suhrkamp, Berlin, 2001 (zit.: *Rössler* 2001).

Sachs, Michael (Hrsg.): Grundgesetz, Kommentar, C.H. Beck, München, 9. Auflage 2021 (zit.: *Bearbeiter*, in: Sachs, GG).

Säcker, Franz Jürgen/Rixecker, Roland/Oetker, Hartmut/Limperg, Bettina (Hrsg.): Münchener Kommentar zum Bürgerlichen Gesetzbuch, Band 1, C.H. Beck, München, 9. Auflage 2021 (zit.: *Bearbeiter*, in: MüKo BGB).

Sankol, Barry: Das sog. „Raumgespräch" und seine Verwertbarkeit im Strafverfahren, Multimedia und Recht (MMR), 2007, S. 692–698 (zit.: *Sankol* MMR 2007, 692).

Sauter, Elmar G.: Willensfreiheit und deterministisches Chaos, KIT Scientific Publishing, Karlsruhe, 2011 (zit.: *Sauter* 2011).

Sax, Walter: Über die Zulässigkeit der prozessualen Verwertung privater Tagebuchaufzeichnungen als Beweismittel. Ein Beitrag zur Bestimmung der „Verletzung" des Rechts auf freie Persönlichkeitsentfaltung nach Art. 2 I GG, Juristenzeitung (JZ), 1965, S. 1–6 (zit.: *Sax* JZ 1965, 1).

Scheufele, Bertram: Priming, Nomos, Baden-Baden, 2. Auflage 2022 (zit.: *Scheufele* 2022).

Schleim, Stephan: Gedankenlesen: Pionierarbeit der Hirnforschung, Heise, Hannover, 2007 (zit.: *Schleim* 2007).

Schmidt, Stefan/Jo, Han-Gue/Wittmann, Marc/Hinterberger, Thilo: "Catching the waves" – slow cortical potentials as moderator of voluntary action, Neuroscience & Biobehavioral Reviews, Volume 68, 2016, S. 639–650 (zit.: *Schmidt/Jo/Wittmann/Hinterberger* Neuroscience & Biobehavioral Reviews 2016, 639).

Schneider, Karla: Der Einsatz bildgebender Verfahren im Strafprozess, Josef Eul Verlag, Lohmar, 2010 (zit.: *Schneider* 2010).

Scholler, Heinrich J.: Die Freiheit des Gewissens, Duncker & Humblot, Berlin, 1958 (zit.: *Scholler* 1958).

Schönke, Adolf und Schröder Horst (Hrsg.): Strafgesetzbuch, Kommentar, C.H. Beck, München, 30. Auflage 2019 (zit.: *Bearbeiter*, in: Schönke/Schröder, StGB).

Schulz, Wolfgang: Gewährleistung kommunikativer Chancengleichheit als Freiheitsverwirklichung, Nomos, Baden-Baden, 1998 (zit.: *Schulz* 1998).

Schulz, Wolfgang und Dankert, Kevin: Die Macht der Informationsintermediäre. Erscheinungsformen, Strukturen und Regulierungsoptionen, Friedrich-Ebert-Stiftung Medienpolitik, Bonn, 2016 (zit.: *Schulz/Dankert* 2016).

Schütz, Ronja/Hildt, Elisabeth/Hampel, Jürgen (Hrsg.): Neuroenhancement. Interdisziplinäre Perspektiven auf eine Kontroverse, Transcript, Bielefeld, 2016 (zit.: *Schütz/Hildt/Hampel* 2016).

Schwabe, Jürgen: Der „Lügendetektor" vor dem Bundesverfassungsgericht, Neue Juristische Wochenschrift (NJW), 1982, S. 367–368 (zit.: *Schwabe* NJW 1982, 367).

Schwarze, Jürgen/Becker, Ulrich/Hatje, Armin/Schoo, Johann (Hrsg.): EU-Kommentar, Nomos, Baden-Baden, 4. Auflage 2019 (zit.: *Bearbeiter*, in: Schwarze/Becker/Hatje/Schoo 2019).

Simitis, Spiros/Hornung, Gerrit/Spiecker genannt Döhmann, Indra (Hrsg.): Datenschutzrecht, Kommentar, Nomos, Baden-Baden, 2019 (zit.: *Bearbeiter*, in: Simitis/Hornung/Spiecker gen. Döhmann 2019).

Sommaggio, Paolo/Mazzocca, Marco/Gerola, Alessio/Ferro, Fulvio: Cognitive Liberty. A first step towards a human neuro-rights declaration, BioLaw Journal 2017, S. 27–45 (zit.: *Sommaggio/Mazzocca/Gerola/Ferro* BioLaw Journal 2017, 27).

Sommer, Ulrich: Psychologie der richterlichen Entscheidungsfindung, Zeitschrift für Rechtspolitik (ZRP), 2017, S. 60–61 (zit.: *Sommer* ZRP 2017, 60).

Spranger, Tade Matthias: Der Einsatz neurowissenschaftlicher Instrumente im Lichte der Grundrechtsordnung, Juristen Zeitung (JZ), 2009, S. 1033–1040 (zit.: *Spranger* JZ 2009, 1033).

Steinitz, Wolfgang: Der Grosse Steinitz – Deutsche Volkslieder demokratischen Charakters aus sechs Jahrhunderten, Band 2, Akademie-Verlag, Ost-Berlin, 1979 (zit.: *Steinitz* 1979, Bd. 2).

Tacke, Sarah C.: Medienpersönlichkeitsrecht. Das System der Rechtsfolgen von Persönlichkeitsrechtsverletzungen durch Massenmedien, LIT Verlag, Münster, 2009 (zit.: *Tacke* 2009).

Thaler, Richard H. und Sunstein, Cass R.: Nudge: Wie man kluge Entscheidungen anstößt, Ullstein, Berlin, 7. Auflage 2017 (zit.: *Thaler/Sunstein* 2017).

Traub, Michael: Die Verwertbarkeit von Selbstgesprächen im Strafverfahren, Logos Verlag, Berlin, 2015 (zit.: *Traub* 2015).

Graf Vitzthum, Wolfgang: Die Menschenwürde als Verfassungsbegriff, Juristen Zeitung (JZ), 1985, S. 201–209 (zit.: *Graf Vitzthum* JZ 1985, 201).

Vogelsang, Klaus: Grundrecht auf informationelle Selbstbestimmung?, Nomos, Baden-Baden, 1987 (zit.: *Vogelsang* 1987).

Volkmann, Uwe: Die Geistesfreiheit und der Ungeist – Der Wunsiedel-Beschluss des BverfG, Neue Juristische Wochenschrift (NJW), 2010, S. 417–420 (zit.: *Volkmann* NJW 2010, 417).

———, Verfassungsänderung und Verfassungswandel, Juristen Zeitung (JZ), 2018, S. 265–316 (zit.: *Volkmann* JZ 2018, 265).

Voßkuhle, Andreas: Grundwissen – Öffentliches Recht: der Grundsatz der Verhältnismäßigkeit, Juristische Schulung (JuS), 2007, S. 429–431 (zit.: *Voßkuhle* JuS 2007, 429).

Waldeyer, Anton und Mayet, Anton: Anatomie des Menschen, Teil 2, Kopf und Hals, Auge, Ohr, Gehirn, Arm, Brust: Ein Grundriß für Studierende und Ärzte dargestellt nach systematischen, topographischen und praktischen Gesichtspunkten, 13. Auflage, De Gruyter, Berlin, 2019 (zit.: *Waldeyer/Mayet* 2019).

Waldhoff, Christian: „Weimar" als Argument. Die Weimarer Reichsverfassung als Vorbild und als Gegenbild für das Grundgesetz, Juristische Schulung (JuS), 2019, S. 737–744 (zit.: *Waldhoff* JuS 2019, 737).

Warg, Gunter: Anmerkungen zum Kernbereich privater Lebensgestaltung – Zugleich Besprechung von BGH, Urteil vom 22.12.2011 (2 StR 509/10), NStZ 2012, 277 –, Neue Zeitschrift für Strafrecht (NStZ), 2012, S. 237–242 (zit.: *Warg* NStZ 2012, 237).

Warren, Samuel D. und Brandeis, Louis D.: The Right to Privacy, Harvard Law Review (HLR), 1890, S. 193–220 (zit.: *Warren/Brandeis* HLR 1890, 193).

Weber, Arne M.: Die körperliche Konstitution von Kognition, J.B. Metzler, Wiesbaden, 2017 (zit.: *Weber* 2017).

Wegner, Wolfgang: Täterschaftsermittlung durch Polygraphie, Carl Heymanns Verlag, Köln, 1981 (zit.: *Wegner* 1981).

Weinrich, Maximilian und Jäger, Johannes: Organisiertes Wissen. Zur Gewissensfreiheit juristischer Personen, Neue Zeitschrift für Verwaltungsrecht (NVwZ), 2018, S. 1616–1618 (zit.: *Weinrich/Jäger* NVwZ 2018, 1616).

Wernicke, Kurt Georg und Booms, Hans (Hrsg.): Der Parlamentarische Rat: 1948–1949. Akten und Protokolle, Band 5: Ausschuß für Grundsatzfragen, Harald Boldt Verlag, Boppard am Rhein, 1993 (zit.: *Wernicke/Booms* 1993, Bd. 5).

Wigard, Franz: Stenographischer Bericht über die Verhandlungen der Deutschen Constituirenden Nationalversammlung zu Frankfurt am Main, 01.1848–09.1849, Sauerländer, Frankfurt a. M., 1848 (zit.: *Wigard* 1848).

Wintrich, Josef M.: Zur Problematik der Grundrechte, VS Verlag für Sozialwissenschaften, Wiesbaden, 1957 (zit.: *Wintrich* 1957).

Wolff, Heinrich Amadeus: Die Willensfreiheit und die Grundrechte, Juristen Zeitung (JZ), 2006, S. 925–980 (zit.: *Wolff* JZ 2006, 925).

Zenker, Kay: Denkfreiheit. Libertas philosophandi in der deutschen Aufklärung, Felix Meiner, Hamburg, 2013 (zit.: *Zenker* 2013).

www.ingramcontent.com/pod-product-compliance
Ingram Content Group UK Ltd.
Pitfield, Milton Keynes, MK11 3LW, UK
UKHW021936290926
8980IPUK00016B/1656

9 783631 908594